인상마케팅

이종관 지음

삼양미디어

우리나라는 70년대 고도 산업화의 물결에 따라 인문 사회 및 기초 과학의 중요성을 무시한 채 단세포적인 선진 기술 도입에 의존한 벤치마킹 일변도로 성장하였다. 그 결과 순수 인문 사회학 부문이 설 자리를 점점 잃어가고 이로 인해 사회의 조직 구성이 불균형적인 모습으로 변해 가고 있는 것이 현실이다. 이러한 사회 조직은 급박한 위기 상황에서는 대처 능력을 상실하게 된다.

고대 과학자들은 물리학의 근원을 철학의 관점에서 해결해 왔으며, 우주 천체의 별자리도 음양오행으로 풀어 보려고 노력해 왔다. 수학자 피타고라스, 철학자 아리스토텔레스도 인상 연구가였다고 알려져 있으며, 삼각법의 피타고라스 정리로 잘 알려진 피타고라스 역시 과학자요, 철학자였다. 선진국에 비해 상대적으로 물질이 풍요롭지 못한 인도에서는 우리나라와 같이 철학 따로, 공학 따로 식의 차원에서 벗어나 명상을 품질관리를 비롯한 다양한 모든 분야에 응용하고 있으며, 이에 대한 논문도 많이 발표되고 있다. 최근에는 IT분야에서도 명상과

IT 기술의 접목을 시도하고 있는 실정이다.

마케팅은 마케팅 관점에서만, 철학은 철학의 관점에서만과 같이 편협된 입장에서 사물을 관찰하기보다 학문 간의 다양한 연구로 접목과 응용을 통하여 학문 간의 연계성을 통한 시너지 효과를 갖고자 하는 것이 본 책을 쓰는 첫 번째 목적이다. 또한 동양철학의 일부인 인상학과 마케팅을 접목하여 현장 비즈니스에 조금이나마 도움을 주고자 하는 바람으로 집필하게 되었다.

우리가 사회 생활을 영위하면서 맺게되는 이해관계는 사람을 보는 눈이 다르기 때문에 발생한다. 경영자 및 관리자가 사람을 보는 눈이 얼마나 정확한지에 따라 기업의 존폐가 결정되고, 남녀 간에는 좋은 상대를 만나느냐, 못 만나느냐가 인생의 행불행을 결정하는 열쇠가 되기도 한다.

인상의 변화를 통하여 현재 자신의 인상을 통해 자신이 살아온 인생을 돌이켜 보고 좋은 것은 계속해서 발전시켜 나가고, 좋지 않은 것은 고쳐 보완해 나간다면 얼마든지 자신의 운명을 바꾸어 나갈 수가 있다. 성공하는 인생은 결코 남들보다 잘 먹고 잘 사는 것이 아니라, 무엇인가 의미 있게 자신의 삶을 스스로 결정하고 실행해 가는 것이다. 따라서 성공하는 인상도 자신의 삶과 더불어 자신이 만들어 나가는 것이다.

그리스의 철학자 소크라테스는 2천4백여 년 전에 '자기자신을 알라'고 진리를 갈파했으며, 중국의 손자 역시 '지피지기(知彼知己)면 백전백승(百戰百勝)'이라 했다. 즉, 상대를 알고 자기 자신을 알면 백 번 싸워도 백 번 이길 수 있다고 한 만큼 우선 자기 자신을 알고 상대방을 인지함으로써 원만한 대인 관계 형성은 물론 이를 통해 독자 여러분의 처세와 비지니스, 자기계발에 다소나마 도움을 드리고자 한다.

끝으로 이 책을 시작하기에 앞서 이 책에 인용된 내용들은 많은 인상학자들의 저서와 논문의 도움을 받았음을 밝혀 둔다. 인용하는 가운데 일일이 양해를 구하지 못한 점 죄송스럽게 생각하며, 마케팅과 동양철학의 접목이라는 학문의 발전적인 관점 측면에서 널리 혜량하여 주었으면 한다.

이 종 관

고객을 발굴 · 유지하는 데는 10달러가 소요된다.

그 고객을 잃는 데는 10초밖에 걸리지 않는다.

그 고객을 다시 찾아오는 데는 10년이 걸린다.

2003년 3월 16일 금요일　　　　　　　　　　　매일경제

검찰총장 · 차장 점뺏다
"인사 앞두고 얼굴 단장" 추측 무성

검찰총장과 대검 차장이 동시에 얼굴에 난 점을 빼는 레이저 수술을 받아 법조계 안팎에서 화제다.

15일 검찰(www.sppo.go.kr)에 따르면 박순용 총장과 신승남 차장은 최근 서울 시내 한 성형외과에서 얼굴에 난 점을 빼는 수술을 받았다.

이를 두고 법조계에서는 박총장과 신차장이 장관 임명과 총장 승진을 앞두고 '예쁜(?) 얼굴 만들기'를 위해 수술한 게 아닌가라는 추측이 나오고 있다.

의료계에 따르면 얼굴에 난 점을 빼는 레이저 수술을 받은 후 1개월 동안은 수술 자국이 남아 있고 2개월은 지나야 살이 올라 평상시와 같아진다.

이에 따라 지금부터 2개월여 뒤 5월 말에 임기가 만료되는 박총장은 장관으로 임명되고 신차장은 검찰총장으로 승진하는 게 유력시 되고 있다는 게 법조계 안팎의 분석이다.

장관이나 검찰총장에 임명되면 언론 법조계 등 주변으로부터 주목받을 것을 생각해 얼굴 가꾸기에 나선 게 아니냐는 추정이다.

실제로 현역 국회의원으로 있는 정치인들도 최근 얼굴에 있는 점을 빼는 수술을 해 주목을 받았다. 한편 박 총장과 같이 임기를 다 채우고 총장직에서 물러나는 역대 총장은 손가락에 꼽힐 정도다. 김기춘 정구영 김도언 씨 등이 검찰총장 임기를 채운 인물이다.

/ 김명수 기자

6 비즈니스 화법 및 거절 처리 화법

인상마케팅과 고객 행동

physiognomy marketing

인상학은 수천 년 역사의 흐름 속에서 단순한 관찰로부터 시작해서 연구가 거듭되어 통계적으로 집약된 학문이다.

가장 과학적이라고 할 수 있는 인간의 생명을 다루고 있는 의사의 오진율을 매스컴에서 한때 50%라고 혹평한 적도 있었다. 이에 비하여 인상학은 수천 년에 걸친 판단의 쌓아올림과 인간의 생리학적 기초 위에서 수많은 경험과 관찰이 집약되었다는 관점에서 보면 더욱 과학적인 사고방식에 맞는 학문의 한 분야로 볼 수가 있겠다.

물론 인상학에서도 어떤 사람에게는 통했던 것이 어떤 사람에게는 전혀 맞지 않을 수도 있다. 그러나 매우 기인 같은 사람일지라도 성격마저 제멋대로는 아니다.

사람의 성격은 일정한 틀을 벗어나지 않기 때문에 대부분의 경우 예측이 가능한 것이다. 인간의 마음이 아무리 잡기 어려운 수수께끼 같은 것이라 할지라도 우리는 매일 그런 사람들과 함께 일하고 인간관계를 지속해 나가지 않으면 안 된다.

01

인상학과 마케팅의 개념

1. 인상학(Physiognomy)이란?

회사를 경영하는 경영자나 관리자는 소속 구성원의 능력에 따라 회사 경영의 성패가 달려 있다. 또 결혼 상대를 선택함에 있어서도 남자는 여자, 여자는 남자의 선택에 따라 평생의 운명이 달라지게 된다. 굳이 회사를 경영하거나 관리하지 않더라도 상대방을 잘 알지 못하여 피해를 입기도 하고 자기에게는 둘도 없이 좋은 기회를 놓쳐 버리기도 한다. 이에 따라 사람을 보고 판단하는 객관적인 연구가 요구되었고, 인상학 역시 이러한 시대적 요청에 따라 등장하게 되었다. 인상학은 인간의 상을 관찰하여 과거, 현재, 미래에 대한 운명을 판단하는 것을 과학적으로 연구하는 학문인 것이다.

인상학은 유럽에서는 그리스에서, 아시아에서는 고대 중국과 인도에서 비롯되었다. 중국에서는 지금부터 약 4천 3백 년 전에 인상학이 생겨났으며, 주나라 때 공자의 제자인 '자우' 라는 사람이 관상을 보았다고 공자의 책에도 나온다. 인도 역시 아득한 첫날부터 인상학이 전해졌고, 바라문교의 오랜 성전 중의 하나에는 나쁜 관상을 없애는 여러 가지 방법이 설명되어 있다.

석가가 탄생했을 때 아시다라는 사람이 관상을 보고 "이 왕자님은 뛰어난 인물이 될 것입니다. 태어나면서 32상을 갖추고 있습니다. 장차 위대한 대성제(大聖帝)가 되시어 많은 사람들을 구제하실 것입니다"라고 예언했는데 그 예언대로 석가모니는 불타가 되었다.

근세 유럽의 인상학은 18세기경부터 해부학적 두개골의 연구가 진행되어 골상학의 스타일을 취하면서 발전했다. 이것은 머리의 형태를 몇 가지로 분류한 것인데, 예를 들어 두정골(대뇌의 뒤쪽 윗부분) 부분이 높은 사람은 사상이 높고, 평평한 사람은 사상이 평범하지만 생활력이 있다는 식으로 판단하는 방법이다.

동양의 인상학에서는 얼굴 전체와 이마 · 눈썹 · 코 · 눈 · 귀 · 입의 모양, 체형, 행위, 버릇 등을 종합해 사람을 판단하여 안다. 오늘날의 인상학은 동양의 것을 토대로 서양 골상학을 가미한 것이다.

인상학을 단순히 얼굴만을 보고 인간을 판단하는 학문적 방법이라고 단정지어서는 안 된다. 인상이란 글자 그대로 '사람(人)의 상(相)'으로 인체에 나타나는 모든 상을 말한다. 즉 몸매나 버릇, 이야기하는 모양, 걸음걸이에 이르기까지 그 사람을 둘러싼 모든 것을 포함시켜 판단하는 종합적인 학문이자 동서양을 불문하고 아주 오랜 전통을 가지고 연구되어 온 과학적인 학문인 것이다.

즉, 좁은 뜻의 인상학은 사람이 일평생 살아가는 흔적이 나타나는 부위를 얼굴에 한정하여 살피고 판단하는 학문으로 정의할 수가 있다.

넓은 뜻의 인상학은 사람이 평생 동안 살아가는 흔적을 얼굴뿐만 아니라 손, 뼈대, 몸, 마음씨, 말씨, 맵시 등에서 골고루 찾아 살피고자 하는 것으로 모든 인생사나 인간상이 그 사람의 신체나 정신, 행동 전체로 표현된다고 할 수 있다.

일반적으로 과학적인 방법을 쓰지 않고 인간의 성격이나 행동을 연구하는 학문을 사이비 과학(pseudoscience)이라고 하는데, 손금을 보면서 사람의 성격이나 행동을 파악한다든지, 한 번 만져만 보고 모든 것을 알아내는 능력이라든가, 또 개인의 성격이 별자리와 관련되어 있다고 믿는 점성술 등은 과학이라고 할 수가 없다. 이것은 인상학이나 심리학과는 관련이 없다(물론 관심을 가지고 있는 학자들도 있다).

일반적으로 인상학은 점술을 이용한 예언적 인상학과 사람의 얼굴을 읽는 성격분석적 인상학으로 크게 두 가지로 구분하고 있다. 예언적 인상학은 동서양을 막론하고 아주 오랜 옛날 과학이 발전되지 않았던 고대에 출발하였기 때문에 비과학적이라는 비판적 이야기가 나오고 있지만, 오늘날 점술을 이용한 예언적 인상학은 거의 사라졌거나 사라져 가고 있다.

인상학이 태동한 초창기에는 봉건시대의 계급사회에서 통용되던 관상 이론이 성행하였는데 그 당시에는 지배계급인 귀족과 지배를 받는 계급인 평민이 있었다. 귀족은 부와 권세를 누리며 대대로 잘 먹고 잘 살았으나 평민들은 자신이 일한 것을 세금으로 뺏기며 살았고 아버지가 평민이면 아들도 평민의 계급이었다.

당시의 인상가들은 귀족과 평민의 얼굴을 보고 연구한 끝에 부귀한 상과 빈천한 상을 구분 짓게 되었다. 당연히 넓은 땅을 소유한 귀족들은 힘든 노동을 하지 않았기에 얼굴의 살집이 두둑하게 되었고 손이 몹시 고운 상(像)을 가지게 되었다. 그것은 바로 부귀한 상을 갖고 있었기에 귀족이 된 것이 아니라 귀족(지배계급)의 생활을 하다 보니까 그런 얼굴이 된 것이다. 그런데 대부분의 인상학은 부귀한 상을 갖고 있었기에 귀족이 된 것이라는 잘못된 지식을 알려 주고 있었다. 그러나 점점 시대가 흐르고 과학이 발전하면서 인상학의 이론도 변천하여 성격분석적 인상학으로 변화되었으며 예언적 인상학은 사라지게 되었다.

성격분석적 인상학은 과학적인 이론과 기법이 뒷받침되어 현재 상당한 학문적 연구가 이루어져 신뢰성과 정확성의 수준을 높였으며, 최근에는 한국, 일본, 미국 등을 중심으로 보다 활발한 연구가 이루어지고 있다. 그러나 물건이 아닌 인간의 마음 깊이를 과학적으로 100% 완벽하게 알아내는 방법은 영원히 없을 것이며, 이는 앞으로의 연구·개발 과제이기도 하다. 다만, 심리학과 마찬가지로 70~75% 정도의 정확성을 토대로 현재 범죄 수배 시 몽타쥬나 기업의 마케팅 등 사회 여러 부문에서 인상 기법이 응용되어 사용하고 있으며, 한국, 일본, 중국은 물론 미국의 일부 대학에서는 관련 강좌도 개설되어 있다.

인상학이 소수 전문가들의 주술 행위로 오인받아 현대적 학문으로 정당한 평가를 받지 못한 것도 사실이지만, 이제는 이러한 고정관념에서 탈피하여 학술적인 이론을 다시 정립하고 체계를 다시 편성하여 보편타당성 있는 학문의 영역을 구축하여야 할 때이다.

2. 마케팅이란?

마케팅은 기업 활동에서 생겨난 것으로 기업이 존속해 나가기 위한 비즈니스 활동이다. 마케팅을 기업이 살아남기 위한 활동으로 한정하는 이유는 기업은 사회 환경 속에서만 존재할 수 있으므로 끊임없이 사회 환경에 적응해 나가지 않으면 안 되기 때문이다. 그러기 위해서는 사회 환경, 즉 고객의 사고나 가치관에 기업이 따르지 않을 수 없다.

기업의 존재 가치는 기업이 고객으로부터 인정을 받고 기업이 제공하는 제품이나 서비스를 고객이 받아들임으로써 비로소 성립되는 것이다. 기업은 존속을 위해 고객에게 인정을 받으려고 애쓰며, 고객의 선택을 받기 위해 그들을 설득하며, 그들로부터 만족을 얻으려고 노력한다. 이와 같이 고객을 만족시키기 위한 노력과 고객 만족을 추구하려는 철저한 사고를 기업 활동에 반영시켜 나가려는 노력이 마케팅이다.

마케팅이란 말을 처음 쓰기 시작한 곳은 미국이며, 19세기 후반부터 사용되기 시작했고, 학문적인 전문 용어로 등장한 것은 20세기 초의 일이다. 19세기 후반부터 미국에서는 상품의 대량생산이 시작되었고, 시장도 서부 개척과 동시에 점차 확대되어 갔다. 그러나 19세기 말부터 시장은 서서히 포화 상태가 되어 20세기 초에는 드디어 수요보다 공급이 커져 기업의 창고에는 재고품이 쌓이게 되었다.

그래서 생산업체 측에서는 어떻게 해서든 재고품을 처분하기 위하여 광고 및 활발한 영업 활동, 디자인 개선 등에 중점을 두어 고객의 구매 의욕을 불러일으키기 위해 노력했다. 한편 고객의 구매 의욕을 높이기 위해 상품의 할인율을 높이고 서비스의 질을 향상시키고, 과도한 경품까지 내세워 판매 경쟁을 하였다. 이처럼 남아도는 상품을 시장에서 소비가 되도록 노력하는 학문이 바로 마케팅이었다.

그러나 아무리 팔기 위해 기업이 노력한다 해도 시장을 구성하는 고객 한 사람 한 사람이 기분 좋게 상품을 사 주려는 마음이 없으면 물건은 팔리지 않는다. 그러므로 고객이 만족을 느끼는 상품을 만들어 그들이 원하는 의도대로 판매하는 것이 결국 고객 만족을 추구하는 일이다.

이와 같이 고객의 입장이 되어 생각하는 것을 고객 지향이라고 하였으며, 이것을 학문적으로 체계화한 것이 마케팅이다. 지금까지는 기업이 만든 상품을 고객에게 일방적으로 사도록 강요하는 것이 장사이고, 영업의 본질이라고 생각했으며, 만들어 놓은 상품을 공급해 주는 곳이 시장이고, 혜택을 받는 사람이 고객이라고 생각했다. 그래서 기업은 고객에게 마치 선심이나 쓰듯이 '살 생각이 없으면 사지 않아도 좋다'는 식의 판매 태도가 일반적이었다.

이러한 태도는 생산량이 적은 데 반해 사려고 하는 고객이 많을 경우에 나타난 현상이다. 생산량이 폭발적으로 증가하고 상품이 남아도는 생산 과잉 시대에서는 결코 생각할 수 없는 일이다. 오히려 이와 같이 거만한 기업은 고객으로부터 외면을 당하고 만다.

이처럼 만들어진 상품을 일방적으로 판다는 논리가 아니라 진정 고객이 바라는 상품을 만들어 판매한다는 코페르니쿠스적인 역발상이 마케팅의 기본 사상이다. 마케팅 발상에는 항상 고객 만족이 반영되어 있어야 한다. 이와 같이 고객 만족을 중심으로 활동해 나가는 것이 마케팅이다.

인간의 마음을 잘 이해하면서 원만한 관계를 지속해 가는 것이 얼마나 중요한 것인가를 오늘날만큼 절실히 느끼는 시대는 없을 것이다. 모든 산업의 최종 결정체는 사용자인 고객을 만족시켜야 한다. 흔히 우리들은 고객 만족의 3대 요소로 서비스, 상품, 시설 및 환경 3가지를 들고 있는데 만족의 주체인 사람에 대해서는 철저하게 배제되어 온 것이 사실이다. 각 개인별 특성을 전혀 고려치 않고 동일한 존재로 생각하고 동일한 서비스를 공급해 왔다.

우리나라의 사회 구조도 갈수록 세분화되어 1970년대의 산업화 시대에는 100인 1색, 1980년대 초는 민주화 물결에 따라 100인 100색, 1990년대 말경부터는 1인 100색의 경향으로 급변하고 있다. 이에 따라 갈수록 고객 각 개인별 특성, 즉 개성(personality)에 맞는 접객 서비스를 사회가 요구하고 있는 실정이다.

인상마케팅은 순수 마케팅 관점에서 동양철학인 인상학에 대한 접목을 통하여 더욱 고객에게 한발 다가가는 마케팅을 실현하고자 함에 목적이 있다.

인상마케팅을 두고 "사람 보아가면서 물건 파는구나! 사람 차별하자는 것 아니냐?"는 식의 편협된 시각은 벗어나야 한다. 고객을 외모로 판단하고 차별을 둔 고객 서비스를 하자는 뜻이 아니라 고객에게 한 발짝 다가가 고객 만족에서 고객 감동을 창출하자는 데 있음을 분명히 밝혀 둔다.

- 마케팅이란 개인적 · 조직적인 목표를 충족시키기 위한 교환을 창출하기 위해 아이디어, 제품, 그리고 서비스의 개념 정립, 가격 결정, 촉진, 그리고 유통을 계획하고 집행하는 과정이다.

- Marketing is the process of planning and executing the conception, price, promotion, and distribution of ideas, goods, and services to create exchange that satisfy individual and organizational objectives.

인상마케팅 사고로의 발전

　마케팅의 기본적인 발상은 고객의 이익을 생각하고 비즈니스를 실천해 나가는 일이다. 가령 원시사회에서 물물교환이 행해졌을 때, 상대편의 이익을 생각하고 물물교환을 했다면 이미 마케팅 활동은 성립되었다고 볼 수가 있다.

　다만, 원시시대의 물물교환은 마케팅의 정신이 충분히 인정되지만 조직적인 기업 행동이라고 말하기는 어렵기 때문에 현대적인 의미로서의 마케팅은 아니다. 그후 마케팅은 발전에 발전을 거듭하여 기업만이 아니라 모든 조직체에도 적용되었으며, 때에 따라서는 개인 활동에도 응용되었다.

　고객의 이익과 만족이라는 측면에서 마케팅 그 자체를 생각해 본다면 반드시 마케팅이 19세기에서 20세기 초에 걸쳐 미국에서 태동되었다고 할 수 없지만 현 기업이 고객의 이익을 생각하여 상품을 만들거나 광고를 한다거나 적절한 가격을 설정하는 등 조직적인 활동을 전개하는 시점의 마케팅은 19세기 이후 미국이 주도했다고 할 수 있다.

이러한 마케팅 사고의 변천 과정은 크게 나누어 수요가 공급보다 컸던 시대의 만들기만 하면 팔리던 시절의 생산 지향적 사고에서 출발하여, 수요와 공급이 비슷한 시대의 판매 지향적 사고로 변천하였고, 최근에는 수요보다 공급이 훨씬 큰, 팔릴 수 있는 제품을 만든다는 고객 지향적 사고로 변천하였다고 할 수가 있겠다.

상품은 고객이 구입해 주어야만 존재의 의의가 있으며 반대로 팔리지 않는 상품이라면 그것은 한낱 쓰레기에 불과하다. 고객 지향적 사고로 팔릴 수 있는 제품을 만들었더라도 글로벌화된 시장 경제의 경쟁이 심화되어 제품 판매의 국경이 없어지게 되었다. 이에 따라 가만히 앉아서 영업하던 소극적인 고객 지향 마케팅 관점에서 보다 더 고객에게 한발 다가가는 적극적인 관점으로, 고객의 마음까지도 읽을 수 있는 고객 지향 마케팅이 이루어져야 치열한 경쟁에서 살아남을 수 있게 된 것이다.

이러한 마케팅 사고의 변천 과정은 인상마케팅의 중요성을 더욱 커지게 하는 원인이 되었다. 마케팅 개념에 대한 사고의 발전 단계를 정리해 보면 다음과 같다.

| 생산 지향적 사고 | • 수요 〉공급
• '만들면 팔린다' 는 사고
• 생산이 기업 활동의 중심 과제
• 기업의 과업 – 고품질의 제품을 공급하는 제품 지향 경영
• 영업 사원의 역할 – 단순한 제품 전달 기능 수행 |

| 판매 지향적 사고 | • 수요 = 공급
• '제품은 판매되는 것' 이라는 사고로 팔려고 노력하기 시작
• 판매량 증가를 위한 판매 기법 개발(대인 판매, 전화 판매, 방문판매, 광고)
• 딜러에 대한 중요성을 인식하게 됨
• 효과적인 촉진 활동 및 강력한 판매 조직 구축 |

| 고객 지향적 사고
(마케팅 컨셉) | • 수요 〈 공급
• '팔릴 수 있는 제품을 만든다' 는 사고
• 경쟁 심화, 고객의 니즈 다양화
• 판매는 마케팅의 한 분야이며 마케팅은 보다 포괄적 기능 수행
• 토탈 마케팅 시스템 – 통합적 마케팅 |

03

고객 감동과 인상마케팅과의 관계

기업은 고객이 원하는 제품을 많이 팔아서 이익을 얻어야 하고 또한 제품을 구입한 고객에게도 만족을 주어야 한다. 만약 고객이 그 제품에 만족하지 못한다면 다시는 사지 않을 것이다. 이렇게 되면 제품을 많이 팔 수도 없거니와 그 기업이 다음에 내놓을 제품에 대해서도 신뢰받지 못하게 된다.

고객을 만족시킨다는 것은 고객에 대한 기업의 마음가짐이나 배려가 어떠한 것인가에 달려 있다. 고객을 단지 돈벌이의 대상으로 생각한다면 아무리 오래된 회사라도 고객의 신뢰나 만족을 얻지 못한다.

기업의 고객에 대한 배려란 고객이 만족감을 갖도록 기업이 모든 면에서 고객의 입장에서 생각하는 일이다. 다시 말해서 고객 중심으로 기업 활동을 전개해 나간다는 것이다. 천체의 운동으로 비유한다면 고객이라는 행성 주위를 기업이라는 행성이 한치의 오차도 없이 밤낮을 가리지 않고 돈다는 개념이다.

또 기업의 대 고객 배려란 고객의 요구나 불만을 되도록 빠르고 정확히 파악하여 그것을 해결해 주는 제품이나 서비스를 만들어 고객이 만족할 수 있는 방법, 장소, 가격, 시간, 수량 등을 제공해 주는 일이다. 이것이 마케팅의 기본적인 사고이며, 최선을 다해 실현하도록 하는 것이 고객에 대한 배려이다.

그러나 이러한 고객에 대한 배려는 생각은 갖고 있지만 실행하기가 매우 어려우며, 비록 실행을 한다고 해도 배려의 척도를 가늠하기가 곤란하여 기업으로서는 적당히 넘겨 버리기 쉽다. 특히 창업 초기에는 고객에 대한 배려에 신경을 쓰지만 점점 시간이 흐르면서 기업의 이익 추구를 당연한 일로 여겨 고객 위에 기업이 존재하는 것으로 착각하게 된다.

고객에 대해 세심한 배려를 한다는 것은 매우 어려운 일이지만 그 어려운 일을 해냄으로써 얻어지는 가치는 매우 크다. 그렇다면 어느 선까지 배려해야 할 것인가.

경제적인 비용이 발생하는 고객에 대한 배려 요소는 기업의 자금적 여력 범위 안에서 처리해야 할 것이지만, 그 외에 경제적 비용이 발생하지 않는 기업의 가치관이나 이념, 고객에 대한 마음가짐 등은 금전적으로 환산할 수 없는 심리적 만족감을 가져다 줄 수 있다.

마케팅의 요체가 되는 '고객에 대한 배려'는 그다지 비용이 들지 않으면서도 고객도 만족하고 기업도 활성화시키는 에너지가 될 수 있다.

기업이 '고객 배려'를 당연시하고 실행해 나가는 일이야말로 가치 있고, 진정한 의미의 고객 지향이 되는 것이다. 흔히들 우리는 기업 마케팅 환경은 매년 다르고 변화무쌍하다는 이야기를 주변에서 많이 듣는다. 누구나 다 시도해 보는 평범한 일상적인 전형적 마케팅의 접근 방법으로는 다양해져 가는 고객의 욕구를 만족시키기가 어렵다는 이야기이다. 전형적인 마케팅 방법을 기반으로 하여 보다 독창적이고 튀는 마케팅 방법을 더함으로써 고객의 욕구 만족은 물론 경쟁적 우위 관계를 유지시킬 수 있는 것이다.

이러한 생존을 위한 마케팅 방법의 하나인 인상마케팅은 고객의 마음까지도 읽음으로써 고객에게 한발 먼저 다가가 고객 만족을 실현할 수 있다. 뿐만 아니라 마케팅이 사람과의 관계에서 발생한다는 측면에서 보면 고도의 고객 심리전이라고 할 수가 있는데, 인상마케팅은 고객 심리전의 가장 중요한 테크닉이라고도 할 수 있다. 최근 고객을 만족시키기 위해 소개되는 이색적인 마케팅 사례를 살펴보자.

• 게릴라 마케팅

게릴라 마케팅은 '~한다더라' 식의 구전(口傳) 효과를 극대화 할 수 있는 마케팅 방법이다. '게릴라' 라는 이름에서 알 수 있듯이 특정 장소에서 특정 기간 동안 불특정다수에게 이벤트를 벌여 구전 효과를 이용하는 마케팅 방법이다. 기존의 신문광고나 방송광고보다 노출되는 범위는 작지만, 비용이 적게 들면서도 구전 효과는 매우 뛰어나 비용 대비 광고 효과는 상당히 좋은 편이다.

• '8' 자 마케팅

'8' 자 마케팅은 가격 정책과 관련된 마케팅 기법이다. 과거만 해도 9자로 끝나는 가격 정책이 고객들의 심리에 잘 어필되었다. 즉, 10만 원보다는 9만9천 원이 훨씬 싸게 느껴진다는 점을 활용한 것이다. 그러나 요즘엔 8자로 끝나는 가격 정책을 펴는 것이 좋다고 한다. 9자로 끝나는 가격을 접할 때 고객이 속은 느낌을 받는 반면, 8자는 구매자에게 편안한 느낌을 준다고 한다. 8자 다음으로 많이 쓰이는 숫자는 6과 5이다. 동양인은 8, 6, 5, 3 등 모양이 둥근 숫자를 편안하게 생각한다는 점에 주목해 가격을 결정하는 것이다. 한편 7, 4, 1과 같이 각이 진 숫자는 고객에게 시각적인 부담을 주는 것으로 알려졌다. 동양인이 가장 좋아하는 9자는 '싸게 보이려는 얄팍한 상술' 이라는 인식이 강해 구매를 꺼린다는 이유로 사용을 자제하고 있는 분위기다.

• 타켓 마케팅

새로운 고객 창출 못지않게 기존 고객을 유지하는 것의 중요성에 대해서는 모두가 잘 알고 있을 것이다. 고객 충성도에 따라 서비스를 달리할 필요가 있다. 가령 평소 자주 오는 단골 고객에게는 좀 더 특별한 서비스와 필요시 외상도 가능하게 해 주는 등의 편의를 제공해 줄 수도 있다.

기존 고객을 놓치지 않는 노력은 절대적으로 중요하다. 고객의 불만을 5% 감소시키면 5년간 최고 87% 수익 상승을 가져다 준다는 연구 보고서가 있다. 따라서 우량 고객의 소리는 직접적인 접촉을 통해서라도 들으려는 노력이 필요하다.

　남대문 시장에서 물건을 파는 사람들은 족집게처럼 일본 사람들을 알아낸다. 어떻게 일본 사람인지 알 수 있느냐고 물었더니 얼굴만 보면 안단다. 백화점 직원들도 실구매 고객인지 그냥 가격만 물어보는 고객인지를 알 수 있다고 한다. 이는 오랫 동안의 경험에서 얻은 나름대로의 마케팅 노하우이다. 인상마케팅은 고객들의 인상이나 보디랭귀지를 통하여 고객의 마음까지도 읽으므로써 고객에게 한발 더 다가가는 접객 서비스로 판매 활동을 촉진시켜 보자는 의도에서 비롯되었다.

 사례　두 명의 자동차 영업 사원

　두 명의 자동차 영업 사원이 있다.

　🅐 한 사람은 고객을 만나면, 자동차에 관한 정보를 잘 외워서 말한다. 그리고 고객이 묻는 질문에 친절하게 대답한다. 자동차가 얼마나 좋은지 장황하게 이야기하고 장점을 열심히 설명한다. 그 영업 사원은 누구를 만나든지 한결같이 자신이 가지고 있는 자동차에 대한 많은 지식을 늘어놓는다. 새로운 차종이 나올 때마다 그 차에 사용된 신기술이나 새로운 장점을 달달 외워 설명한다. 동료들 가운데 그의 성실함을 따라올 사람은 아무도 없다.

　🅑 다른 한 명의 영업 사원은 고객을 만나면, 자기 자신을 판다. 그리고 자신의 판단에 따라 사람마다 다른 차를 권한다. 그는 고객을 만나면 먼저 고객에 대한 판단을 정리한다.

　'아, 저 사람은 엔지니어이니까 분석적이고 계산에 능한 사람이겠군. 저 고객에게는 수치를 통한 객관적인 데이터로 차를 소개해야겠다. 연비나 차량 유지비와 같은 구체적인 수치를 이용해서 차의 우수성을 설명해야겠어.'

'간호사인 저 여성에게 수치를 늘어놓으면서 차를 소개하는 건 시간만 낭비하는 일이야. 잘못하면 거부감을 줄 수도 있어. 그녀에게 차를 소개할 때는 감성적인 말들을 많이 사용해야겠는 걸.'

'저분은 방송국 PD니까, 새롭고 창의적인 것을 즐기고 찾는 사람이겠군. 저 사람에게는 새로 나온 차나 남들이 쉽게 찾지 않는 지프나 스포츠카를 소개해야겠다.'

앞의 사례에 등장하는 두 명의 영업 사원 중에 당신은 누구에게 마음이 끌리는가?

이 두 사람 중 누가 더 많은 차를 판매할 수 있을 것이라 생각하는가?

대부분은 자기의 마음을 읽어주는 **B** 영업 사원을 선호할 것이고, 그가 더 많은 판매고를 올릴 것으로 예측할 것이다. 당연히 그렇게 될 수밖에 없다.

성공이 성실과 노력 순이 아니라는 이야기를 많이 듣는다. 이는 성실과 노력만으로는 모든 것을 보상받을 수 없다는 현실을 반증하는 것이다. 그렇다고 노력을 무시하라는 말이 아니다. 노력만으로는 부족하다는 것이다. 성공의 주된 요인에는 '얼마나 성실하고 부지런한가?' 만 있는 것이 아니라는 말이다.

성공을 위해서는 '능동적이고 전략적인 사고'가 필요하다. 외부의 반응에 대응하는 반사적 사고를 통한 노력만으로는 자신이 원하는 것을 쉽게 얻을 수 없다. 자신이 원하는 것을 얻으려면 상대의 심리를 파고드는 인상마케팅을 활용한 전략적인 사고를 해야 한다.

얼굴 유형따라 車 선택도 다르다

네모난 얼굴은 속력을 중시.

역삼각 얼굴은 안전성을 중시.

뾰족한 코는 이미지를 중시.

둥근 코는 배기량을 중시.

04 고객 행동과 인상마케팅

1. 고객 행동이란 무엇인가?

고객 행동 분야처럼 다양하고 복잡하고, 또 사회적으로 중요한 인간 행동의 영역은 없을 것이다. 사실, 고객 행동을 연구하는 것은 인간 생활의 거의 모든 면을 탐색하는 것을 의미한다. 왜냐하면 우리의 소비 생활은 다양한 행동 양태를 보여주고, 경우에 따라서는 심각한 사회 문제를 야기시키기 때문이다.

「크뢰베-리엘」은 고객 행동을 협의의 뜻으로는 재화를 구매하고 소비하는 개인의 행동으로, 물질적 및 비물질적 재화에 개인이 최종 고객으로서 임하는 행동으로 정의하고 있다. 다시 말하면 고객 행동이란 생산과 소비의 상호 교환 과정에 참여하는 사람들이 하는 제품 구매를 포함하는 모든 활동을 의미한다. 이는 넓은 의미의 마케팅 개념으로 오래 전부터 고객 행동 분야에 대한 세인의 관심을 증가시켰다.

고객 행동에 대한 좀 더 구체적인 정의는 「바고지와 잘트만」의 설명에서 살펴볼 수 있다. 이들은 고객 행동이란 상품, 서비스 및 그 밖의 다른 자원을 획득하고 사용하여, 그 결과로 나타나는 개인이나 집단 그리고 조직의 행동 과정 및 사회적 관계를 의미한다고 주장한다.

고객 행동은 동기적이고 의도적이며, 자신의 권리를 보호하고 미래에 상호 교환의 매개체로 사용하기 위해 제품이나 서비스 및 다른 자원들을 획득하고자 하는 목적을 동시에 갖고 있다. 위에서 언급한 행동 과정과 사회적 관계는 우리가 소비 욕구를 가지는 것, 아이 쇼핑, 상점 간의 상품 비교, 제품의 상대적인 장·단점 등에 관한 유용한 정보 추구를 위해 동료의 조언을 듣는 것과 같은 다양한 행동들도 포함한다.

조직이 구매 행동을 하는 경우에도 구매하는 회사는 원자재나 자본재, 부품을 공급하는 당사자를 평가하고, 어떤 한 장비 구입에 대한 구매 계약을 체결하기 전에 구매 담당 책임자의 승인을 얻어야 한다. 또 기업 조직의 구매 담당자나 구매 담당 부서는 조직에 필요한 제품 수요량을 결정하고 회사가 필요로 하는 제품과 서비스를 판매하고자 하는 개인이나 조직을 경쟁 입찰을 통해 평가하는 방법으로 고객 행동에 참여할 것이다.

여기서 언급한 활동들은 획득, 또는 취득을 그 목적으로 하고 있다. 그러나 고객 행동은 제품 및 서비스의 사용 결과인 경험도 포함한다. 제품에 대한 만족감과 제품이 준 심리적 안정감 같은 문제도 여기에 관련된다. 상품을 구매하는 행동은 물리적, 정신적인 자극이 되고 승진된 지위나 강화된 권력과 같은 사회적 행복감의 경험까지도 포함한다.

지금까지의 고객 행동에 대한 정의를 정리하면 활동 측면에서는 행동, 과정, 사회적 관계를, 사람 측면에서는 개인, 집단, 조직과의 관계를, 경험 측면에서는 획득, 사용, 결과와 같은 세 가지 관련된 현상으로 나누어진다.

가령, 당신이 아프다고 가정해 보자. 우리는 병에 걸리면 환자로서 건강할 때와는 다른 새로운 역할을 행하게 된다. 그리고 이때 병원에서 제공하는 서비스(상품)에 대하여 다른 사람(사회적 관계 포함)으로부터 구전적 정보(의사소통 과정)를 찾는 데 열중하게 된다. 이 같은 역할은 의사와의 새로운 관계 설정도 포함한다. 의사에게 진찰과 진단을 받는 동안 환자(고객)는 정신적 혹은 육체적으로 건강에 도움이 되는 약의 복용에 관한 충고를 받는다.

이 같은 병원의 서비스에 따라 나타나는 만족감과 불만족감은 환자 역할과 상호 관계에서 나온 직접적인 결과이다.

고객 행동에 있어 눈에 띄는 특징은 "고객 행동이란 근본적으로 사회적이다"라는 것이다. 이 말은 고객 행동은 고객이 행하는 타인과의 관계 측면에서 이해되어져야 함을 의미한다. 그 이유는 고객은 판매자인 다른 사람을 전제 조건으로 하기 때문이다.

이 같은 접근 방법은 사회적 환경과 고립된 개인들에게는 관심을 두지 않는다. 「로져스」는 이 같은 사회적 접근 방법을 '상관분석' 이라고 하였다. 상관분석에 있어서는 개인보다는 두 사람 또는 그 이상의 사람이 연구의 대상이 된다. 또 다수의 사람들이 갖게 되는 관계는 과거,

현재, 미래 상황까지도 포함시킨다.

이 같은 사람들 간의 직접적인 접촉은 요구에 의한 것도 있고, 그렇지 않은 것도 있을 수 있으며, 또 실제로는 발생하지 않은 경우도 있다. 그러나 고객이 제품을 구매하고 그것을 사용하는 이면에는 다른 사람들과의 관계가 내포되어 있다. 그 이유는 제품 소비로 얻게 되는 안정감이나 만족감 같은 결과는 다른 사람의 반응에 따라 크게 좌우될 수 있기 때문이다. 따라서 우리가 고객 행동의 사회적 본질을 탐구하려고 시도하는 노력은 대단히 중요하며, 큰 의미가 있다.

그러나 일단 개인적인 차원의 고객 행동을 이해하는 것이 가장 우선되어야 한다. 실제로 고객 행동에 관한 자료들을 분석해 보면 거의 70% 가량이 고객의 사회적 측면보다는 개인적인 측면을 주로 다룬다. 따라서 성격, 학습, 지각, 동기와 같은 전통적인 심리학적 문제들이 사회심리학적, 사회학적, 문화인류학적, 정치학적인 문제보다 더 많은 관심을 끌고 있다.

고객 행동에 관계되는 개인의 심리적 현상의 중요성 때문에 대부분의 고객 행동에 대한 연구들이 고객 개인에 초점을 맞추어 왔으며, 조직의 구매 행동 분야는 연구 대상에서 제외된 경우가 많았다. 그러나 기업체, 정부 기관, 공공단체 등과 같은 조직 기관도 제품이나 서비스 등을 구매하고 소비하는 중요한 고객들이며 이들의 구매 및 소비 행동이 경제 전반에 미치는 영향 또한 더욱 높아지고 있음을 간과해서도 안 된다.

고객 행동 분야에 있어서 조직체의 구매 행동이 연구의 대상이 되지 못한 이유 중의 하나는 조직 행동에 관심을 가지는 활동적인 마케터들이 없었기 때문이다. 마케터는 고객 행동에 대해 훌륭한 연구를 해 왔고, 이 분야의 발전을 위해 많은 시간을 할애하고 있지만 실제적으로는 표면적인 문제만 다루는 것에 불과했다.

그러나 실제 개인적인 구매 행동이나 조직의 구매 행동의 메카니즘에는 유사성이 있다. 예를 들면 개인과 조직은 공히 그들이 소속된 문화나 구매 행동을 지배하는 규범 그리고 다른 사람의 역할 기대에 의해 영향을 받는다. 또 개인과 조직은 똑같이 판매업자들이 겨냥하는 판매 촉진의 목표물이다. 나아가서 구매 결정 과정에 있어서도 개인과 조직은 선택 대상인 상품에 관한 정보를 모으고, 처리하며, 또 유용한 상품에 대해서 학습하고, 어떤 상품이 지각된 욕구에 가장 일치하는가를 결정하여 구매 행동을 수행한다.

본서에서는 일단 고객 개인, 특히 인상학과 관련 있는 고객 행동을 중점적으로 살펴볼 것이다.

2. 고객 행동 연구의 중요성

고객 행동 연구의 중요성은 기업의 경영 철학이 발전해 온 과정과 밀접한 관련이 있다. 즉 대량생산이 본격화되기 이전 단계에서는 일단 만들기만 하면 팔렸기 때문에 판매보다는 오히려 생산이나 제품의 품질 등 생산 부문에 기업 관리의 초점이 맞추어졌다. 이 당시에는 생산이 최대의 관심사로, 고객은 관심 밖이었다. 이러한 기업의 경영 철학은 대량생산이 본격화되면서 과잉 생산, 과잉 공급의 부작용을 해소하기 위해 판매 지향적 경영 철학으로 바뀌었다. 그러나 이러한 판매자 우선주의적인 관리 방식으로는 고객들의 다양한 기호와 욕구를 충족시킬 수 없게 되었고, 일회성 구매에 그쳐 재화의 원할한 회전을 기대하기 어려웠다.

1950년대 중반에 들어와 미국에서부터 비로소 고객이 구매하기를 원하는 제품을 생산해야만 더 쉽게, 더 많이 팔 수 있다는 사실을 인식하게 되었다. 기업이 이미 생산해 놓은 제품을 가지고 고객에게 사도록 설득하려 애쓰기보다는 먼저 고객이 무엇을 사고 싶어하는가를 파악한 후, 그러한 제품을 생산하도록 노력하자는 것이다. 이는 곧 이미 만든 것을 팔려고 하지 말고 팔 수 있는 것을 만들라는 뜻으로 고객 욕구가 기업의 중요한 관심사가 되었다.

이와 같이 고객 지향적인 마케팅 위주 경영으로 기업의 경영 철학이 전환됨에 따라 기업의 주요 관심사가 기업 위주의 생산이나 제품, 판매 개념에서 고객으로 바뀌었다. 특히 마케팅 중심의 경영 핵심은 특정 표적 시장의 욕구를 파악해서 경쟁 상품보다 더 만족을 줄 수 있도록 노력하는 것이 성공의 관건이 되었기 때문에 이를 위하여 고객의 행동 원리를 규명하는 일이 매우 중요하게 인식되었다.

고객 행동에 대한 적절한 이해는 우리가 비누를 판매하거나 대통령 입후보자를 선전하거나, 복사기를 판매하거나 자동차를 판매하든지 간에 마케팅을 생명으로 하는 기업에는 필수적인 것이다.

고객이 된다는 것은 사회적 맥락에서 보면 모든 개인이나 조직에 부과된 기본적 속성의 하나이다. 또한 사회 활동의 실질적인 영역은 직접적이든, 간접적이든 간에 고객 역할과 관련된 행동으로 구성되어 있다. 미국이나 서유럽과 같은 소비지향 사회에서는 구매 행동이 습관화된 활동이고 문화적 기반의 기본이다. 이처럼 중요한 사회 활동 영역에 대한 이해의 개선은 고객 개인에게 뿐만 아니라, 공공 조직 및 개인 조직에게도 소비와 관련된 행동의 자질을 향상시키는 데 도움을 줄 것이다.

또 고객 행동 연구가 갖는 중요성의 다른 근거는 사회복지 향상과 일상생활 자질 향상에 미치는 강한 영향력이다. 고객 행동은 또 학문적인 입장에서 보아도 대단히 중요하다. 예컨대 고객 행동 연구의 문헌들을 살펴보면 연구자들이 다루는 주제가 특정 상표의 제품 구입 행동, 정치적인 영향력 행사에 대한 시민의 반응, 환경 보호에 대한 시민의 태도 등과 같이 보다 세분화되고 다양해지고 있는 사실을 알 수 있다.

고객 행동 분야는 사회과학에서 비교적 미개척된 영역에 속한다. 이 분야는 인간 행동과 관계되는 모든 과학이 연관된 복합적인 학문 영역이며, 가설화된 이론들이 검증되어어야 할 새로운 개척 학문이다. 대부분 새로운 상품이 시장에 소개되면 이 상품이 어떻게 확산되는지가 1차 연구 과제인 경우가 많다.

3. 고객 행동 연구의 접근법

고객 행동이란 대부분 광범위한 사회적 또는 문화적 맥락에 의해 영향을 받고 나아가 다른 사람이나 조직들과의 밀접한 상호 관계와 개인적인 특성에 의하여 구체화되는 복잡한 과정이다.

고객 행동에 대한 정확한 기술은 이러한 모든 요인들이 개인적인 요인과 상호 작용하여 나타난다고 볼 수 있다. 새로운 상품의 구매 행동은 고객이 정보를 어떻게 학습하고 처리하는가, 또 고객이 다른 사람들과의 상호 작용에서 정보를 어떻게 획득하는가, 고객에게 정보를 전달하는 사람이 어떻게 결정되는가 등이 복합적으로 결합하여 이루어진다. 새로운 상품에 대해 고객들이 하는 학습 방법은 사회적인 상호 작용을 통한 영향과 또 학습 과정에서 고객이 언제, 어떻게, 누구와 상호 작용하는가에 의해 결정되는 것이다.

마케팅 문헌에서 발견되는 고객 행동에 관한 대부분의 이론이나 표본들은 인상학적, 심리학적 접근법을 바탕으로 하여 분석의 기본 대상으로 개인을 강조하고 있다. 이러한 분석 모델에서는 고객 개인들에 대하여 외적인 세력들이 큰 영향을 미친다는 사실에 대해서는 비교적 관심을 두고 있지 않았다. 그 대신 개개인 고객의 학습이나 지각에만 관심을 집중시켰다. 따라서 이 같은 접근 방법은 인간 행동에 대한 현대의 과학적 사고방식과는 일치하지 않으며, 사회적 상호 교환 과정을 강조하는 현대 마케팅 개념과도 일치하지 않는다.

인간 행동이란 분명히 그 본질에 있어서 사회적이기 때문에 학구적 방법을 통하여 연구되어야만 마땅하다. 고객 행동 이론들이 대부분 고객 개인에게 국한된다면 이것은 불완전한 이론인 셈이다. 개인 심리학적 고찰은 탁월한 고객 행동 연구 심리학자 중의 한 사람인「쟈콥쟈코비」에 의해 대표된다.

그러나 최근에 와서 고객 행동 연구는 상당히 변화되고 있다. 그 변천 과정을 살펴보면 초기에는 경제학이 이 문제를 해결하려 시도했고,

그 다음에는 개인적인 측면을 강조한 인상학, 최근에 와서는 심리학이 행동 과학이 학구적 방법을 동원해서 고객 행동에 관한 연구를 하고 있다. 이들 연구 결과를 살펴보면 우선 10년 전까지만 해도 많은 사람들은 경제학이야말로 마케팅의 모체 학문이라고 주장했다. 그러나 오늘날 우리들은 고객 행동 분야를 인간 행동에 관계하는 모든 지식이 통합되는 '행동 과학'으로 간주하고 있다.

고객 행동을 연구하는 일은 많은 변수와 행동의 주관성, 추론 과정의 어려움, 변수 간의 상호 작용 등 많은 문제점들을 가지고 있어 이러한 어려움을 극복하기 위한 노력으로서 다양한 모델들이 개발되어 왔다. 모델이란 '현실을 단순화한 표상'으로 간주될 수 있는데, 그것은 모델 설정자에게 중요한 현실의 측면만을 통합하고 중요하지 않은 다른 측면들을 무시한다. 예를 들어, 건축 모델은 집짓기에 중요치 않은 가구 배치를 포함하지 않듯이 고객 행동을 모델화하는데 있어서도 중요하지 않은 측면은 제거될 수 있다. 따라서 고객 행동 모델이란 '고객 행동에 관계되는 변수들을 확인하고 그들 사이의 관계를 본질적으로 상술하여 행동이 형성되고 영향 받는 양상을 묘사하기 위한 것'으로 정의 된다.

많은 고객 행동의 연구자들은 각자 동기부여와 행위의 근거가 되는 변수들에 관하여 자신만의 아이디어를 갖고 있을 것인데, 이러한 아이디어를 묘사하는 흐름도가 바로 고객 행동 모델인 것이다. 그러나 어떠한 고객 행동 모델에서도 고객 행동에 관련되는 변수들과 그들 사이의 관계는 가정일 뿐이며 새로운 조사 발견점에 따라 수정되어야 하므로 어떠한 모델도 확정적 또는 최종적이라고 할 수는 없다.

고객 행동 연구에 이용되는 행동 과학의 본질에 대해서 다시 한 번 부언한다면, 우리가 많은 지식을 차용한 이 행동 과학들은 그 본질과 발달 단계가 반드시 명확히 밝혀져야 할 필요가 있다는 점이다. 실제 행동 과학을 물리학과 비교한다면 전자는 아직 원시적인 발달 단계에 머무르고 있다고 말할 수 있다. 그 이유는 과학의 성숙도를 측정하는 방법 중의 하나로 대상의 결과를 예언할 수 있는 능력이라고 할 수 있기 때문이다. 그 예로써 화학자는 어떤 화학 약품 혹은 원소들을 결합시켜 나타나는 합성물이 보여주는 효과에 대해서 상당한 확실성을 가지고 예언할 수 있다. 또한 물리학 법칙에서도 인공위성의 한도와 궤도를 상당한 정확성을 갖고 예언할 수 있다. 반면 사회과학에서 하는 대부분의 예언은 확률적인 표현이며, 예언이 오류를 범하는 경우가 대단히 많다.

그러나 우리가 다루는 고객 행동은 매우 복잡한 분야로, 고객으로서의 개인과 조직이 사회적·문화적·정치적·경제적 맥락에서 상호 작용하는 사실을 감안해서 연구해야 되기 때문에 현 단계에서는 이 같은 자연 과학적 연구 방법의 적응이 불가능하다.

따라서 고객 분석에 있어 고객 행동을 이론적으로 연구한 경제학, 개인의 행동을 중심으로 연구한 심리학 및 인상학 또 집단에서의 개인, 나아가 집단이 해 온 고객 행동을 연구한 사회심리학과 사회학 등의 기여를 체계적으로 살펴보는 것이 고객 행동을 분석하고 설명하는 데 필요하다.

고객 인상학 기초

physiognomy marketing

본장은 고객 인상학의 가장 기초가 되는 것들을 이해하는 것이 목적이다.

인상학의 범주는 크게 4모습과 3씨로 구분되며 인상의 3요소는 생김새, 짜임새, 빛깔이다.

인상을 파악하는 방법으로는 윤곽 방법, 비유 방법, 부분 방법이 있다. 인상을 보는 주요 포인트는 우선 얼굴 생김새를 보고 그 다음은 상정, 요철, 눈, 코, 입, 눈썹, 귀의 순서로 본다.

인상은 언제든지 변할 수 있는 것으로 자연적인 변화와 인위적인 변화가 있다. 각 얼굴 부위별에 따라 메이크업을 통해 인상을 개선하는 방법이 있고, 액세서리 착용으로 개선하는 방법, 미용 성형수술을 통한 인상 개선 방법, 심상(心相) 성형을 통한 개선 방법이 있다.

고객의 인상을 읽는 방법은 물론 자신의 인상을 들여다보는 시간을 갖고, 좋은 것들은 더욱 돋보이게 하고 좋지 못한 것들을 바꿔 나가는 외적 · 내적 방법을 익혀보자.

01 인상학의 범주와 인상 파악 방법

1. 인상학의 범주

　인상학의 범주는 크게 유형의 상과 무형의 상으로 분류하고 있는데, 유형의 상은 사람의 운기를 관찰하는 데 포괄적인 표출 대상인 얼굴 모습, 손 모습, 뼈 모습, 몸 모습을 말하며, 무형의 상은 실체는 보존할 수 없을지라도 그것이 행동으로 나타나고 의식으로 감지할 수 있는 마음씨, 말씨, 맵시 등을 포함하고 있다. 4모습·3씨를 관상의 전체적인 범주에 넣어서 관찰하고 모든 운명을 판단하는 대상으로 삼고 있다.

(1) 유형의 상(4모습)

① 얼굴 모습(面相)

귀, 이마, 눈썹, 눈, 코, 광대뼈, 인중, 법령, 입, 볼, 턱.

② 손 모습

손바닥, 손금, 손등, 손가락, 손톱, 손목.

③ 뼈 모습(骨相)

머리뼈, 턱뼈, 목뼈, 어깨뼈, 빗장뼈, 가슴뼈, 갈비뼈, 등뼈, 엉덩이뼈, 팔·다리뼈, 손·발뼈.

④ 몸 모습(體相)

신체의 강약, 거대함과 왜소함에 따른 성격 차이, 머리, 목, 어깨, 팔, 손, 가슴, 등, 유방, 배, 배꼽, 허리, 엉덩이, 생식기, 다리, 발.

(2) 무형의 상(3씨)

① 마음씨(心相)

아무리 외형적인 상이 탁월하더라도 마음이 바르지 않으면 결코 행복할 수가 없다. 마의 선생은 "만상이불여심상(萬相而不如心相)"이라 하셨으니 이는 "일만 가지 상이 제 아무리 좋다 해도 마음의 상만 같지 못하다"는 뜻이다.

② 말씨(言辭相)

말씨는 자기의 사상이나 감정을 소리로 나타내는 것이며 이것으로 사람의 됨됨이뿐만 아니라 운명까지도 판단할 수가 있다.

③ 맵시(姿態相)

사람의 인격은 태도와 행동에 의하여 외부로 표출이 된다. 철학자이며 심리학자인 윌리엄 제임스는 "생각이 바뀌면 행동이 바뀌고, 행동이 바뀌면 습관이 바뀌고, 습관이 바뀌면 성격이 바뀌고, 성격이 바뀌면 인격이 바뀌고, 인격이 바뀌면 운명이 바뀐다"고 하였다.

(3) 인상의 3요소

① 생김새(模樣)

상이 어떻게 생겼는가를 살피는 것으로, 겉으로 나타나는 꼴의 됨됨이를 이른다. 이것을 살펴서 사람의 운명을 판단하는 일이 인상을 보는 한 수단이 된다. '눈이 실눈이다', '코가 높다', '호랑이 상이다' 하는 것 등은 생김새를 표현한 말로서 운명을 판단하는 기준으로 삼고 있다.

② 짜임새(調和)

얼굴에서 이마, 눈썹, 눈, 귀, 코, 입, 인중, 광대뼈, 볼, 턱 등이 알맞은 위치와 적당한 크기로 서로 잘 어울려서 조화와 균형이 잡혀 있어야 하며, 얼굴에 비해서 눈이 너무 작다든지, 코에 비해서 입이 너무 작다든지, 키에 비해서 머리가 너무 작다든지, 상체에 비해서 하체가 너무 짧다든지 하는 것은 짜임새가 나쁜 상이라 볼 수 있다.

③ 빛깔(氣色)

생김새나 짜임새가 아무리 잘 갖춰졌다고 하더라도, 그때그때의 빛깔이 해맑고 빼어나지 못하면 살아가는 데 모든 일이 잘 풀리지 않으며 건강도 좋지 못하다는 징후이다. 빛깔은 내면적인 여러 가지 마음의 작용이 외부로 형상화되어 표출되는 것이다.

2. 인상을 파악하는 방법

(1) 윤곽 방법

얼굴이나 체격의 외형을 기준으로 하여 펼치는 인상 방법이다. 상을 어떠한 형태로 분류하여 판단하는 방법뿐만 아니라 전체적인 조화를 파악하는 것도 이 윤곽 방법의 범주에 속한다.

남성다운 상, 여성다운 상, 오목한 얼굴·볼록한 얼굴, 둥근 얼굴·네모진 얼굴, 감싸든 얼굴·바라진 얼굴, 우람한 체격·왜소한 체격 등으로 분류하여 인상의 판단 기준을 삼는다든지 하는, 전체적인 모양새만을 살펴 운기를 파악하는 방법이다.

(2) 비유 방법

얼굴과 체격을 우주나 오행의 원리에 따라 비교하고 그 특성을 찾는다든지, 짐승의 특징과 유사한 점에 대비하여 그 짐승이 갖고 있는 특성에 따라 유추적 해석을 하는 관상 방법으로 유추 관상법이라고도 할 수 있다. 이 비유 방법은 전체적인 모양새뿐만 아니라 부분적인 모양새에도 적용된다.

호랑이상, 두꺼비상, 소눈·뱀눈·메기입이라 하여 짐승의 모양새와 동일한 형태적 특징을 품성적 특성으로 전개해 나가서 운기를 파악하는 방법이다.

또한 오행 형상을 따져 눈을 일월(日月)에, 코를 토성(土星)에 비유하는 관상 방법도 이에 속한다.

1) 세계의 지도자와 견종의 특성 비유

① 제1그룹 : 사냥개 및 전투견

지도자명	견종
조지 부시 미국 대통령	코커 스패니얼
사담 후세인 이라크 대통령	불테리어
오사마 빈 라덴	하운드
슬로보단 밀로세비치 전(前) 유고슬라비아 대통령	발바리
라도반 카라지치 보스니아 전쟁 전범	잡종
피델 카스트로 쿠바 국가평의회장	하운드
노무현 한국 대통령	진돗개
자크 시락 프랑스 대통령	포인터
샤를르 드골 전(前) 프랑스 대통령	블러드하운드

② 제2그룹 : 경비견 및 작업견

지도자명	견종
요한 바오로 2세 교황	세인트 버나드
실비오 베를루스코니 이탈리아 총리	네오폴리탄 마스티프
게르하르트 슈뢰더 독일 총리	도그
헬무트 콜 전(前) 독일 총리	도그
블라디미르 푸틴 러시아 대통령	시베리안 허스키
아리엘 샤론 이스라엘 총리	샤페이
야세르 아라파트 팔레스타인 자치정부 수반	샤페이
무아마르 알 카다피 리비아 국가원수	불독

③ 제3그룹 : 애완견 및 호사견

지도자명	견종
토니 블레어 영국 총리	플루토
엘리자베스 2세 영국 여왕	요크셔테리어
에든버러 공 엘리자베스 2세의 남편	휘페트
넬슨 만델라 전 남아프리카 대통령	퍼그
레니어 3세 모나코 공국 국왕	비숑
모하메드 6세 모로코 국왕	달마시안
고이즈미 준이치로 일본 총리	시츄
하미드 카르자이 아프가니스탄 대통령	폭스테리어
하마드 빈 칼리파 알타니 카타르 대통령	블랙 퍼얼
코피 아난 UN 사무총장	푸들
장쩌민 전 중국 국가주석	페키니즈
달라이 라마 제14대 달라이 라마	에파뉴엘

2) 비유 방법 사례

① 아메리칸 코커 스패니얼(조지 부시 미국 대통령)

② 걸프산(産) 불테리어(사담 후세인 이라크 대통령)

③ 아프간하운드(오사마 빈 라덴)

④ 한국산 진돗개(노무현 한국 대통령)

⑤ 시베리안허스키(블라디미르 푸틴 러시아 대통령)

⑥ 재패니즈시츄(고이즈미 준이치로 일본 총리)

세상을 지배하는 개들
(프랑스 작가 로랑제라 / 풍자화가 장 클로드 모르슈완느 그림, 이승재 옮김, 2003. 6. 문학세계사)

(3) 부분 방법

인체, 즉 상(相)을 부분적으로 나누어서 파악하는 부분 방법은 결과적으로 각 부분을 관찰하여 거기에서 얻어진 사항들을 모아서 서로 상쇄시키고 걸러 내서 종합하는 복합 판단의 원리를 적용하는 것으로 궁극적으로 전체를 알고자 하는 전단계 방법이라고 말할 수 있다. 그러므로 인상의 일부분이 아무리 잘생겼더라도 다른 부분과 조화롭지 못하면 잘생긴 부분의 좋은 효과가 삭감되어서 길상이 되지 못한다.

02 인상 파악 기법의 유형과 포인트

1. 인상 파악을 위한 다양한 접근법

사람의 얼굴을 통해 상대방을 파악하는 기법에는 여러 가지 접근법이 있다. 얼굴 골상에 대한 전산 38골법, 후산 34골법, 12기골법, 얼굴 삼정육부도, 얼굴 오악사독도, 얼굴오성 육오도, 얼굴 사학당 팔학당도, 얼굴 팔괘 구주도, 얼굴 오궁도, 얼굴 12궁법, 얼굴 13부위도법, 13부위 총요도, 유년운기 부위도, 육부 삼제 삼정지도, 논인면지지도, 옥침지도, 여인면지지도, 팔법도 등 외에도 4독(四瀆), 6부(六府), 8괘(八卦), 4학당(四學堂) 등과 같은 여러 가지 방법으로 구분하기도 한다.

그 외에 얼굴 모양과 짜임새, 얼굴 색깔, 마음씨, 말씨, 태도와 행동 등을 종합하여 그 사람의 운명을 파악하며 일반적인 접근 방법인 안면 각 기관의 특징에 따라 구분하는 방법과 오행의 원리를 활용하는 방법 등이 있다.

2. 안면의 특징에 따른 접근법

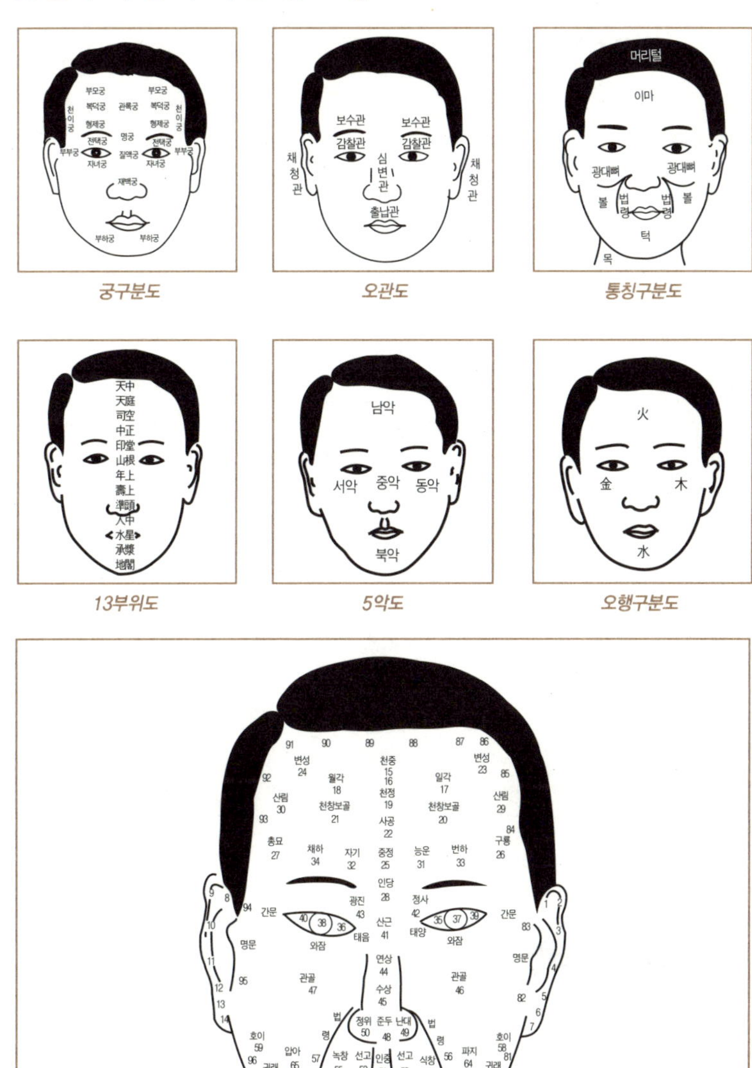

3. 음양 원리를 활용한 접근법

구분＼오행(五行)		목(木)	화(火)	토(土)	금(金)	수(水)
안면 부위 (顔面部位)		좌측(여성은 우측) 광대뼈와 귀	이마	코	우측(여성은 좌측) 광대뼈와 귀	입과 턱
천간(天干)	양	갑(甲)	병(丙)	무(戊)	경(庚)	임(壬)
	음	을(乙)	정(丁)	기(己)	신(辛)	계(癸)
지지(地支)	양	인(寅)	오(午)	진(辰), 술(戌)	신(辛)	자(子)
	음	묘(卯)	사(巳)	미(未), 축(丑)	유(酉)	해(亥)
방위(方位)		동(東)	남(南)	중앙(中央)	서(西)	북(北)
계절(季節)		봄(春)	여름(夏)	4계(四季)	가을(秋)	겨울(冬)
월(月)		1. 2. 3. (寅. 卯. 辰)	4. 5. 6. (巳. 午. 未)		7. 8. 9. (申. 酉. 戌)	10. 11. 12. (亥. 子. 丑)
시(時)		아침(朝)	낮(午)	한낮(中天)	저녁(夕)	밤(夜)
색(色)		파랑(靑)	빨강(赤)	노랑(黃)	하양(白)	검정(黑)
장(臟)		간(肝)	심(心)	비(脾)	폐(肺)	신(腎)
음(音)		아(牙) 각(角)	설(舌) 미(微)	후(喉) 궁(宮)	치(齒) 상(商)	순(脣) 우(羽)
상(常)		인(仁)	예(禮)	신(信)	의(義)	지(智)
기(氣)		온(溫) 혼(魂)	조(燥) 신(神)	습(濕) 의(意)	양(凉) 백(魄)	한(寒) 정(精)
상생오행(相生五行)		화(火)	토(土)	금(金)	수(水)	목(木)
상극오행(相剋五行)		토(土)	금(金)	수(水)	목(木)	화(火)

오행 도표

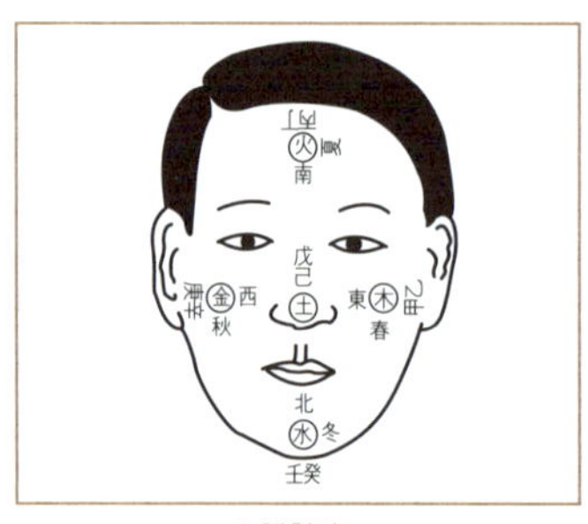

오행천간도

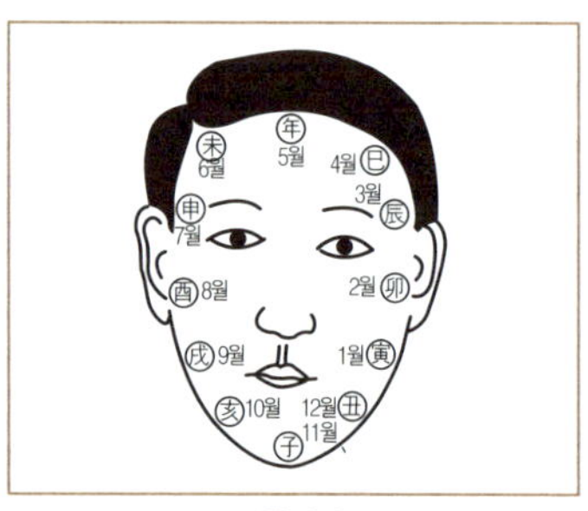

오행지지도

4. 인상을 보는 포인트

① 우선 안형(顔型)을 본다.

② 상정(上停, 中停, 下停)을 비교한다.

③ 얼굴이 요(凹)면인가, 철(凸)면인가를 본다.

④ 오궁(五宮)은 눈, 코, 입, 눈썹, 귀의 순서로 본다.

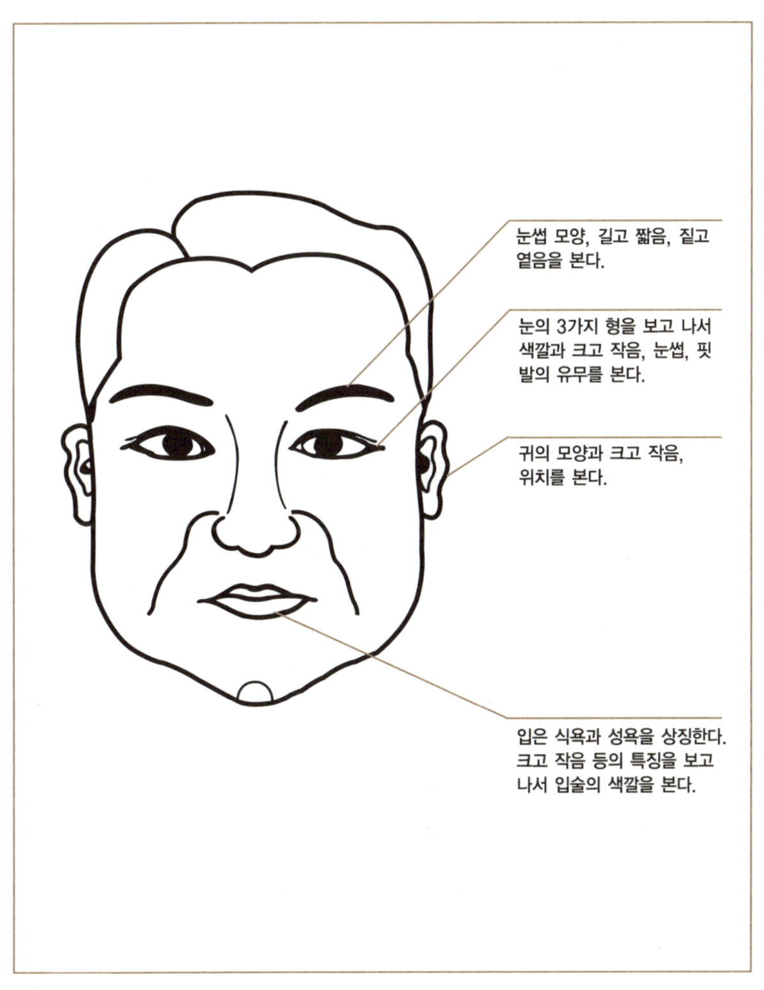

03 인상과 운명 변화의 상관 관계

1. 인상의 변화

어린아이들의 얼굴을 보면 모두가 예쁘고 천진난만하다. 인간은 자라고 배우고 살아가는 동안에 성실한 인상과 사기꾼의 인상을 만들어가게 된다. 이와 같이 인상(人相)이 변화하면 운명(運命)도 따라서 변화한다. 즉, 인상 변화와 운명 변화는 종속 관계에 있다. 운명이란 개척해 나가는 것이고 인상 역시 자기 스스로 만들어 가는 것이다.

'웃으면 복이 온다', '웃는 얼굴에 침을 못 뱉는다' 는 말도 있고 웃을 때마다 엔돌핀이라는 건강 효소가 발생한다는 의학자의 보고도 있다. 거울 앞에서 찌푸린 얼굴을 웃는 얼굴로 바꾸는 연습을 해보라. 웃는 상은 주위의 많은 사람들에게 좋은 이미지를 심어 줄 것이고 자신 또한 주위의 도움과 협조를 통해 더욱 발전하게 될 것이다.

사람의 인상은 부모로부터 정신적, 육체적으로 물려받은 선천적 요소가 있고 자신이 스스로 노력하여 만드는 후천적 요소가 있으며, 인상의 변화도 크게 자연적인 변화와 인위적인 변화로 구분할 수가 있다.

사람은 태어나서 죽을 때까지 인상이 고정되어 있는 것이 아니라 어떠한 원인에 의해서든지 변화하고 있으며 언제나 변화의 가능성을 가지고 있다.

이렇듯 인상 변화 요인 가운데 인위적 변화를 일으키는 요인은 인간의 힘으로 극복이 가능하기 때문에 장점은 살리고 단점은 좋은 쪽으로 고쳐 나가려는 노력이 필요하다. 이것은 자신의 운명을 아름답게 개척해 나가는 것과 같다.

(1) 자연적인 변화

어릴 적 인상이 나이가 들수록 점점 달라져 가는 것과 같이 사람의 모양새가 변모되어 가는 현상을 말한다.

예 • 성장에 따른 피부 탄력의 변화

　　• 수염이 나는 변화

　　• 노쇠에 따른 변화

(2) 인위적인 변화

선천적으로 타고난 인상이 자연적으로 변화하는 현상 이외에도 마음의 상태나 물리적 · 환경적 또는 인공적인 힘에 의하여 사람의 생김새가 변모되는 현상을 말한다.

예 • 화장이나 치장으로 꾸민 모습의 변화

• 수염이나 머리털을 기르는 모양새에 따른 변화

• 상처로 인한 흉터나 골절에서 오는 변화

• 병으로 인한 변화

• 발치(拔齒)나 의치(義齒)로 인한 변화

• 성형수술에 의한 변화

• 희로애락 같은 감정에서 오는 변화

• 생활의 고달픔이나 여유에서 오는 변화

• 인격 수양이나 교양의 정도에서 나타나는 변화

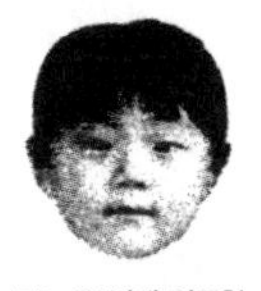

70~80년대 얼굴형
(지수 0.83)

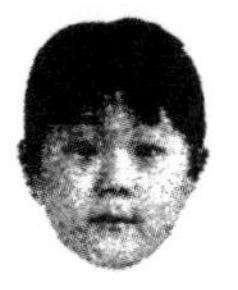

2000년대 얼굴형
(지수 0.96)

한국인 얼굴형 좁고 길어졌다

식생활 습관이 바뀌면서 둥그스름했던 우리나라 사람의 얼굴이 좁고 긴 형태로 바뀌고 있으며, 이에 따라 서양인에게 많은 '새턱(새처럼 아래턱이 짧은 얼굴)'이 늘고 있다는 조사 결과가 나왔다.

경희대병원 소아치과 최영철 교수는 경희대 치과에 재학중인 450여 명을 조사한 결과 평균 '얼굴 지수'가 0.92로 '좁고 긴 얼굴'이었다고 12일 밝혔다.

"딱딱한 음식 기피로 턱근육 많이 안 쓴 탓"

얼굴 지수란 얼굴의 폭(좌우측 광대뼈 끝을 연결하는 직선거리)을 1로 했을 때 높이(양미간 코뼈 시작 지점서 아래턱까지 거리)의 비율로 0.95가 넘으면 매우 좁고 긴 얼굴, 0.90~0.95는 좁고 긴 얼굴, 0.85~0.90은 보통 얼굴, 0.80~0.85는 넓고 짧은 얼굴, 0.80 미만은 매우 넓고 짧은 얼굴로 분류된다.

70~80년대 우리나라 사람의 얼굴 지수는 0.80~0.85쯤으로 추정된다. 얼굴 지수에 대한 국내 조사는 이번이 처음이다. 최 교수는 "모유 수유가 감소하고 딱딱하고 질긴 음식을 기피함에 따라 턱 근육이 덜 발달해 얼굴이 좁고 길게 바뀐 것으로 생각한다"고 말했다. / 조선일보 임호준 기자

개운(改運)하는 방법

1. 개운의 이해

인상을 공부하는 목적은 현재 자신의 얼굴을 보고 자신이 살아온 인생을 판단하여 좋은 것은 계속해서 발전시켜 나가고 좋지 않은 것은 고쳐나가는 데 있다. 인생에 있어 성공은 잘 먹고 잘 사는 데 있는 것이 아니라 스스로 의미 있는 삶을 결정하고 실천해 나가는 데 있다. 성공하는 인상 역시 자신이 만들어 나가는 것이다.

앞에서도 언급한 바와 같이 인상학의 발전 흐름이 점술을 이용한 예언적 인상학에서 출발하여 현재는 성격 분석적 인상학으로 변화되었다.

최근에는 과학적인 뒷받침에 힘입어 범죄 수사용(몽타쥬)이나 기업의 마케팅 부문, 기타 사회의 여러 부문으로 인상 기법의 활용 범주가 점점 확장되고 있는 실정이다. 옛날의 점술을 이용한 예언적 인상학 시절에는 인간의 운명은 타고난 것이라는 관점에서 출발하였으나 오늘날의 성격 분석적 인상학에서는 인상이 좋아서 성공하는 것이 아니라 성공하기 위해서 목표를 세우고 열심히 살아가기 때문에 인상이 좋아지고 있다는 것을 과학적으로 증명해 보이고 있다.

일반적으로 개운(改運)하는 방법에는 메이크업을 통한 인상 개선 방법, 안경과 같은 액세서리 착용을 통한 인상 개선 방법, 미용 성형수술을 통한 인상 개선 방법, 심상 성형을 통한 인상 개선 방법의 4가지가 있다.

개운하는 방법을 크게 다시 압축한다면 메이크업, 액세서리, 미용 성형수술 등과 같이 외모의 변화를 통한 방법과 마인드컨트롤과 같은 심상 성형 방법이 있다. 외모를 통한 체격이나 얼굴에 나타나는 성격은 사회적으로 여러 가지 그 사람의 일의 방향이라든지 운명을 나타내는 것이지만 우리가 주의해야 할 것은 아무리 탁월한 재능을 타고났다 하더라도 마음이 바르지 않으면 결코 행복할 수 없다는 것이다.

2. 메이크업을 통한 인상 개선 방법

각 얼굴의 부분별 공통적인 메이크업 방법을 살펴보면 다음과 같다.

(1) 얼굴의 폭

① 큰 얼굴

코벽, 얼굴 외곽선에 음영을 주고 눈과 입술 메이크업에 짙은 색을 사용하는 것이 포인트이다.

눈썹은 눈썹산을 살려 길게 그리고, 블러셔를 광대뼈 밑에 사선으로 바른다. 입술은 윤곽이 분명하고 볼륨 있게 표현한다.

② 사각형 얼굴

양쪽 턱에 음영을 주어 윤곽을 부드럽게 해 준다. 상대적으로 작아 보이는 눈을 강조한다. 입술의 아래 윤곽을 턱 윤곽과 비슷하게 그리고 립스틱을 그린다. 블러셔는 광대뼈 밑에 사선으로 바른다.

③ 광대뼈가 발달한 얼굴

눈썹은 둥글리거나 수평으로 그리고 관자놀이에 하이라이트를 준다. 옅은 색 블러셔를 볼의 가장 높은 곳에 바른다. 홀쭉한 볼에는 하이라이트를, 턱에는 섀도를 준다.

④ 아래쪽이 넓은 얼굴

이마와 콧등에 하이라이트를, 아래턱뼈부터 귓불을 연결하는 선 아래쪽에 옅게 섀도를 준다. 옅은 색 블러셔를 광대뼈 위쪽에 바르고 그 밑에 짙은 색 블러셔를 바른다. 입술 윤곽은 둥그스름하게 그린다.

⑤ 둥근 얼굴

이마와 콧대, 눈꼬리 밑에 하이라이트를 준다. 볼에 어두운 색상의 블러셔를 사선으로 길게 넣고 미간 · 코의 높이를 고려해 노즈 섀도나 하이라이트를 준다. 눈썹은 눈썹산을 강조해 각지게 그린다.

(2) 얼굴의 길이

① 긴 얼굴

머리카락 난 언저리를 따라 가로로 길게 섀도를 주고, 눈썹은 자연

스럽게 직선으로, 블러셔는 광대뼈 위에 둥글고 넓게 바른다. 턱에는
섀도를 바른다.

② 짧은 얼굴

위로 올라가는 선을 강조해 짧은 얼굴의 결점을 약화시킨다. 눈썹은
자연스런 반달형 눈썹으로 그린다.

③ 둥근 이마

좁은 이마는 머리카락 뿌리에 무스를 발라 세워 빗어 넓어 보이게
한다. 넓은 이마는 스프레이로 볼륨을 주어 앞머리를 세우고 눈썹도
위로 올라가게 그려 둥근 느낌을 커버한다.

④ 하트형

좁은 이마는 앞머리를 부풀리는 느낌으로 올려 묶거나 핀으로 고정
시켜 넓어 보이게 한다. 눈썹은 둥글게 그린다. 넓은 이마는 머리에 웨
이브를 주어 앞머리는 무스로 세우고 옆머리는 손가락으로 빗어 자연
스럽게 흘러내리게 해 이마 언저리를 감춘다.

⑤ 각진 이마

좁은 이마는 머리에 무스를 발라 가르마를 탄 다음 옆머리를 붙여
각진 부분을 커버하듯이 빗어내린다. 눈썹은 반달형으로 그린다. 넓은
이마는 머리를 위나 뒤쪽으로 묶어 올린 다음 머리카락 끝을 자연스럽
게 흐트러뜨려 시선을 그쪽으로 돌린다. 각진 부분에 옅은 브라운 섀
도를 바른다.

⑥ M자형 이마

좁은 이마는 앞머리 몇 가닥을 흘러내리게 해 시선을 분산시킴으로

써 결점을 커버한다. 너무 많이 내리면 오히려 결점을 강조하게 되므로 주의해야 한다. 넓은 이마는 앞머리 중앙 부분은 위로 빗어올리고 옆머리는 자연스럽게 빗어내려 움푹 들어간 부분을 커버한다.

(3) 눈

① 미간이 좁은 눈

눈꼬리 쪽에 짙은 색 아이 섀도를 발라 시선을 바깥쪽으로 돌린다.

② 위로 치켜 올라간 눈

눈머리 위와 눈꼬리 밑에 섀도를 준다. 눈썹은 약간 두껍게, 위로 올라가게 그린다. 아이라인도 눈꼬리 쪽을 약간 처지게 그린다.

③ 아래로 처진 눈

눈썹 꼬리가 밑으로 내려오면 처진 눈이 강조되므로 반달형으로 그린다. 눈꼬리 위에 평행사변형으로 섀도를 주고 눈꼬리 밑에 하이라이트를 주면 효과적이다.

④ 가는 눈

어두운 색 섀도를 눈머리와 눈꼬리에 바르고 아이홀에 밝게 하이라이트를 주면 눈이 크게 보인다.

⑤ 부은 듯한 눈

브라운 · 그레이 계열 아이 섀도를 눈 주변에 넓게 펴 발라 눈의 깊이를 강조한다.

⑥ 작은 눈

크게 보이려고 섀도를 너무 짙게 바르는 것은 금물이다. 눈꼬리 부분을 연결하지 말고 자연스럽게 그러데이션한다. 눈썹은 짧게 그린다.

⑦ 움푹 들어간 쌍꺼풀 눈

눈두덩 전체에 밝은 아이섀도를 바르고 아이라인은 가늘게 그린다.

⑧ 튀어나온 눈

옅은 그레이 · 브라운 섀도를 눈 주변에 엷게 그러데이션해 튀어나온 느낌을 약화시킨다. 튀어나온 부분을 강조하는 아이라인은 삼가고 마스카라만으로 눈매를 강조한다.

(4) 눈썹

① 미간이 좁은 눈썹

눈썹 머리는 결만 정리하고 전체적으로 위로 올라가는 느낌으로 눈썹산을 높여 길게 그린다. 이에 맞춰 아이라인도 길게 그린다.

② 미간이 넓은 눈썹

눈썹 머리를 안으로 모으는 듯한 기분으로 형태를 잡는다. 이때 눈썹만 겉돌지 않도록 눈썹 머리 밑에서 코벽 쪽으로 엷게 노즈 섀도를 준다.

③ 아래로 처진 눈썹

눈썹 머리를 꼬리 쪽에 맞춰 조금 아래로 그린다. 눈썹이 처져 보이는 원인이 되는 잔털을 다듬어 주고 눈썹 머리부터 위로 올라가는 기분으로 둥글게 그린다.

④ 일자 눈썹

눈썹산으로 눈썹 꼬리에 이르는 라인을 아래로 내리는 기분으로 그리고 빈 곳을 펜슬로 보충한다.

⑤ 짧은 눈썹

아이브로 펜슬로 눈썹 꼬리를 콧방울과 눈꼬리를 잇는 연장선상에서 3~4mm 바깥쪽까지 연장해 그린다.

(5) 입

① 둥근 턱의 입

입술산을 오똑하게 세우고 전체 윤곽은 직선적인 느낌으로 샤프하게 마무리한다.

② 뾰족한 턱의 입

아랫입술의 중앙을 배 밑부분처럼 넓게 둥글리고 윗입술은 완만한 곡선으로 그려 턱의 날카로운 느낌을 약화시킨다.

③ 각진 턱의 입

둥그스름한 느낌으로 윤곽을 그린다. 옅은 립 컬러라면 립 브러시 없이 직접 그려도 된다.

④ 긴 턱의 큰 입

선명한 립 컬러보다는 피부색에 가까운 브라운 · 오렌지 계열이 좋다. 본래보다 안쪽으로 윤곽을 그리는 것이 포인트다. 입술 중앙과 입꼬리 부분은 한 단계 짙은 색으로 마무리한다.

⑤ 긴 턱의 작은 입

핑크 · 로즈 계열의 립 컬러가 좋다. 본래보다 약간 바깥쪽(1mm 내)으로 윤곽을 키워 둥그스름하게 그린 후 립스틱을 바른다.

⑥ 짧은 턱의 큰 입

도톰하게 그리는 것은 피한다. 아랫입술은 배 밑처럼 넓게 둥글려 그리고, 윗입술은 완만한 곡선으로 그린다.

⑦ 짧은 턱의 작은 입

입꼬리를 본래보다 바깥쪽으로 넓게 잡아 그린다. 어두운 립 컬러는 작은 입이 더욱 작아 보이므로 오렌지 계열이 최고다.

(6) 코

① 긴 코

노즈 섀도를 가능한 한 짧게 주는 것이 포인트다. 눈머리로부터 코 길이의 1/3 지점에 이르는 코벽에 엷게 음영을 준다.

② 짧은 코

눈썹 머리 바로 밑으로부터 코 길이의 2/3 지점에 이르는 코벽에 세로로 길게 음영을 준다.

③ 주먹코

눈머리로부터 콧방울 옆에 이르는 코벽에 브라운 섀도로 음영을 준다. 콧대가 서 보이도록 콧마루에 하이라이트를 주면 더욱 효과적이다.

④ 휜 코

베이스 메이크업 단계에서 두 가지 색 파운데이션을 이용한다. 콧대를 따라 수직으로 하이라이트를 주고 눈머리로부터 콧방울에 이르는 양쪽 코벽에 음영을 주어 휜 부분을 바로 잡는다.

⑤ 낮은 코

눈머리로부터 콧방울 위쪽까지의 코벽에 일정한 톤으로 베이지·그레이 계열의 섀도로 음영을 준다.

⑥ 들창코

코 끝과 콧방울 옆면의 아래쪽에 음영을 주고 위쪽으로 들린 끝부분에 하이라이트를 준다. 음영이 너무 두드러지면 부자연스러우므로 주의한다.

일부 연예인들은 화장을 안 해 얼굴을 감추고 싶을 때 선글라스를 낀다지만, 일반인들은 선글라스를 돋보이게 하기 위해 메이크업에 신경을 써야 한다. 선글라스를 쓸 때는 깨끗한 피부와 선명한 입술이 중요하고 렌즈 색깔이 검정일 때는 붉은 색 립스틱, 자줏빛일 때는 누드오렌지 립스틱을 바르는 것이 좋다.
선글라스를 쓸 때는 머리카락과 선글라스 색깔도 조화를 이뤄야 한다. 염색한 머리가 선글라스를 돋보이게 하고, 특히 렌즈와 머리카락이 보색을 이루면 세련된 느낌을 주게 된다. 검정 머리칼에, 검정 선글라스는 자칫 답답해 보일 수 있다.

3. 액세서리 착용을 통한 인상 개선 방법

일반적으로 모자와 안경은 우리 일상생활에서 활동의 필수품임과 동시에 개성을 나타내는 액세서리에 속한다. 그 외에도 헤어스타일, 머릿결의 컬러링 종류, 헤어 액세서리, 가발 모양 등을 통해서도 자신의 이미지를 바꿀 수가 있다.

(1) 모자

모자를 쓴 상태에서 이마에 손가락 두 개가 들어가면 맞는 사이즈다. 모자를 고를 때는 전신 거울 앞에서 전체적 균형까지 점검한다. 모자는 되도록 깊숙이 눌러쓰고 앞부분을 이마 쪽으로 낮게 내린다. 머리 뒤쪽으로 내려 쓰는 건 금물이다. 모자를 고를 때는 얼굴형도 반드시 고려한다.

(2) 안경(기본형 얼굴)

어떤 디자인의 안경도 무난하게 소화해 내는 타입이지만, 오벌형, 스퀘어형이 특히 잘 어울린다. 얼굴이 갸름한 경우 인상이 강해 보일 수 있으므로 아래쪽에 라운드 처리가 많이 된 디자인을 선택하는 것이 좋다.

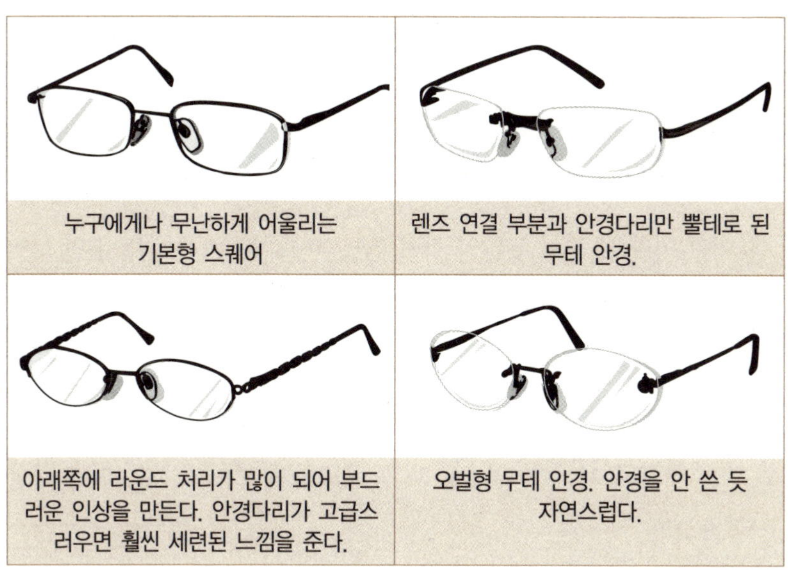

누구에게나 무난하게 어울리는 기본형 스퀘어	렌즈 연결 부분과 안경다리만 뿔테로 된 무테 안경.
아래쪽에 라운드 처리가 많이 되어 부드러운 인상을 만든다. 안경다리가 고급스러우면 훨씬 세련된 느낌을 준다.	오벌형 무테 안경. 안경을 안 쓴 듯 자연스럽다.

(3) 헤어스타일

① 이마가 좁다

앞머리를 한쪽으로 내려 이마선을 가리거나, 확실하게 뒤로 넘겨 시원스런 느낌을 강조한다. 얼굴이 긴 경우 앞머리를 내리는 것도 무난하다.

② 이마가 넓다

이마가 부드러운 삼각형이 되도록 앞머리를 연출하는 것이 포인트다. 중앙 부분은 짧고 옆으로 갈수록 길이가 조금씩 길어지는 스타일이 좋다.

③ 턱이 뾰족하다

일자 단발이나 레이어드 롱스타일은 뾰족한 턱을 더욱 강조하므로 피한다. 완만한 곡선으로 턱을 부드럽게 만드는 레이어드 단발이나 둥근 단발이 좋다.

④ 턱이 길다

턱선으로 모이는 시선을 다른 곳으로 옮기는 것이 기본이다. 턱선과 같은 길이의 머리는 피하고, 머리 전체에 가로로 볼륨을 주어 긴 느낌을 상쇄시킨다.

⑤ 얼굴이 크다

볼이나 이마 등 얼굴을 많이 커버하는 스타일이 좋다. 층이 많이 들어간 스타일이나 턱선 길이의 일자 단발도 좋다. 짧은 쇼트는 절대 금물이다.

⑥ 얼굴이 통통하다

헤어스타일로 샤프한 라인을 만들어 얼굴을 가리면서 슬림한 느낌을 주는 것이 우선이다. 얼굴을 더욱 통통하게 보이게 하는 일자 단발은 금물이다.

⑦ **뒤통수가 납작하다**

뒷머리에 볼륨을 줄 수 있는 연출 테크닉을 총동원해야 한다. 뒷머리에 층을 낸 후 웨이브를 준 레이어드 커트나 볼륨감이 좋은 그러데이션 단발 등이 좋다.

⑧ **광대뼈가 불거졌다**

일자로 떨어지는 생머리는 피하고, 앞머리가 길면서도 자연스럽게 떨어지는 쇼트 커트나 층을 많이 주어 커트처럼 보이는 단발이 좋다.

① 얼굴형 : 얼굴형을 기본으로 하고, 얼굴형의 결점을 보완하는 스타일을 찾는다.

② 이미지 : 자신의 인상과 반대되는 느낌의 헤어스타일로 이미지를 조절한다. 화려한 이미지는 스트레이트로 차분함을, 평범한 사람은 개성적인 스타일이 좋다.

③ 머리카락 성질 : 곱슬머리, 힘없는 머리, 뻗치는 머리 등 머리카락의 질은 천차만별, 모발 성격에 따라 알맞는 스타일이 따로 있다.

④ 머리카락의 굵기 : 머리숱과 머리카락의 굵기는 밀접한 관계가 있다. 같은 파마라도 모발 굵기에 따라 웨이브가 다르게 나온다.

⑤ 머리숱 : 머리숱이 많으면 섀기나 레이어드, 슬라이스 컷 등으로 가볍게, 머리숱이 적으면 섀기나 레이어드를 넣은 후 파마로 볼륨감을 준다.

⑥ 길이 : 길이는 스타일을 결정하는 우선순위 중 하나다. 얼굴 결점이나 체형 고민을 커버할 뿐 아니라 분위기 변신의 첫 번째 요소이다.

⑦ 라이프 스타일 : 생활과 동떨어져 있는 헤어스타일은 몸에 잘 맞지 않은 옷을 입고 있는 것과 마찬가지다. 생활 패턴과 자연스럽게 어울리는 스타일을 찾아야 한다.

⑧ 전체적인 밸런스 : 헤어스타일이 자신의 전체적인 분위기와 잘 맞지 않는다면 곤란하다. 신장, 얼굴의 크기, 생김새 등 전체 밸런스를 반드시 염두에 둔다.

(4) 머릿결의 컬러링

컬러링의 종류에는 보통 3가지가 있다.

- **염색** : 염색약을 모발에 바르면 단백질을 감싸고 있는 부분인 큐티클층이 열리고, 그 사이로 염색약의 색소가 침투하면서 염색이 되는데, 모발은 굉장히 많은 손상을 입게 된다. 블리치를 해서 염색 컬러를 빼지 않는 이상 이 색소는 계속 모발에 남아 있게 된다.
- **코팅** : 모발의 겉면에 색소를 흡착시킴으로써 색을 변하게 하는데, 두 달 정도 지나면 코팅의 색소가 다 빠져 원래의 색으로 되돌아오는 특징이 있다. 염색이나 블리치에 비해 모발이 훨씬 덜 상한다.
- **블리치** : 흔히 탈색이라고도 한다. 모발에 색소를 침투시키는 염색과는 반대의 개념으로 모발의 멜라닌 색소를 빼는 것을 말한다. 컬러풀한 원색으로 염색을 하려면 필수적으로 이 블리치를 해서 원래 모발의 색소를 뺀 다음 염색을 해 주어야 한다. 염색과 마찬가지로 모발의 손상도가 심하므로 모발 전체에 블리치를 하는 것은 피하는 것이 좋다.

① 얼굴형에 따른 선택법

얼굴이 큰 사람은 어두운 색으로 염색하면 얼굴을 작아 보이게 할 수 있고, 얼굴이 작은 사람은 밝은 색을 선택, 얼굴의 라인을 강조해 주는 것이 좋다. 얼굴형이 둥근 사람은 머리의 윗부분을 밝게 하고, 옆부분은 어둡게 하면 얼굴이 길어 보이는 효과를 얻을 수 있다.

② 얼굴색에 따른 선택법

얼굴색이 희고 밝다면 어떤 컬러의 염색을 해도 잘 어울린다. 붉은 얼굴은 그린이나 바이올렛 등의 차가운 색을 선택하면 얼굴의 붉은 기를 어느 정도 커버할 수 있다. 얼굴색이 검은 편이라면 다크 브라운 톤으로 전체 염색을 한 후, 한 단계 밝은 색으로 블리치를 넣어주면 자연스럽고 세련된 느낌을 줄 수 있다.

(5) 헤어 액세서리

① 큰 U핀

긴 머리나 양이 많은 머리를 업 스타일할 때 사용한다. 머리에 직각으로 꼽는다.

② 대핀 U핀

핀으로 일단 고정시킨 뒤 사용한다. 머리를 더욱 단단하게 고정시킨다.

③ 작은 U핀

숱이 적은 머리에, 올린 머리를 좀더 단단하게 고정시킬 때 사용한다.

④ 굴곡 U핀

꽂아도 잘 보이지 않는 가는 핀으로 핀이 보이지 않도록 머리를 고정시키고자 할 때 사용한다.

⑤ 실핀

간단하게 스타일을 고정시킬 때, 업 스타일을 한 뒤 잔머리를 깨끗하게 처리하는 데 한몫한다.

⑥ 집게핀

잡는 힘이 너무 약하지는 않은지, 이가 서로 맞지 않아 형태가 비뚤어지지는 않은지 체크해야 한다.

⑦ 리본핀

장식 부분과 핀 부분의 접착이 잘 되어 있는지 뒤쪽을 체크하고 핀의 잠금장치가 너무 헐겁지는 않은지, 또 너무 빡빡해 잠그고 풀기가 어렵지는 않은지 살핀다.

⑧ 고무줄

고무줄을 당겨 보아 물림 부분이 단단한지 살핀다.

⑨ 뒤꽂이

끝이 뾰족하여 두피를 다치게 하지는 않는지, 장식 부분과 자루 부분이 잘 붙어 있는지 살핀다.

⑩ 헝겊핀

매듭 상태·실올의 마무리 상태를 체크하고, 헝겊과 핀 부분이 잘 붙어 있는지 살핀다.

⑪ 걸이핀

장식 부분이 단단하게 붙어 있는지 살피고, 핀걸이가 헐겁지 않은지 살핀다.

더욱 효과를 높이기 위해서 액세서리의 스타일에 따라 상대방의 이미지가 다르게 보이기도 한다.

⑫ 두 개 하면 더 예쁜, 쌍둥이 헤어밴드

똑같은 디자인의 헤어밴드 두 개를 동시에 사용한다. 뒷머리에 볼륨을 주고 두 개를 동시에 한 후 자연스럽게 마무리한다.

⑬ 시선을 사로잡는 선글라스

선글라스를 헤어 액세서리로 이용한다. 뒷머리에 볼륨을 많이 준 후 앞머리에 가볍게 얹어 준다.

⑭ 위치에 따라 달라지는 업 스타일

같은 업 스타일이라도 위치에 따라 분위기가 달라진다. 우아한 느낌을 원한다면 목 뒷선 정도의 높이로, 발랄한 느낌을 원한다면 뒤통수 높이로 한다.

(6) 가발

① 롱 스트레이트 스타일

어깨선을 타고 찰랑거리며 아래로 떨어지는 머릿결에서 차분하면서도 세련된 이미지가 느껴진다. 달걀형과 동그란 얼굴형에 잘 어울린다.

② 내추럴 롱 웨이브 스타일

전체적으로 레이어드를 넣고 굵은 웨이브로 자연스러움을 연출한 스타일. 각진형이나 역삼각형에 잘 어울린다.

③ 뻗침머리가 자연스런 미듐 스타일

약간 뻗친 듯이 앞쪽으로 말린 웨이브가 꾸미지 않은 듯 자연스러움을 살린다. 달걀형, 각진형에 잘 어울린다.

④ 가는 웨이브의 롱 스타일

층이 없는 긴 머리에 가늘면서 탄력있게 떨어지는 웨이브가 화려하면서 당당한 느낌. 긴 얼굴형에 잘 어울린다.

⑤ **은갈색의 쇼트 커트 스타일**

스타일 변형에 가장 강한 이미지를 주는 컬러 가발. 섀기를 준 앞머리와 얼굴 쪽으로 떨어지는 옆머리와 뒷머리가 귀엽고 발랄한 이미지를 강조한다. 각진형에 잘 어울린다.

⑥ **보브 실루엣의 단발 커트**

짧은 단발을 연상케 하는 단발 커트. 상큼하면서도 지적인 분위기를 지니는 개성적인 스타일. 얼굴이 긴 형이나 달걀형에 잘 어울린다.

⑦ **일자 단발의 바깥말음 스타일**

층 없이 일자로 떨어지는 원렝스 스타일의 단발에 바깥으로 뻗치도록 웨이브를 넣은 스타일. 귀여우면서도 밝고 경쾌한 느낌이다. 각진 얼굴이나 역삼각형 얼굴에 잘 어울린다.

4. 미용 성형수술을 통한 인상 개선 방법

오늘날 의술이 발달하면서 성형수술이 쌍꺼풀 수술을 비롯하여 점 제거, 흉터 제거, 주름살 제거, 언청이 교정, 코 교정, 귀 교정, 입 교정, 이 교정은 물론 광대뼈와 턱뼈까지 깎아서 교정할 뿐만 아니라 유방, 성기 등도 수술하고 있는 실정이다. 여기서 한걸음 더 나아가 운세를 좋게 하기 위한 인상 성형수술까지 한다는 것이다.

기형이나 상흔을 교정하는 등의 재건이나 미용을 위한 수술도 결과적으로 인상을 변화시켜서 운명의 전환을 꾀하는 노력임에 틀림없다.

특히 여성으로서 올라간 눈썹 꼬리나 눈초리를 내리고, 매부리코나 뾰족코를 변형시키며, 눈에서 귀까지의 사이(夫婦宮)나 눈과 눈썹의 사이(田宅宮), 양 눈 사이(山根), 양 눈썹 사이(印堂)를 다듬는 등의 수술은 좋은 운세의 인상을 만들자는 노력인 것이다.

신입 사원 면접에서 회사에 해를 끼치는 인상을 가진 사람을 배제하는 사례가 있어서 보다 좋은 인상으로 성형수술을 받고 취업난을 해결하려는 현상까지 나타나고 있는 실정이다. 이렇게 성형수술로 인상을 변화시켜서 마음이 편해지고 자신감이 생겨서 활동 영역을 넓히고 모든 일이 잘 풀리게 된다면 이것 역시 나쁘지 않다.

그러나 성형수술에 의한 인상 변화에는 특별히 주의해야 할 점이 많다. 인상은 인종의 특성에 따라 알맞은 생김새가 되어야 하는 것이다. 황인종이 백인종의 모습을 해서도 안 되고 흑인종이 황인종의 모습을 해서도 어울리지 않는다. 이는 민족끼리의 특성이 따로 있기 때문이다.

요즈음 서양적인 아름다움을 추구하는 나머지 콧날을 너무 뾰족하게 세운다거나 머리카락을 탈색한다거나 수염을 서양 사람들처럼 길러 손질하는 것은 오히려 인상을 흐리게 하는 결과를 만든다. 우리 민족이 갖는 특유한 상의 범주를 벗어나거나 전체적인 얼굴 짜임새를 상실시켜서는 절대로 안 될 것이다.

좋은 운세를 위해 성형수술로 인상을 변화시켰는데 오히려 반대 결과를 가져온다면 큰 일이 아닐 수 없다. 얼굴을 고치기 이전에는 평탄한 가정생활을 하던 사람이 성형수술 이후에 이혼을 했다든지 한다면 성형수술을 하지 않음만 못 할 것이다. 눈썹에 문신을 조잡스럽게 새긴다든지, 미혼여성이 눈밑(子女宮)을 고친다든지, 그 사람의 얼굴 모양새에 조화롭지 못한 변화를 준다든지 해서 운명까지 그르치는 결과를 초래하지 않도록 각별히 주의해야 할 것이다.

그러므로 성형수술은 격에 맞지 않으면 안 된다. 물론, 성형수술을 담당한 의사도 인상에 관하여 관심을 가져볼 필요가 있다.

<table>
<tr><td><튀어나온 입술 교정 치료 과정></td><td><주걱턱 교정 치료 과정></td></tr>
</table>

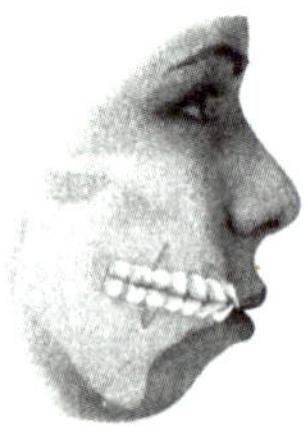

1 교정 치료 전의 옆모습. 입술이 심하게 돌출되어 있다.

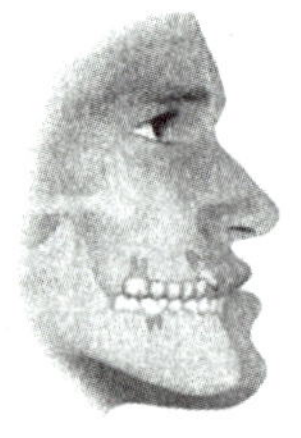

1 교정 치료 전의 옆모습. 입술이 심하게 돌출되어 있다.

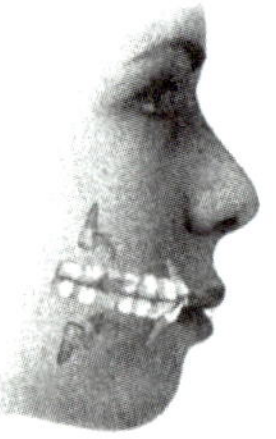

2 송곳니 후방의 치아를 빼서 공간을 확보하고 치아를 들여 보내는 교정 치료를 한다.

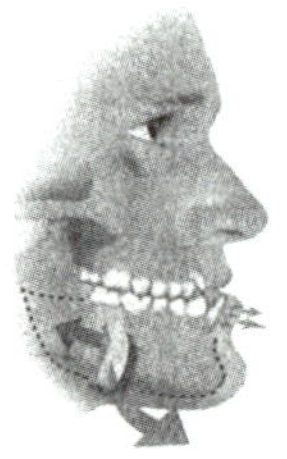

2 턱수술 전 교정 치료를 통하여 앞니를 정상적인 기울기로 회복시킴으로써 턱수술의 양이 결정된다.

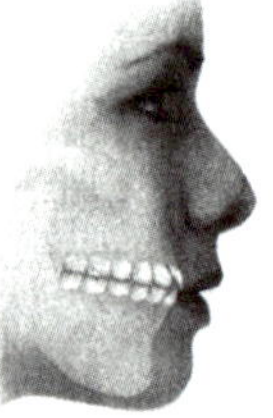

3 교정 치료 후의 옆모습

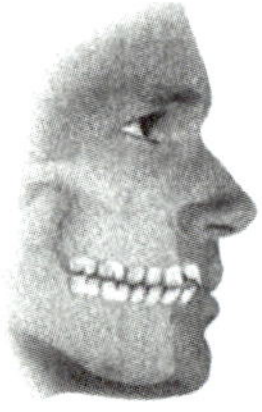

3 교정 치료를 동반한 턱수술 후의 옆모습

5. 심상(心相) 성형을 통한 인상 개선 방법

심상 성형이란 무엇인가? 한마디로 본래의 진정한 자기 발견이요, 자기실현이다.

어떻게 보면 우리 인생의 궁극적인 목표는 곧 자기실현이며, 많은 사람들이 그 자기를 실현하지 못하기 때문에 패배의 고배를 마신다. 또 자기를 실현하지 못하는 이유는 자기의 실체를 발견하지 못하기 때문이다.

인류 역사상 대부분의 사람들이 자기를 실현하지 못하고 실패의 고배를 마실 수밖에 없었던 것은 자기가 자기를 컨트롤할 수 없었기 때문인 것이다.

반대로 인생을 성공적으로 살 수 있었던 사람들은 자기를 충분히 컨트롤할 수 있었던 사람들이다. 파스칼이 그의 〈명상록〉에서 말했듯이 "나아갈 때 나아갈 줄 알고, 물러설 때 물러설 줄 아는 사람", 이 사람이 바로 지혜있는 사람이요, 용감한 사람이며, 그것이 바로 인생 성패의 관건이기도 하다.

어떤 난해한 철학 사상을 동원하지 않더라도 우리들의 상식 선상에서 자기가 자기를 컨트롤할 수 있다면 이 어렵고 복잡한 세상을 좀더 지혜롭고 성공적으로 살아갈 수 있지 않겠는가.

다시 말하면 무엇인가가 마음이나 몸의 상태를 조정해서 보다 건강하고 안정된, 바람직한 방향으로 자기의 인상을 변화시켜 나아가는 것이다.

(1) 자기 컨트롤의 원리

① 제이콥슨의 점진 이완법

릴랙세이션은 그 기초를 제이콥슨이 1929년에 제창한 점진 이완법에 두고 있다. 그는 생리학적 입장에서 골격근을 충분히 이완시킴으로써 심장이나 동맥 등을 포함한 자율신경계의 간접적인 컨트롤이 가능하며 대뇌 피질을 안정시키고 정신적인 안정 상태를 만들 수 있다는 사실에 주목했다. 그래서 그는 골격근의 이완에 의해 심신의 부조화를 회복 또는 조정하고자 여러 가지 방법을 시도해 보았다.

그러나 이것은 단순한 생리적인 이완으로서만 받아들여졌을 뿐 우리나라를 비롯한 세계 의학계에서는 별로 중시되지 않은 채 간과되어 오다가 최근에 와서야 자기 최면이나 좌선의 과학적 연구, 심리 치료에 있어서의 행동요법의 대두, 뇌의 각성 수준에 관한 연구라든가 뇌성마비자의 동작 개선 훈련 등의 진보와 더불어 점차 주목을 받게 되어 최근에는 그의 추종자가 급증하고 있다.

② 슐츠의 자율훈련법(메디테이션)

메디테이션은 그 원류를 찾아 거슬러 올라가면 1932년 독일의 슐츠 박사가 창안한 자율훈련법에 이른다. 그는 자기 암시에 의한 심리적인 자기 이완법을 제창하였다. 그것에 의해 종래부터 메디테이션이라든가 최면 또는 트랜스 등으로 일컬어 온 것과 같은 심리적, 생리적인 재체제화(再體制化)가 일어나고, 이것이 생체에 있어서의 여러 가지 생리적 및 심리적 치료 효과를 가져온다는 사실을 밝혀냈던 것이다.

그 후 최근에 와서 이 방법은 유럽을 비롯한 우리나라, 일본, 남북

아메리카에 걸친 세계 어느 나라에서나 사용될 만큼 그 놀라운 효과가 확인되고 있다. 그의 방법은 표준 연습, 묵상 연습 및 특수 연습의 세 가지로 대별되는데 그 기초적인 것이 표준 연습이다. 표준 연습의 요체는 무거운 느낌과 따뜻한 느낌에 대한 자기 암시가 연습 대상이 된다. 그는 이 무거운 느낌과 따뜻한 느낌을 연습하는 것으로 자율훈련법을 연습하는 목적의 태반은 이미 이루었다고 할 정도로 중시했다.

③ 이미지의 컨트롤

이미지는 슐츠의 자율훈련법에서 발전한 것으로 다른 학자의 최면 심상에 관한 연구 결과를 복합시켰으며 자기 최면의 묵상 연습 방법을 기초로 한 것이다.

이미지의 임상적인 중요성은 이미 여러 학자들에 의해 인정되어 왔다. 특히 프로이트의 정신 분석에 있어서의 꿈의 해석이라든가 최근 일본에서 널리 소개되고 있는 미지마[水島惠一]의 심리 요법으로서 이미지 면접법 등은 이미지 컨트롤의 효율성을 뒷받침하는 데 크게 기여하고 있다.

이들은 자연 발생이나 타자 암시 또는 치료 장면 등에 나타나는 이미지를 다루는 것이다. 그런데 여기서 다루는 이 연습의 목적은 그것을 본인 자신의 의도에 따라 여러 가지 의미를 가진 것으로 발생, 변용시킴으로써 이미지를 보다 확실하게 컨트롤하고자 하는 데 있다.

이 연습법은 어떤 시각상을 대상으로 해서 현실적으로는 그것에 대응하는 시각 자극이 없는데도 자신의 의도에 따라 어떤 사물에 대해 명료한 시각 이미지로서 생생하게 체험할 수 있게 하는 것이다. 즉 꿈이나 환각과 마찬가지로 내적, 주관적으로는 지각상(知覺像)과 다름없는 현실감 있는 이미지를 볼 수 있도록 하는 방법과 그 같은 체험을 자신의 노력에 의해 터득할 수 있는 자기 컨트롤 방법을 배우는 것이다. 원리나 원점은 메디테이션과 같다.

(2) 자기상(自己傷) 만드는 방법

① 자기상이란?

자기상은 시각적인 이미지이기 때문에 이미지 일반의 법칙성에 따라서 공간적, 회화적으로 나타난다. 이미지라는 시야에 공간적인 넓이를 갖는 '형상' 이기 때문에 사진이나 사실화, 추상화, 동화(動畵), 입체화 등 모든 양식에 의해 조형적으로 표현되는 그림이다.

다만 그것이 종이나 캔버스, 필름이나 화면에 현실적인 형태를 가지고 객관적으로 묘사되는 것이 아니고 의식 속에 마음의 상으로서 표현된다는 점에 차이가 있을 뿐이다. 이와 같은 자기상은 본인이 자기 자신에 대해서 품고 있는 느낌이나 태도, 사고방식이나 파악의 방법, 이해하고 있는 내용이나 특징, 행동이나 사고의 양식 등의 종합에 의해 시각적으로 완성시켜 표현한 자기 개념 그 자체이다. 때문에 문장의 논리와는 완전히 다른, 독자적인 양식에 의해 표현되는 자기 개념이 된다.

② 자기상 훈련법

메디테이션의 상태로 이미지가 보이게 되고 나서는 동일한 요령으로 지정하는 이미지를 자기상, 자기 전개, 장면 행동, 위기 행동의 4가지로 나누어 연습한다.

① 지정을 '나' 또는 '자기 자신'으로 한다.

② 상 그 자체는 애매하지만 자신임이 틀림없는 형태로 나타나는 경우와, 상 그 자체는 명확하지만 그것이 누구인지 잘 알 수 없는 형태로 나타나는 경우가 있다.

그리고 때로는 전혀 모르는 상이 나타나 타인이라고 생각되는 경우가 있는가 하면 그 인물이 바로 자기 자신이라고 확신되는 경우도 있다. 그림으로 볼 때는 확실히 자신의 그것인데도 아무래도 그것이 자신이라는 느낌이 들지 않을 때도 있다.

> **기묘하게 나타날 경우**
>
> 전체로서는 자신의 상이지만 얼굴이라든가 다리 등 어느 부분만이 타인의 것이라든가, 눈이나 한쪽 다리만이 보이지 않는다든가 또는 아예 달려 있지 않는 경우도 있다. 그리고 또 움직임만은 확실히 알 수 있으나 상 그 자체는 보이지 않는 경우도 있다. 그러나 자기 개념 그 자체가 그림으로 표현된 것이기 때문에 그것이 비록 기묘하고 이상하게 생각되더라도 이미지로서는 하나도 이상할 것이 없는 당연한 현상이다.

③ 상이 상식에서 벗어난 것이거나 상의 나타남이 기묘할 경우 뭔가 자신이 잘못된 것은 아닌지 불안하게 생각하는 사람도 있을 수 있다. 그러나 그런 염려는 할 필요가 없다. 표현의 방식이 평소와 조금 다른 것일 뿐 비정상과는 아무런 상관도 없다.

연습을 거듭해서 이미지 관찰에 익숙해지고 이미지의 표현 방식, 혹은 이미지어(語)의 문법적 표현에 익숙해지면 그러한 것들이야말로 지극히 정상적인 것이라는 사실을 자연히 알게 된다. 오히려 이미지의 상이 현실적인 생활이나 문장적 상식과 항상 일치된다면 그것이 오히려 이상한 일이 된다.

④ 자기상 가운데 형태를 주로 관찰해서 정적인 외관으로부터의 파악이 가능해진다.

자기 전개

① 기본적인 요령은 이미지의 전개 코스와 동일하다.

② 이미지의 대상을 자연 발생적인 것에 맡기는 것이 아니라 '나' 혹은 '자기 자신'으로 지정해서 그 전개에 맡긴다.

③ 이미지에서 자기 전개를 하려고 하면 대개는 자기상으로서의 그림이 움직이는 화면으로 나타나거나 하나의 이야기로서 진행되기가 쉽다. 그 중에는 슬라이드식으로 정적인 화면이 차례차례로 바뀌면서 전개되는 것이 있는가 하면 변화나 바뀜이 일어나지 않고 정적인 한 장의 그림으로 계속되는 경우도 있다.

처음에는 상이 어떻게 나타나든 상관이 없다. 세션을 계속하노라면 그 나타나는 방식도 점차 바뀌어간다.

④ 일반적으로 이 이미지 연습에 익숙해지면 정적인 화면이 동적인 화면으로 바뀌어 나타난다. 또한 세션을 거듭함에 따라 상(像)이

나 그 전개가 생생해질 뿐 아니라 내용도 풍부해지고 정밀해진다. 그러나 언제나 꼭 그렇게 되는 것은 아니다. 본인의 마음이나 몸의 상태, 또는 나타나는 이미지의 종류에 따라 때로는 내용이 결핍되거나 정밀하지 않은 상이 보이기도 하고 보였다가도 바로 사라져 버린다. 경우에 따라서는 전혀 나타나지조차 않을 때도 있다.

그와 같은 상의 생성과 소멸, 길고 짧음 자체를 자기 개념의 표현으로서 수용하고 파악하는 것이 중요하다.

장면 행동

① 지정된 장면 속에서 '나' 혹은 '자기 자신'이 어떤 역할을 하기를 원하는지 그 존재 역할을 선택하는 것 외에는 이미지 연습의 과제 코스와 같은 요령으로 진행한다.

② 지정되는 것은 일반 과제 장면이나 회상의 어느 쪽이라도 좋다. 단 처음에는 회상적인 것을 하는 것이 쉽다. 예컨대 '어린 내가 어머니와 함께 무엇인가를 하고 있다'와 같은 장면을 지정하는 것이다.

또 일반 과제라 하더라도 현실적인 자신의 생활과는 동떨어진 무연의 것, 혹은 추상적인 장면 쪽이 자신의 생활과 지나치게 직접적으로 관련되는 장면보다 하기가 쉽다. 하기 쉬운 것에서 차차 어려운 것으로 지정을 바꾸어 가면서 하는 것이 좋다.

③ 장면의 전개, 스토리의 진척, 결말 등을 전체적으로 파악하는 것

③ 장면의 전개, 스토리의 진척, 결말 등을 전체적으로 파악하는 것
도 중요하지만 여기서는 특히 장면 속에서 자기상이 어떻게 움직
이고 어떻게 생각하고 어떤 역할을 어떻게 하는가 하는 것이 중
요하므로 그 점에 특히 유의해서 관찰한다.

④ 이미지가 끝난 후 다시 그것을 주의하면서 정리해 본다. 그것이
전체의 이야기나 장면의 어떤 관련을 갖는가, 그리고 어떤 의미
를 갖는가 등을 생각해 보는 것이다.

연습4 위기 행동

① 이미지의 리모콘 코스와 같은 식으로 잘 이루어지지 않는 장면,
곤란한 상황 등 자신에게 있어서 소위 위기적인 장면을 설치하여
그 이미지를 관찰한다.

② 다만 다른 점은 그 위기적인 장면에 놓인 자기상을 이쪽에서 리
모컨으로 조작하는 것이 아니라 자연스럽게 되어가는 대로 맡겨
두고 그 전개되는 것을 관찰하는 일이다.

③ 물론 전혀 조작이 없이 되는 대로 맡겨 두면 위기 장면에서 자기
상이 사라져 버리거나 장면 그 자체가 위기적이 아닌 상황으로
바뀌어 자기상이 위기에 놓였을 때의 행동을 관찰할 수가 없게
되는 경우가 있다.

그런 경우에는 언제나 최초의 지정 조건의 의도와 합치하도록 이
미지를 조작하지 않으면 안 되나 특별히 자기상을 그 장면에 대

한 극복이나 성공을 위해 행동하는 쪽으로 이끌어가지 않도록 한다. 따라서 이미지 속의 '나'는 몹시 고통을 당하거나 혹은 조건이 불리해서 실패를 할 수도 있다. 그런 상황을 전개되는 그대로 관찰한다.

④ 그때 자기상의 행동이 현실에서의 자신의 행동 양식과 심히 다르더라도 또는 그 같은 행동이 있을 수도 없거니와 부끄러워서 용인할 수 없는 것이라 하더라도 그대로 받아들이고 전개되는 대로 관찰한다(자신의 양면을 안다).

⑤ 관찰 후 이미지 속에서 자기상이 보인 행동과 현실에서의 자기 자신의 행동, 감정, 태도 등을 비교해 보는 것은 대단히 유익하고 의의가 있는 일이다.

⑥ 양자가 아무리 다르더라도 그 양자 모두가 사실임에는 틀림이 없다. 특히 이미지의 자기상이 비록 현실적으로는 있을 수 없는 것이라 해도 그것을 부정하거나 허구라고 해서 무시해서는 안 된다.

그렇다고 그것만이 진실이고 현실에서의 자신의 행동은 그렇지 않다는 식으로 생각하거나 파악해서도 안 된다.

자신의 양면성이 그것에 나타난 것이므로 양쪽 모두 사실로서 수용하는 태도가 필요하다.

40대 미만의 한국 여성 10명 중 7명이 외모가 인생을 좌우한다고 여기고 있다는 조사 통계가 보도되었다. 얼굴이 예쁘길 바라는 것은 동서고금이 다르지 않지만 그것이 인생을 지배한다는 생각이 많아진 것은 정착 농업 사회에서 이동 도시 사회로의 변동에 따른 의식 변화로서 주의하게 된다. 우리 속담에 얼굴 예쁜 것보다 마음 예쁜 것이 더 예쁘고 마음 예쁜 것보다 이불 속에서 예쁜 것이 더 예쁘다는 속담이 있듯이 얼굴 예쁜 것에 부정적이던 역사 시대는 꽤 길었다. 희랍 신화나 한국의 괴담에서 여우나 뱀 등 요괴(妖怪)들이 모두가 미녀로 둔갑해 나타난 것만 보아도 알 수 있다. 중국에서

외모와 인생

는 예쁜 딸 아기를 가지면 불행을 끈다 하여 '야화(惹禍)'라고까지 했다. 포사(褒姒)·달기(妲己)·여희(麗姬)는 중국사에서 야화의 주인공들이요, 임표(林彪)의 며느리 장령(長寧)도 중국에서 가장 아름답다는 미녀로 비행기 추락으로 시아버지와 더불어 남편을 잃고 재혼하여 아이 하나를 두었는데 그 아이가 초등학교에 다닐 무렵 그녀를 짝사랑했던 한 사나이에게 살해당했던 줄줄이 야화(惹禍)의 미모였다.

얼굴이 예쁘면 화근이 되지만 마음이 예쁘면 복근(福根)이 되었다. 제나라 때 종이춘(鐘離春)은 용모가 변변찮아 40세가 되도록 돌아보는 사나이가 없었다. 그녀는 선왕(宣王)의 후궁에 비질하는 하녀로 들어가 일하게 됐는데 그 마음씨 고운데 온 궁중이 흠모하더니 드디어 임금께서 비(妃)로 맞아들였고 그녀의 진언으로 방탕을 멎고 간신배를 멀리 하게 하여 내모(內貌) 예쁜 여인의 전형으로 손꼽혀 왔다.

우리나라에서는 아기 잘 낳을 왕자상(旺子相)과 못 낳을 무자상(無子相)으로 갈라 보고 미추(美醜)의 기준으로 삼았다. 흥미 있는 것은 현대 여성들이 추구하는 미모 — 이를테면 노랑머리, 쌍꺼풀, 높은 코, 얇은 입술, 가는 허리, 날씬한 다리는 아기 못 낳을 상으로 기피하였다는 사실이다. 그리고 다음과 같이 마음이 예뻐야 왕자상의 미인으로 쳤다. 1) 남 싸우는 데 끼어들지 않는 여인 2) 어려움 속에서도 원망하지 않는 여인 3) 음식을 절제하는 여인 4) 무슨 일을 당했을 때 희비애로(喜悲哀怒)를 당장에 나타내지 않는 여인이다. 이 같은 내모(內貌)가 인생을 좌우하던 문화가 외모(外貌) 위주로 바뀐 셈이다.

엽기발랄 '삐죽머리' 어렵지 않네요

■ 왁스-젤로 꾸민 '섀기 스타일' 인기

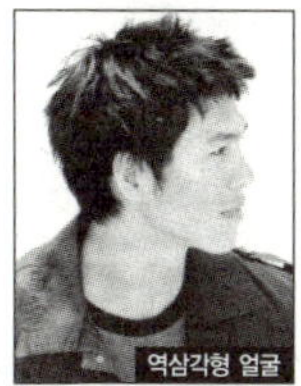

파격적인 코믹 캐릭터로 변신, SBS '파란만장 미스 김 10억 만들기'를 통해 최고의 인기를 얻고 있는 탤런트 지진희가 예전과 가장 달라 보이는 이유는 헤어스타일에 있다. 방금 일어난 듯 삐죽삐죽한 머리가 더 이상 발랄할 수 없다.

KBS '백설공주'의 연정훈과 MBC '불새'의 에릭도 마찬가지. 극중 아나운서와 재벌 2세로 등장하는 그들을 화려하면서도 트렌디한 인물로 보이게끔 하는 건 뻗치고 뜬 듯하게 손질한 헤어스타일 때문이다.

헤어패션 브랜드 미쟝센(www.miseenscene.co.kr)의 헤어스타일리스트 김정한 실장은 "최근 유행하는 남성 연예인들의 헤어스타일은 공통적으로 섀기 스타일(헝클어진 듯 뻗치게 한 모양)을 응용한 것으로 머리를 손가락으로 쥐어 말린 후 왁스 또는 젤로 고정시키면 하루 종일 스타일이 유지된다"고 설명했다.

샴푸 후엔 머리카락을 털지 말고 수건으로 톡톡 두드려 물기를 없애는 게 요령. 볼륨감을 주고 싶다면 고개를 숙여 머리카락을 아래로 내린 다음에 머리 뒤쪽에서 앞쪽으로, 머리카락 뿌리 부분부터 차가운 바람의 드라이어로 말린다. 머릿결이 푸석하거나 가늘고 힘이 없는 경우에는 왁스나 젤 등을 바르면 윤기 있고 건강한 느낌으로 스타일링할 수 있다.

얼굴형에 따른 스타일 연출법

■ 둥근 얼굴 : 앞머리를 사선으로 가르마를 나눈 후 얼굴선을 따라 내려 주면 얼굴이 전체적으로 갸름해 보인다. 헤어 왁스로 윗머리는 모발 뿌리 부분이 살아나도록 한 후 모발 끝 부분을 손가락으로 살짝 비벼 부스스하게 띄워준다.

■ 긴 얼굴 : 적당히 이마를 드러낸 짧은 앞머리로 깨끗한 인상을 주는 것이 좋다. 헤어 젤을 손바닥에 덜어 고루 묻힌 후 머리카락 전체에 바르고 머리카락을 조금씩 나눠 손으로 잡아 뭉쳐진 듯하게 연출한다.

■ 각진 얼굴 : 사각형의 얼굴은 짧은 커트보다는 적당히 긴 머리에 층을 낸 후 가벼운 웨이브를 넣어 얼굴 윤곽을 살짝 감싸주면 딱딱한 인상을 덜 수 있다. 볼륨 왁스나 소프트 젤을 이용해 모발 끝 웨이브를 주먹을 쥐었다 폈다 하여 마무리한다.

■ 역삼각형 얼굴 : 양쪽 귀 사이의 얼굴 폭이 넓어 보이기 쉬우므로 드라이어로 머리를 앞쪽으로 쏠리게 하고 구레나룻을 살려준다. 왁스를 이용해 귀 옆의 모발에 볼륨을 주며 모발 끝이 뻗치게 마무리한다.

/ 전효순 기자 hsjeon@focus.co.kr

운명 성형수술

관상이나 수상을 성형하여 인생의 운세가 바뀌지는 것일까. 두 번이나 자살미수를 한 40세의 오스트리아 여인이 손의 연구로 유명한 문화인류학자 월터 소렐을 찾아가 도움을 청했다. 20세 때 집시 점쟁이에게 손금을 보였는데 생명선에 두 번의 단절이 있어 30세와 40세에 생명의 위기를 맞는다는 예언을 받았다 했다.

이에 소렐은 간단한 수술로 손금을 휘어주었더니 아주 쾌활해져 미국에 건너가 성공적인 여생을 살았다는 기록을 남겼다. "사람이 당하는 재난은 그렇게 당하도록 운명지어져 있는 것이 아니라 스스로 그 조작된 운명에 빠져들고 있다" 하고 관상·수상·운명론의 부질없음과 성형으로 운명이나 팔자를 바꿀 수 있을 것이라는 망상과 허구를 지탄했다.

이미 인도에서는 1000여 년 전부터, 유럽에서는 16세기부터 운명 성형이 성했다는 기록이 있으며 쇼펜하우어는 "많은 여성의 미뿐만 아니라 운명은 그녀들 코의 곡선의 상하향(上下向)이 지배한다"고 했다. 독일작가 슈테판 츠바이크도 관상이 운명을 지배할 것으로 확신하는 주인공으로 하여금 그 변형으로 인생 행로를 바꾸려는 주제의 소설을 남겼음으로 미루어 운명을 가공할 수 있다는 생각은 유럽에도 예외는 아니었던 것 같다.

한(漢)나라 고조는 왼쪽 사타구니에 73개의 검은 사마귀가 나 있었다 한다. 사람 눈에 띄지 않는 곳의 73개의 사마귀는 제왕에 오를 상서로운 상이나 7+3=10으로 운이 꽉 차 장래가 없다 하여 사마귀 하나를 빼 72개로 했으니 이 또한 운명 성형이 아닐 수 없다. 팔도에 소문난 관상가들이 수명을 예언한 사례가 사서에 더러 나오는데 그 예언한 날에 죽지 않으면 운명을 바꿔놓는 조건들을 들어 합리화하게 마련이었다. 그 조건 가운데 하나가 살면서 남에게 알리지 않은 선행의 축적이었으니 이는 관상 아닌 심상(心相)의 성형이었다 할 수 있다.

근간에 미모를 위해서보다 일이 안 풀린다든지, 불행한 일이 잇따른다든지 하면 팔자 탓으로 돌리고, 이마가 좁다든지, 콧구멍이 크다든지, 턱이 빠르다든지 하는 외모를 수술하는 운명 성형이 성하다는 보도가 있었다. 각종 시험장의 면접에서 원서에 붙은 사진과 실제 인물이 너무 차이가 나 동일인 확인을 위해 예상 외의 시간이 소요되는 것이 작금의 상식이라고도 한다.

◈ 천자컬럼

괴테의 '파우스트'에서 메피스토펠레스의 유혹에 빠진 파우스트는 청춘을 되찾기 위해 마녀의 부엌을 찾는다. 젊어지고 싶다는 욕망에 따라나서긴 했지만 낯설고 이상한 분위기를 참기 힘든 파우스트는 소리친다. "이 미치광이 짓 같은 마술이 역겹구나. 이 더러운 국물이 내 몸을 30년이나 젊게 해 준다고."

메피스토펠레스는 싫으면 "당장 들에 나가 밭을 갈고 땅을 파며, 몸과 마음을 제한된 범위 안에 두고 자연식으로 몸보신을 하라"고 말한다. '졸렬한 속임수'라며 거부하던 파우스트는 메피스토펠레스가 슬쩍 보여준 아리따운 처녀의 모습이 눈앞에 어른거리자 결국 괴상한 동그라미 안에 서서 마녀의 주문을 들은 뒤 약을 들이킨다.

4060세대의 미용 성형이 늘어난다는 소식이다. 서울 시내 한 피부과 자료에 따르면 2001년 1천3백 건이던 40세 이상 남성의 피부 미용 시술이 올 11월말 현재 3천4백11 건으로 늘어났다는 것이다.

굳이 수치를 들이댈 것도 없다. 점과 검버섯, 잡티, 쥐젖을 없애려 피부 박피술이나 레이저 치료를 받고 얼굴이 벌건 채 다니는 건 주위에서도 볼 수 있고, 미간과 이마, 눈가의 주름 제거를 위해 보톡스 주사를 맞거나 심술스런 느낌을 지우려 눈밑 지방을 없애고, 대머리 때문에 모발 이식 수술을 하는 사람도 적지 않다.

"남자가 무슨 성형" 하며 고개를 젓던 이 땅 중·장년층이 '집사람의 성화'를 핑계로 '나도 한번' 하며 용기를 내는 건 순전히 생존경쟁 때문이라고 한다. 나이 든 흔적이 경륜이 아니라 고집과 무기력의 상징으로만 비치는 현실에서 어떻게 하든 젊게 보이려는 안간힘이라는 것이다.

우리나라 남성의 평균 초혼 연령은 29.7세로 31세에 아이를 낳아도 54세는 돼야 대학을 졸업한다. 재수라도 하면 55세, 아들이어서 군대에 갔다 오면 57~58세는 돼야 한다. 현실은 그러나 '사오정, 오륙도'도 부족해 '삼팔선'이라는 마당이다. 55세 정년을 채운다고 해도 첫 애의 대학 졸업 전에 일자리를 잃는다는 얘기다.

한국 남성의 실질 은퇴 연령이 68세라는 통계가 괜한 게 아닌 셈이다. 파우스트처럼 세상을 마음껏 즐기기 위해서도 아니고 오직 살아남기 위해 젊어져야만 하는 현실이 새삼 가슴 아프다.

/ 박성희 논설위원 psh77@hankyung.com

남자도 성형수술 열풍

"얼굴 잘나야 출세길 열려요"

단추구멍 눈 크게

거친 피부 말끔하게

여성에게 호감 주기

여성들의 전유물로 여겨졌던 성형수술이 남자들 사이에서도 유행하고 있다. 신세대는 물론 회갑을 넘긴 노인까지도 머뭇거리지 않고 성형수술을 받는 대열에 서고 있다. '남자는 남자답게 생겨야 한다'는 고정관념을 깨고 여성의 호감을 사는 귀여운 외모로 변신하려는 사람이 늘고 있다. 입시나 취직 시험에서 면접이 차지하는 비중이 갈수록 커지고 있어 성형수술의 매력을 무시할 수 없게 됐기 때문이다. 사업상 원만한 대인 관계를 유지하기 위해 성형수술을 받는 사람도 눈에 띈다.

남자들이 가장 관심 갖는 부위는 코. 쏟아질 듯한 큰 눈이 여자의 미모를 좌우한다면 코는 남자의 자존심을 대표하기 때문이다. 코를 높이는 수술은 기본이다. 흔히들 복이 나간다는 들창코, 벌렁코를 수술하려는 남성들이 줄을 잇고 있다. 서울 압구정동 U성형외과에는 최근 몇 달 사이에 코 성형수술 환자가 하루도 끊긴 적이 없을 정도다.

쌍꺼풀 수술도 이젠 여성의 전유물이 아니다. 날카로운 인상을 주는 눈을 귀염성 있는 이미지로 바꾸기 위해 쌍꺼풀 수술을 하는 신세대들이 폭발적으로 늘고 있다. 눈 안쪽의 내안각(일명 몽고주름)을 잘라 눈을 크게 만드는 성형수술도 유행이다.

유명 병원 찾아 서울 원정도 불사

이마를 돋우는 성형수술도 자리잡아 가고 있다. 넓고 각지고 광대뼈가 튀어나온 얼굴을 둥그랗고 작게 만드는 턱 교정 수술도 보편화되고 있다.

남성들이 여성보다 성형수술을 더욱 과감하게 결정하는 성향도 특이하다. 서울 박현 성형외과 원장은 "상담을 한 사람 가운데 90%가 즉석에서 수술을 신청한다"며 주말에 수술한 뒤 테이프를 얼굴에 붙인 채 당당하게 회사에 출근하는 사람도 있다"고 전했다.

이처럼 남성의 성형수술 욕구가 늘어나자 신세대들은 수백만 원의 비용을 마련하기 위해 주유소나 편의점 아르바이트도 마다하지 않을 정도라고 성형외과 의사들은 귀띔했다.

유명세를 타는 전문 병원에서 수술받기 위해 지방에서 서울로 원정 오는 경우도 적잖다.

서울 가인 성형외과 최해천 원장은 "여자들이 얼굴이 작고 부드럽게 생긴 남성을 선호하기 때문에 나무랄 게 없는 남성미를 갖춘 남자들 가운데서도 성형수술을 받으려는 사람이 나타나고 있다"며 "중성화된 귀여운 외모를 중시하는 세태를 거스를 수는 없는 것 같다"고 말했다.

민성길 연세대 정신과 교수는 "외모가 개선되면 자긍심이 높아지는 게 사실"이라며 "온갖 시간과 노력을 들여 실력을 키우는 데 비하면 성형수술은 적은 비용을 들이고도 자긍심을 살릴 수 있는 측면이 있다"며 긍정적인 면을 강조했다.

/ 정종호 기자

고객 인상별 마케팅 전략

본 장에시는 사람의 기본적인 얼굴형과 얼굴 부위별 인상에 대해 알아본다. 정면에서 봤을 때 기본적인 체형은 근골질, 심성질, 영양질로 나뉘며 측면에서 봤을 때는 양성형, 직선형, 음성형으로 구분한다.

각 얼굴형별 특징을 파악하고 그에 따른 마케팅 전략을 분석하고 각각의 얼굴형에 맞는 운명 개선 방법을 알아본다.

또한 얼굴 부위별에 따른 이마, 눈썹, 눈, 코, 입, 이, 법령과 식록, 광대뼈와 볼, 턱, 귀, 목과 어깨의 모양에 따른 인상의 특징을 파악하고 그에 따른 마케팅 전략을 파악해 본다.

01 정면에서 본 얼굴 기본형별 마케팅 전략

1. 사람의 기본적인 얼굴형

우리 인간들의 신체적 특징을 분석해 보면 피부가 있어 그 피부가 근육을 감싸고, 그 근육 속에 골격과 신경이 감추어져 있다.

이 근육, 골격, 신경의 세 가지는 사람이 가지고 있는 신체의 중요한 요소로 그 중 어느 것이라도 많거나 적거나 하면 불균형적인 체격을 갖게 된다.

사주 명리학에서 말하는 중화의 원칙과 마찬가지다. 불균형적인 체격은 성격도 그런 경향을 띠게 되어 그 사람의 운명도 불균형이 된다.

자신은 물론 주변을 살펴보면 세 가지 얼굴 기본형이 있음을 알 수 있다. 그러나 대부분의 경우에는 세 가지 기본형이 혼합되어 혼합 체형으로 나타나는 경우가 많다. 따라서 인상학에서는 이러한 기본적인 체형을 ① 근골질 ② 심성질 ③ 영양질로 크게 세 가지로 나누고 있다. 물론 그 중에는 세 가지 중 어느 한 가지 타입 그대로 닮는 사람도 있다.

이 기본적인 체형에 관한 사람의 성격이나 운명을 알아야만이 혼합 체형의 사람을 판단할 수 있게 되며, 세 가지 체형에 대해서 알고 있는 것만으로도 사람을 어느 정도 판단할 수 있게 된다.

2. 근골질

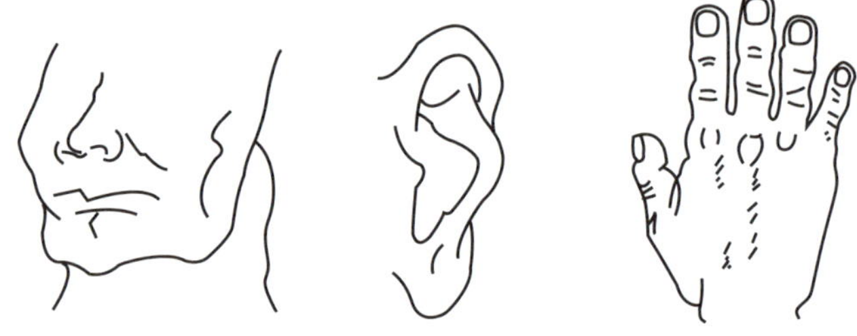

(1) 근골질 유형의 외형적 특징

- 근골질 얼굴은 사각형에 가깝고 살이 많이 붙어 있지 않고, 광대뼈가 나와 있고 대체로 울퉁불퉁한 편이다. 광대뼈가 튀어나와 눈에 띄며, 턱 아래 부분은 U자로 넓게 퍼져 있다.

- 코는 높고 크며, 눈은 찢어진 편이고, 입은 크고 일자형이 대부분이다.

- 근골질은 뼈가 튀어나온 얼굴로 아래턱이 튀어나왔으며 어깨 폭이 넓고 가슴 부분이 넓게 벌어져 있고 두꺼우며 전체적으로 한눈

에 봐도 균형 잡힌 남성적 체격을 가지고 있다.

- 상체가 보통 역삼각형의 몸매를 하고 있으며, 근육이 단단하게 발달되어 있고 지구력이 강하다.

- 머리카락은 부드럽지 않고 굵으며 머리숱이 많아서 멋을 부리며 머릿기름을 발라도 멋이 나지 않는다.

- 손은 손마디가 굵고 손가락 길이가 거의 비슷하며 뭉툭하다.

- 눈썹은 검고 진하며 거칠고, 남자는 털이 많아 깨끗한 인상은 아니며 귀의 중앙 부분이 튀어나와 있다.

- 인상에 대한 느낌으로는 첫 대면시에는 생기가 있어 힘있는 인상을 주지만, 대체로 형식이나 격식을 무시하므로 무례한 사람같이 보이며 날카로운 인상을 준다.

- 이야기를 시작부터 본론이나 결론에 바로 들어가며 미사여구의 서술은 생략해 버린다.

- 음성 특징으로는 부드러움이 없고, 음정이 높은 편으로써 말은 비교적 명료하고 빠른 편이며 목소리는 도전적이고 힘이 넘쳐 흐른다.

- 필체 특징으로는 기세가 있으며 성급하게 써 글씨체는 좋지 않다. 전반적으로 모가 졌으며, 오른쪽이나 왼쪽으로 올라가 있다. 글씨가 명필이더라도 전체 필체에서 자기의 개성이 뚜렷이 나타나 있다.

- 일하는 태도는 근골질은 군인·경찰관·소방관·교도관·경비원·무술인·스포츠맨·체육 교사 등에 알맞으며, 비즈니스맨으로서도 책임감이 강하며 유능하다. 근골질을 부하로 두었을 경우에는

명령조의 말보다는 의논하는 형태로 말하면 기꺼이 협력한다.

- 근골질은 상하 관계가 분명한 직업이 석합하나. 군대와 같이 명령·복종 관계가 확실하면 오히려 명령 받는 것에 대해 저항감을 품지 않게 된다.

- 봉급의 많고 적음보다 업무 달성을 목적으로 일하는 타입으로서 기업체나 단체의 중견을 이루는 경우가 많다. 융통성과 타협성의 사업은 자신의 편견이나 흥미, 취미 중심으로 이끌기 쉽다.

- 자기가 하는 일이 가장 옳다고 생각하므로 주위 사람의 의사를 존중하지 않는다.

- 만일 근골질의 사람이 세일즈맨일 경우 누가 고객인지 판단하기가 어려울 정도의 태도를 취한다.

- 직장인일 경우 상사로부터 꾸지람을 들으면 흥분하여 자기의 의견이 맞다고 주장하므로 상사의 눈에서 벗어난다. 동료에게도 결국에는 따돌림당한다. 이러한 사람은 유력한 사람과 친분을 맺는 것이 행운을 놓치지 않는 비결이다.

- 근골질은 뇌물은 받지 않으나, 그만큼 융통성이 부족한 편이다. 매사가 독단적이지만 때로는 그 결단력에 의해 일을 성공적으로 이끌 경우도 있다.

- 타인과 의논이나 협의하는 것을 좋아하지 않아서 타인도 의논하지 않는다.

- 하찮은 일도 타인에게 맡길 수 없는 성격이므로 항상 바쁘게 살고 정력을 낭비하기 쉬워 단명한다.

- 어떤 일이든 한 방면에만 열중하는 유형이기 때문에 여러 방면에 신경 쓸 수 없어 한 방면의 일에서 성공을 거두어도 다른 방면의 일에 차질이 생겨 전체적인 일은 비능률이 된다.
- 상대방의 의견을 진지하게 듣지 않기 때문에 감수성이 약해져서 어느 수준까지 발전하면 더 이상의 발전은 없다.
- 대인 관계로는 자기의 인간성이나 사업에 대한 주변의 조언과 건설적 비평에 관심이 없으므로 타인의 생각보다 자신의 생각을 주장하기 때문에 진정으로 비밀을 털어 놓을 수 있는 친구를 만들기 어렵다.
- 교제를 할 때에도 상대가 재산이나 지능, 사회적 지위가 비슷한 경우에는 대등한 교제를 나누게 되나 자기보다 나은 사람과 교제를 나눌 때는 그 상대를 멀리하고, 상대가 자기보다 열등하면 경멸해 버린다.

(2) 근골질 유형의 운명 개선 방법

타고난 운명을 바꾸기 위한 방법은 여러 가지가 있다. 생각하는 사고 방법을 바꾸든가, 표정 관리를 다르게 한다든가, 외적인 성형수술, 안경 및 액세서리 착용, 얼굴형별 메이크업을 통한 방법이 있을 수가 있다.

여기서는 ① 여성인 경우 얼굴형별 메이크업을 통한 방법과 ② 안경과 같은 액세서리 착용을 통한 방법, ③ 미용 성형수술을 통한 인상 개선 방법, ④ 평상시 매사에 대한 생각의 방법 및 표정 관리 개선을 통한 방법을 제안한다.

1) 여성인 경우 메이크업을 통한 인상 개선 방법

① 특징

전체적으로 얼굴에 비해 폭이 넓으므로 평면적인 느낌을 준다. 광대뼈는 대부분 얼굴 중앙에 위치하고 눈썹은 직선이며 턱은 묵직하여 넓고 턱뼈가 튀어나와 있다.

② 기본 이미지

폭이 넓은 이마와 각이 진 턱을 가진 사람은 활동적이고 도전적인 이미지로 나타난다. 이 얼굴형은 강하지만 품위 있는 아름다움을 가지고 있으므로 약하고 자연스러운 메이크업보다는 강하고 뚜렷한 메이크업이 잘 어울린다. 특히 깊이 있고 원숙한 느낌의 색상이 좋다.

헤어스타일은 올림 머리나 단발머리에 자연스러운 웨이브가 잘 어울린다.

이때 옆이마는 가려 주고 앞이마는 시원스럽게 드러낸다. 시선을 위로 끌도록 정수리 쪽 머리를 부풀리거나 선글라스를 꽂는 것도 좋은 연출법이다. 피해야 할 헤어스타일은 이마를 덮는 쇼트 커트, 생머리 등이다.

③ 부분적인 포인트

• 눈썹 : 눈썹산에 약간 각을 주어 그린다. 색깔은 조금 진해도 소화해 낼 수 있으므로 갈색보다 검은색이나 회색을 선택한다.

• 눈 : 눈꼬리에 진한 회색을 바르고, 위 아래 시울에 검은색으로 선을 넣는다. 겨자 색과 흰색을 섞어 회색과 경계가 생기지 않도록 눈두덩에 펴 바른다. 눈썹뼈에 흰색으로 하이라이트를 넣는다.

- 입술 : 입술산을 각지게 그리고 입술선도 둥글리지 않는다. 입술이 작으면 왜소한 느낌이 들므로 윤곽에 맞추어 꽉 차게 그린다. 립스틱 색깔은 짙은 빨강색으로 하고 아랫입술의 도톰한 부분에 은색 펄을 덧바른다.
- 피부 표현 : 오렌지색 메이크업 베이스와 가라앉은 색의 파우더를 써서 건강한 피부색을 표현한다. 눈머리부터 코벽까지 한 톤 어두운 음영을 넣고, 귀 쪽에서 광대뼈 쪽으로 같은 색 블러셔를 한다.

④ 전체적인 포인트

- 건강한 피부색 표현에 중점을 둔다. 턱이 각진 부분만 어두운 색으로 발라 주고 중앙 부분은 밝은 피부색으로 둔다. 수정 부분의 어두운 색상을 바를 때는 볼 화장과 겹치지 않도록 주의한다.
- 눈썹은 둥글게 하여 완만한 느낌이 들도록 하고 눈썹의 간격을 약간 벌어지게 그려도 좋다. 눈화장은 눈썹 꼬리와 직선이 되도록 하며 눈꼬리 쪽을 강조하여 약간 치켜 올리듯 한다.
- 입술 화장은 폭을 넓게 하여 볼륨을 주고 길이는 짧게 한다.
- 약하고 자연스러운 메이크업보다 강하고 뚜렷한 메이크업을 하여 원숙한 느낌의 색상을 표현해 본다.

⑤ 세련된 이미지로 변신

각진 얼굴은 약간 딱딱한 느낌이 들므로 각진 얼굴의 개성미와 함께 부드러움, 상냥함을 표현해 보자.

우선 T존에 하이라이트를 주어 얼굴 중앙으로 시선을 모으고, 각이 진 양턱과 이마 끝에 음영을 주어 얼굴선을 수정한다. 눈썹은 상승형으로 그리거나 부드럽게 그린다. 눈썹의 간격을 약간 벌어지게 그린다.

• 눈두덩에 핑크색을 펴 바르고, 밤색 포인트를 준다. 눈머리에 겨자색을 바른다.

• 연한 핑크펄 립스틱으로 부드러운 곡선 형태를 만든다. 따뜻한 색이 좋다.

• 블러셔는 입술 끝에서 귀를 향해 폭넓게 바른다. 핑크색이나 갈색이 좋다.

2) 안경과 같은 액세서리 착용을 통한 인상 개선 방법

① 모자

얼굴 유형	모자 형태	특징
각진 얼굴		각지고 넓은 턱의 얼굴 빳빳한 챙은 얼굴의 각을 강조하므로, 자연스런 곡선을 만드는 부드러운 소재가 좋다. 챙 한 쪽을 기울여 쓰는 게 좋으며, 챙이 위로 말려 올라간 모자는 피한다.
광대뼈 얼굴		광대뼈가 두드러진 얼굴 거의 모든 스타일이 어울린다. 단, 위가 뾰족한(pointed crown)모자는 광대뼈를 강조하므로 피한다.

② 안경

• 사각형 얼굴이나 턱선이 강하고 이마와 광대뼈가 옆으로 넓은 얼굴형은 부드러운 커브형이나 옆으로 길게 벌어지고 끝이 올라간 것이 얼굴을 갸름해 보이게 한다.

- 핑크 컬러의 둥근 모양이 딱딱하고 강한 인상을 주는 사각형 얼굴을 부드러워 보이도록 도와준다.
- 부드러운 느낌을 주기 위해서는 차가운 금속테 보다는 뿔테가 낫다. 그러나 딱딱한 느낌을 주는 사각 뿔테는 사각형 얼굴에게 최악의 선택이 되며, 각진 얼굴을 더욱 강조하게 된다.
- 부드러운 커브형의 복고풍 안경이 각진 얼굴을 갸름해 보이게 해 주며, 윗부분에 반만 테를 두른 디자인도 무난한 편이다. 또, 테 프레임의 상단에 포인트 장식이 있으면 시선을 모을 수 있어 각진 느낌을 줄일 수 있다.

③ 머리형과 헤어스타일

구분	화려한 이미지	수수한 이미지
특징	세련되지만 차가워보일 수 있다. 부드러움이 강조되는 화사한 스타일이 1순위이다.	긴장돼 보이고 여성미가 부족한 게 흠. 웨이브로 소프트한 느낌을 플러스하는 것이 우선이다.
긴머리	화려한 이미지의 웨이브 스타일 가는 웨이브로 여성스런 느낌을 강조한 스타일. 스트레이트는 금물. 레이어드 스타일로 각진 얼굴 옆선을 부드럽게 감싸는 것도 효과적 이다.	지적인 느낌의 레이어드 롱 전체적으로 레이어드와 섀기를 많이 넣어 층을 준 부드러운 스타일. 얼굴을 감싸듯이 안쪽으로 드라이하여 전체적인 느낌을 포근하게 만든다.

구분	화려한 이미지	수수한 이미지
중간머리	세련된 느낌의 그라데이션 보브 턱 아래에서 어깨 바로 위 정도가 적당한 길이. 뒷 머리는 둥글게, 옆머리와 앞머리는 얼굴쪽으로 쏠리도록 하여 각진 윤곽선을 커버하는 것이 좋다.	발랄한 이미지의 레이어드 세미롱 가장 이상적인 길이. 바깥말기로 둥그런 실루엣을 강조. 각진 느낌을 커버한다. 앞머리를 내려 부드럽고 귀엽게 연출한다.
짧은머리	이지적인 느낌의 섀기 커트 섀기 커트로 윤곽선을 흐리게 하는 스타일이 좋다. 개성이 강한 연출이 가능한 얼굴로 때로는 턱선을 드러내는 스타일도 매력적이다.	깜찍하고 경쾌한 보브 커트 짧은 단발에 가까운 쇼트 커트. 각진 얼굴을 그대로 드러낸 개성적인 스타일. 생머리의 느낌을 그대로 살리면서 강한 이미지를 어필한다.

3) 미용 성형 수술을 통한 인상 개선 방법

사람의 모습을 바꾸는 성형 수술은 언제든지 갈아입을 수 있는 옷, 언제든지 고칠 수 있는 화장과는 그 차원부터가 다르다. 따라서 너무 쉽게 생각해서는 안 되며, 사전에 어느 정도 관련 지식을 갖고 수술을 받도록 해야 한다. 환자들 중에는 간혹 "무조건 선생님이 알아서 해달라"고 말하는 경우가 있는데, 이것은 매우 위험한 일이다.

성형수술은 하나의 방법 제시에 불과하며 수술에 따른 비용과 후유증이 동반되고 때로는 잘못된 시술로 인해 돌이킬 수 없는 부작용과 생명의 위험이 따를 수 있으므로 가급적 권장하고 싶은 방법은 아니다. 그러므로 받기 전에는 반드시 담당 의사와 충분히 상담 시간을 갖도록 해야 한다. 그래도 수술을 받고자 하는 사람은 인상학에서 자신이 원하는 운명 개선 이미지를 의사에게 확실하게 전달할 수 있도록 자세히 얘기하는 것이 필요하다.

주로 성형수술에서는 인간의 얼굴 중에서 광대뼈, 턱, 이마, 뺨, 눈, 코, 주름살, 입, 귀, 유방 등에 대한 수술이 주류를 이루고 있으나 얼굴 윤곽 중에서 인상을 바꿀 수 있는 이미지를 결정짓는 가장 중요한 요소는 광대뼈와 턱뼈이다. 아래의 사례를 통해 성형수술 전후의 모습을 비교하여 보자.

구분	수술 전	수술 후
광대	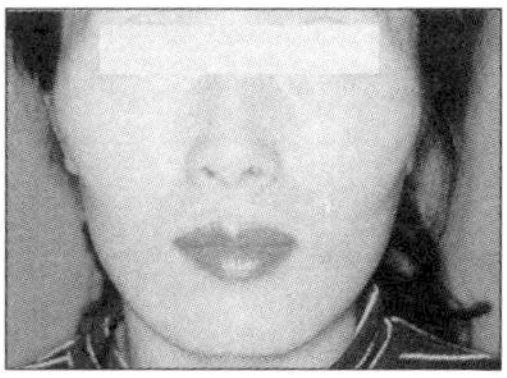 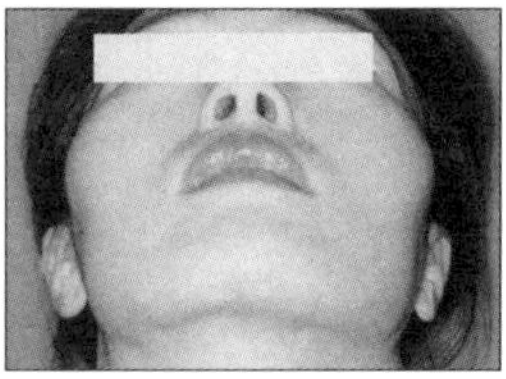 광대뼈가 앞과 옆으로 돌출되어 있어 전체적인 인상이 억세 보인다.	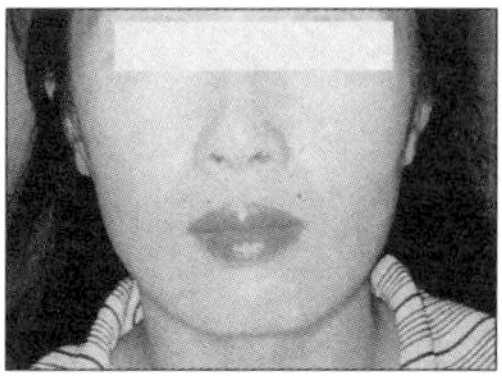 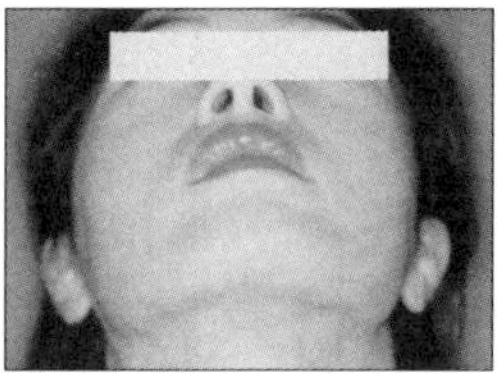 튀어나온 광대뼈를 깎고 안으로 밀어넣어 인상이 많이 부드러워졌다.

구분	수술 전	수술 후
사각턱	사각턱에 얼굴 폭도 넓어서 강한 인상을 주고 있다	사각턱을 깎아 내어 인상도 부드러워지고 얼굴도 작아 보인다

4) 평상시 생각과 표정 관리 개선을 통한 방법

항상 미소를 띠며, 부드럽고 여유 있는 표정을 띤다. 뚜렷한 목표와 실행에 옮길 수 있는 치밀한 계획을 세운다.

상대방의 조언을 귀 기울여 듣고 온화한 분위기를 만든다. 경쟁자와 항상 선의의 경쟁을 하고 관대함을 가진다. 주변 사람에게 관심을 갖고 장점을 발견하는 데 힘써서 대인 관계가 잘 유지되도록 한다.

(3) 근골질 유형에 대한 세일즈 전략

① 성격의 특징

• 장점

- 주위 사람들의 의견 따위에 전혀 아랑곳하지 않는 실행가이며 일을 좋아하며 근면하다. 투쟁심이나 경쟁심이 강해 언제나 다른 사람보다 한 발짝 앞서려는 마음을 가진 유형이다.

- 명예심과 자존심이 높고 어떠한 역경에 부딪쳐도 꿋꿋이 일어나 전진하는 강한 의지와 목적에 대한 부동의 신념을 갖고 있으며 자신보다 뛰어난 사람을 보면 멸시당한 듯한 느낌을 갖는다. 스포츠나 무도, 등산을 좋아해 모험을 시도해 보기도 한다. 이 형은 의지가 강하여 남성다운 성격이 특징이다.

- 이상이 높고, 항상 희망을 가지고 있으며 의지가 강하기 때문에 한 가지 목표가 설정되면 자기의 주장을 굽히지 않고 목적에 대한 집착성과 관철력이 있다. 즉 목적을 위해서는 수단 방법을 가리지 않는 면이 있다.

- 자신이 좋다고 판단되면 즉시 실천에 옮겨 부딪쳐보는 용감성이 있다.

- 자신의 능력을 굳게 믿고 있어 타인의 평판이나 유혹에 넘어가지 않는다.

- 자신의 체면이나 명예를 위해 손해되는 줄을 알면서도 체면상 강행하는 경향이 있고, 무슨 일이든지 한번 마음먹으면 철두철미하게 행하는 장점이 있다.

• 단점

- 남의 말을 잘 받아들이지 않고 자기주장만을 앞세우기 때문에 교제에 능숙하지 못하다.

- 남에게 위압감을 주기 쉽고, 친구나 친지의 덕이 없다.

- 근골질은 본래 딱딱한 몸을 스포츠로 푸는 경향이 많아 관절을 상하는 경우가 너무 많다. 체력은 튼튼하지만, 한번 열중하면 잊어버리는 성격이 강해 작은 병을 크게 만든다.

- 항상 자기 의견만이 옳다고 생각하며 아랫사람의 의견이나 생각을 고려하지 않고 혼자 생각으로 일을 처리하며, 다른 사람에게 그 일을 맡기지 못한다.

- 남의 말을 받아들이지 않고 자기주장이 강하여 체력이 있는 동안에는 친구나 부하가 생기지만, 말년에는 별로 좋지 않으며, 인생의 고독을 맛보게 된다. 퇴직하면 과거의 부하는 거의 찾지 않는 것 같은 외로움을 느낀다.

- 극에서 극으로 치닫는 성격이므로 사업이 순조로우면 급속한 발전을 보이지만 한번 그르치면 철저하게 일어날 수 없는 지경에까지 계속하게 된다.

② **상대방과의 의견 대립시 설득 방법**

근골질의 사람은 권위 있는 것, 강한 것, 지위가 높은 것을 절대적인 정의라고 생각하며, 세상의 모든 일이 질서 정연하면서도 일사불란하게 통솔되고 지배되는 것을 좋아하기 때문에 여러 가지 의견이 백출하는 것을 싫어한다.

특히 사물을 양극단으로 나누는 식의 양자택일적인 사고방식을 가지고 있기 때문에 자신의 의견에 반대하는 일은 곧 자신의 전 존재를 부정하는 일이라고 생각한다. 따라서 자신의 지배에 전면적으로 복종하지 않는 사람은 가차없이 적으로 간주해 버린다.

가급적 근골질인 사람과는 잡다한 논리로 이러쿵저러쿵 의논을 하지 않는 것이 좋다. 근골질의 사람은 특히 체면을 중요시하기 때문에 사람들 앞에서 자신의 의견이 무시당하거나 혹은 소홀히 여김을 당한다고 생각되면 그것으로 끝이다. 그런 기분으로는 상대방의 의견에 결코 귀를 기울이지 않을 뿐 아니라, 시비를 불문하고 철저한 거부 반응을 나타낸다.

직접 면전에서 이야기하기보다 적당한 기회에 종이에 써서 본인이 혼자 조용히 읽을 수 있도록 책상 위 같은데 놓아두는 것이 좋다. 그때는 간단명료하게 요점만 조목별로 쓰는 것이 좋다.

③ 업무상 실수에 대한 사과 방법

근골질의 사람은 한 마디로 노력가이다. 꾸준하고 착실하게 일해서 오늘의 지위를 쌓아올린 사람이 많다. 그들의 일하는 자세를 보면 그날 해야 할 일은 반드시 그날로 끝낸다. 따라서 타인의 실수도 불성실이나 나태에서 빚어진 것이라면 절대로 용서하지 않는다.

만약 당신이 최선의 노력을 다했는데도 끝내 실패하고 말았다면, 그 사실을 구체적으로 설명해서 상대방으로 하여금 그것을 이해할 수 있도록 노력해야 한다. 그래서 상대방이 당신에 대해 '능력이 미치는 한 최선을 다했다'고 인식하게 되면, 흔쾌히 용서해 줄 것이다.

④ 상담에서 거부당했을 때 대처 방법

근골질의 사람은 양자택일적인 사고방식을 가지고 있다. 선인가 악인가, 적인가 내편인가, 찬성인가 반대인가, 이렇게 양극단으로 나누어 생각하는 것이 근골질의 특성이다. 「그러나」라든가 「다만」등이 붙는 까다로운 말을 싫어하며 예외나 중용 같은 것을 인정하지 않는다.

상담에서 NO로 답해야 할 경우에도 자세한 설명은 일체 빼고 OX식으로 대답하는 것이 좋다. 「이 제품은 디자인은 좋지만 색상이 아무래도⋯⋯」, 「이런 점은 매우 좋지만, 이 점이 우리에게는 좀⋯⋯」 하는 식의 거부에 대해 근골질의 사람은 공연한 트집이라 생각하고 몹시 불쾌해 한다. 제품이 마음에 드는가 안 드는가, 상담의 조건을 승낙할 수 있는가 없는가 한 마디로 대답하는 것이 좋다.

⑤ 접객 세일즈 방법

근골질과 거래할 경우는 이야기의 요점만 간단명료하게 말하는 것이 좋으며, 우회적인 표현을 매우 싫어한다. 그리고 자기의 사업과 생활 외에는 관심이 없다. 특히 직접 거래하는 것을 선호하고, 편지나 대리인을 시켜 거래하는 것을 싫어한다.

계획서나 설계도에는 흥미가 없으므로 실제 그곳으로 안내하여 직접 눈으로 보고 손으로 만져보는 것이 최상이다. 백 번 듣는 것보다 한 번 보는 것이 가장 좋다.

근골질의 말투는 거칠지만 그 말투에 신경 쓸 필요는 없다. 왜냐하면 이 유형의 사람은 하고 싶은 말을 하지 않고는 참지 못하지만 하고 나서는 곧 잊어버리는 성격이기 때문에 이야기를 들어주는 아량을 가져야 한다.

근골질과의 거래에 있어서는 토론을 해서는 안 된다. 토론을 하면 할수록 불에 기름을 붓는 격으로 감정이 격해져, 토론에는 설령 이겼다 해도 거래는 끊긴다.

근골질은 호화로운 분위기를 좋아한다. 값이 비싸고 호화롭고 현란한 것이 아름답고 가치 있는 것이라고 생각한다. 반대로 값이 싸고 초라한 것을 싫어한다. 이런 타입에게는 「특별히 싼값으로 드리겠습니다」, 「바겐세일 중이기 때문에 특별히 서비스해 드리겠습니다」 따위의 말은 하지 않는 것이 좋다.

「인기 있는 상품으로 잘 팔리고 있다」는 말도 상대방의 자존심을 건드리는 것으로 역효과를 나타낸다. 누구나 살 수 있는 물건이라면 아무런 자극도 느끼지 못하기 때문이다.

만약 값을 깎아 주어야 할 경우에는 말로 충분히 설명을 한 다음「실은 값을 깎아 드릴 만한 상품이 아닙니다만 특별히 선생님에게만……」하는 식으로 말해야 한다. 그래야만 싸다는 생각을 갖지 않게 하면서도 상대방의 기분을 흡족하게 해 줄 수 있기 때문이다. 좀처럼 구할 수 없는 희귀하고 호화로운 특제품으로 값이 엄청나게 비싸서 보통 사람으로서는 엄두도 낼 수 없는 상품이라는 것을 강조해야 한다.

⑥ 유통업에서의 응대 방법

실용성 있는 상품을 좋아하며 그다지 사지 않는 경향이 있다.

자기가 생각해서 상품을 선택하며 판매원의 말을 귀담아 듣지 않는 편이며 완고하고 난폭적이다.

✴ 근골질의 유명인들 ✴

근골형으로 유명한 사람들은 수없이 많지만 간략하게 열거하면, 정치가로서는 김구, 박정희, 장택상, 조병옥, 조봉암 등이 있다.

외국의 경우에는 독일의 비스마르크, 미국의 링컨, 루스벨트, 닉슨 카터 등이 있다.

실업가로서는 김갑순, 정주영, 이병철 등이 있고, 학자는 헤겔 · 칼막스 · 피히테 등이며, 예술가는 이중섭 · 오지호 · 백남준 등이 있다. 배우로는 나운규, 미국의 커크더글러스, 리차드 위드마크, 율 브리너 등이고, 여자로는 박마리아, 영국의 대처 수상을 손꼽을 수 있다.

에이브러햄 링컨

박정희 전 대통령

닉슨 대통령

포드 대통령

이란의 호메이니 옹

영국의 마거릿 대처
수상

3. 심성질

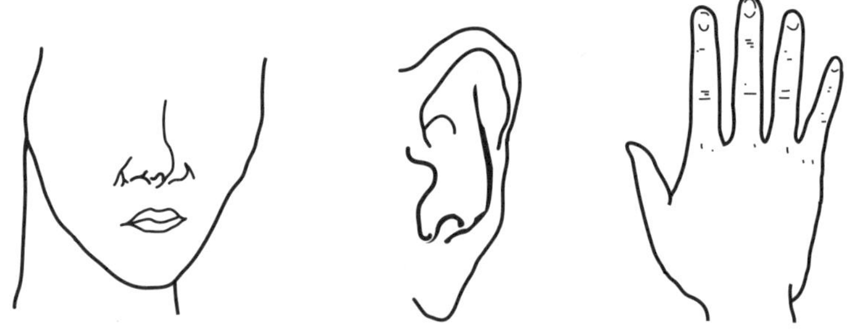

(1) 심성질 유형의 외형적 특징

- 심성질은 머리 부위가 전신에 비해 약간 큰 편이며, 신체는 가늘고 얼핏 보기에 가냘픈 인상이며 신경이 예리하고 지혜가 풍부한 사람이 많다.

- 어깨가 처졌으며, 가슴둘레가 신장에 비해 작고 신체에 털이 많으며 빨리 늙는 경향이 있어 40대만 되어도 나이 들어 보이는 사람이 있다.

- 근육이 별로 많지 않은 중간형으로 날씬한 체격이며, 운동을 해도 근육이 잘 발달하지 않고, 아무리 영양가 있는 음식을 먹어도 살이 찌지 않는다.

- 얼굴 특징으로는 역삼각형이거나 계란을 거꾸로 세워 놓은 것 같은 형을 하고 있다.

- 얼굴 상부는 넓으나 하부인 턱으로 갈수록 좁아지고, 이마는 비교적 넓어 코에서부터 턱으로 내려감에 따라 좁아지는 것이 특징이다.

- 머리카락은 가늘고 부드럽고 아름다우며, 수염이 짙게 나지 않는 사람이 많다. 눈썹은 가지런하며 예쁘고, 입술은 얇은 편이다.
- 이마가 넓고 턱이 가는 뾰족한 얼굴이며, 남성이지만 여성같은 느낌을 준다.
- 귀는 상부가 크나 하부가 작으며, 손가락은 손바닥 부분에서 손끝으로 갈수록 가늘어지고, 손바닥에는 손금이 복잡하며, 가는 선이나 주름이 많다.
- 말씨는 논리적이며, 생활 태도도 비교적 결점 없이 착실하며, 복장도 단정하고 주변 정리 정돈을 잘하며, 안짱걸음을 걷고 보폭이 좁다.
- 음성의 특징으로는 비교적 명료하고, 발음 끝이 확실하며, 목소리는 작은 편이다.
- 글자는 가늘고 예쁘게 또박또박 정성스럽게 쓰는 편이며, 글씨체는 작은 편으로 곡선미가 있는 필적을 가지고 있다.
- 인상의 느낌으로 첫인상은 온순하고 쓸쓸한 느낌을 준다. 육체노동에는 적합치 않으며 육체노동 자체를 싫어하는 경향이 많다.
- 심성질은 머리카락이 부드럽지만 근골질은 거칠고 딱딱하다. 그리고 심성질은 약해 보이나 근골질은 강해 보인다.
- 심성질은 체질이 튼튼하지 못하여 위장병이나 불면증과 신경질로 인하여 노이로제에 걸리기가 쉽다. 마음이 조급해지기 쉬운 타입으로 호흡기 계통의 병에 주의할 필요가 있다.
- 일하는 태도로는 주위 사람에게 터치를 받지 않는 조용한 장소에

서 정숙한 일, 계산, 통계, 조사 등의 치밀하고 정확한 일을 하기 좋아하며 그런 일이 적성에 맞다. 외교적인 일에는 뒤떨어지므로 변화가 많은 일, 사람들과 부딪치는 일은 적당하지 못하다.

- 무슨 일이든 수단 좋게 빨리 처리하는 일을 원하지 않고 정확을 기하는 특성이 있어 일이 밀린다든지 하는 무책임한 약속을 하지 않으며, 항상 순서와 질서를 존중하고 주위를 질서 정연하게 정리하는 습관이 있다.

- 대인 관계 측면에서는 혼자 독서하거나 자신이 하고 싶은 일에 열중하는 것을 즐기는 성격이며, 사교적인 타입은 아니다.

- 무슨 일이나 심각하게 생각하는 경향이 있어 상대방이 시비를 건다거나 얼토당토않는 말을 하면 감정이 상해서 교제가 불가능하게 되기도 한다.

- 상대방의 마음에 신경을 많이 쓰게 되어 오히려 자기의 의견을 발표할 수 없으며 상대의 태도나 말투가 하나하나 모두 마음에 걸려 마음속에서 분석하고 있으므로 자기 자신도 말 한마디를 할 때에 깊이 생각하여 하게 된다. 그래서 말을 더듬게 되고 화제가 빈약해 상대방으로 하여금 재미없는 사람이 되어서 저절로 대화하는 시간도 짧아지게 된다.

- 머리가 좋으며 무던한 타입의 사람 중에는 젊어서 두각을 나타내기도 한다. 두각을 나타내더라도 인품이나 포용력 때문이 아니라, 우수한 두뇌로 존경을 받게 되어 리더로 추대되는 경우가 많다.

- 심성질은 세일즈에는 적합하지 않다. 사무직이 좋으며 특히 기

획·입안·조정 등의 직업에 적합하다. 다만, 외근을 하며 영업하는 일은 체력이 뒷받침 되지 않아 감당해 내지 못한다. 역시 자료실 같은 곳에 조용히 앉아서 서류상의 작업을 하는 일이 적합하다.

- 심성질은 공무원으로 근무하거나 대기업의 사무직·학자·연구자 등 영업과 관련이 없는 입장에서 자신의 업무에 전념할 수 있는 직업이 좋다. 위치에 따라서는 능력을 발휘한다. 그외 예술적인 분야나 공예 방면의 직업에도 적합하다.

(2) 심성질 유형의 운명 개선 방법

1) 여성인 경우 메이크업을 통한 인상 개선 방법

심성질(달걀형)

① 기본 이미지

반듯한 이마와 갸름한 얼굴선을 가진 사람은 어떤 이미지로도 변신이 가능하다. 이 얼굴형은 청순하면서도 여성적인 부드러움을 가지고 있으므로 되도록 깨끗한 메이크업을 한다.

메이크업은 자연스러운 균형을 유지하는 것으로 충분하며, 색깔은 주황색과 청록색의 배합이 산뜻하다.

얼굴형의 장점이 가장 잘 드러나는 헤어스타일은 앞머리를 올려 빗은 것으로 윗머리를 풍성하게 부풀린 커트, 얼굴의 윤곽선을 자연스럽게 살려주는 부드러운 컬이 있는 것 등이다. 어울리지 않는 헤어스타일이 있다면 체형이 작은 사람이 긴 머리 파마를 하는 것이다.

② **부분적인 포인트**

- 눈썹 : 눈썹산이 약간 높은 곡선형으로 그린다. 눈썹산 없이 곡선으로만 그리면 청순한 느낌이 사라지므로 주의한다.
- 눈 : 눈두덩에 오렌지 밤색을 경계가 지지 않도록 펴 바른다. 쌍꺼풀 안쪽에 밝은 하늘색을 바른다. 눈꼬리에 소라색으로 포인트를 주고, 아랫시울에도 같은 색의 선을 넣는다.
- 입술 : 오렌지펄과 짙은 밤색을 섞어 바른다. 입술이 빈약하면 허약하고 차가워 보이므로 입술선을 따라 꽉차게 그린다.
- 피부 표현 : 흰색 메이크업 베이스와 투명 파우더로 자연스러운 피부색을 만든다. 화사한 분홍색이나 깨끗한 보라색 등의 컬러 파우더를 이용해 개성적인 이미지를 표현해도 좋다.

③ **세련된 이미지로 변신**

이상적인 얼굴형이지만 개성이 없고 평범해 보일 수 있다. T존과 눈밑, 턱끝에 하이라이트를 주어 얼굴형을 강조하고 눈매나 입매로 시선을 집중시키면 성숙함과 함께 화려한 멋을 낼 수 있다.

색조 화장은 의상에 맞추는데, 검은색 의상에는 적포도주·붉은 장미·녹색에는 갈색·주황색, 파란색에는 선명한 빨간색·분홍색이 어울린다.

- 주황색을 눈두덩에 펴 바른다. 녹색으로 포인트를 주고, 카키색 선을 넣는다.
- 입술선은 되도록 선명하게 그리고 붉은 밤색을 써서 입술을 강조한다.

• 블러셔는 갈색으로 광대뼈를 중심으로 귀에서 입꼬리 쪽으로 비
스듬히 바른다.

심성질(긴형)

① 특징

얼굴선이 길어 고전적이며 지적인 이미지를 가진다. 여성스러움과
함께 성숙한 인상을 주므로 자칫 어른스러워 보이기도 하므로 메이크
업을 할 경우 염두에 두자.

② 기본 이미지

길고 갸름한 얼굴은 고전적이며 지적인 이미지를 풍긴다. 이 얼굴형
은 여성스러움과 성숙한 인상을 주므로 붉은 색조를 사용하면 효과적
인 메이크업을 할 수 있다.

그러나 자칫 불안정해 보이거나 지루해 보일 수 있으므로 머리 모양
이나 액세서리의 조화에 유의한다.

가장 잘 어울리는 헤어스타일은 얼굴과 비슷한 길이의 굵은 웨이브
가 좋다. 머리가 길더라도 옆머리를 풍성하게 살려주면 된다.

피해야 할 머리형은 스트레이트의 긴머리나 얼굴형이 다 드러나는
올림머리, 쇼트 커트 등이다.

목걸이, 스카프, 귀고리 등의 액세서리는 길게 늘어지는 것보다 동
그란 것이 좋다.

③ 부분적인 포인트

• 눈썹 : 눈썹산을 강조하면서 곡선형으로 가늘다 싶게 그린다. 눈썹

머리와 꼬리가 같은 높이가 되게 그린다. 색상은 검은색보다 밤색 쪽이 좋나.

- 눈 : 눈두덩에 코코아색을 연하게 펴바르고 눈 중간부터 눈꼬리에 자주색을 바른다. 검은 보라색으로 포인트를 주고 아랫시울에도 선을 넣는다. 눈 머리에 흰색펄을 넓게 펴 발라 하이라이트를 준다.

- 입술 : 입술 모양은 부드러운 느낌의 곡선형이 좋지만, 너무 둥글리거나 크게 그리지 않는다. 색깔은 보라색에 은색펄을 덧바른다. 진한 갈색에 황금색 펄도 좋다.

- 피부 표현 : 흰색 메이크업 베이스, 분홍빛이 도는 파운데이션과 파우더를 발라 얼굴 윤곽선과 코벽에 진한 갈색 콤팩트 파우더로 음영을 넣고, 블러셔는 인디언 핑크로 길게 칠한다.

④ 전체적인 포인트

- T존은 밝은 파운데이션으로 표현하고 이마와 턱 부분에는 섀도를 주어 얼굴의 길이를 줄여 준다.

- 눈썹은 가능한 일자로 그려 가로의 이미지를 느낄 수 있게 하며, 검은색보다는 진한 갈색으로 한다. 연한색으로 베이스를 칠한 뒤 눈이 좀 더 넓어 보이도록 짙은 톤의 아이섀도를 뒷꼬리 쪽에 바른다.

- 입술 모양은 부드러운 느낌의 곡선형이 좋지만, 너무 둥글거나 크게 그리지 않도록 하며, 가로선의 느낌으로 그린다.

- 블러셔는 갈색 톤이나 주황색 톤으로 광대뼈를 중심으로 가로로 폭넓게 바른다.

- 전체적으로 가로의 느낌이 들게 메이크업해 주어 자칫 나이 들어 보이는 외형에서 탈피한다.

⑤ 세련된 이미지로 변신

여성스러운 성숙미는 장점이지만 나이 들어 보일 수 있으므로 블러셔를 가로 방향으로 넣고 이마 끝과 턱에 어두운 색으로 음영을 주어 얼굴의 길이를 줄여 준다. 눈썹은 가능한 한 일자로 그리고, 아이섀도 색상을 밝게 사용하면 귀엽고 사랑스러운 이미지로 바뀐다. 메이크업 외에 모자를 써서 세로선을 가로로 끊어 주는 것도 좋다.

- 눈두덩에 노란색을 살짝 펴 바르고, 눈꼬리에 벽돌색으로 음영을 준다.
- 가라앉은 듯한 주황색 립스틱을 바른다. 그외에 파스텔 계통 색이 어울린다.
- 블러셔는 주황색 톤으로 광대뼈를 중심으로 가로로 폭 넓게 바른다.

심성질(역삼각형)

① 특징

아시아인에게 많은 형으로 이마는 넓고 튀어나왔으며, 귀밑 부분부터 턱뼈까지 삼각으로 뾰족하다. 이러한 형은 예쁜 얼굴에 속한다. 내츄럴 메이크업은 소녀의 이미지를, 진한 메이크업은 모던한 이미지를 연출할 수 있다.

② 기본 이미지

이마는 넓고 시원하지만 턱이 좁은 얼굴형은 지적이고 세련된 인상을 준다. 진한 메이크업을 하면 현대적인 이미지가 부각되고, 자연스러운 메이크업을 하면 소녀다운 이미지를 연출할 수 있다. 메이크업은 T존과 눈밑에 넓게 하이라이트를 주어 넓은 이마를 강조한다.

역삼각형에게 어울리는 헤어스타일은 귀 뒷부분을 풍성하게 부풀린 것이다. 이마를 드러낸 것보다 앞머리를 내려 양쪽 이마를 덮는 것이 무난하다. 피해야 할 스타일은 머리 위를 강조하거나 머리 전체에 웨이브가 있는 것으로, 가분수처럼 보인다. 긴 생머리나 이마를 드러내는 것도 피한다.

③ 부분적인 포인트

• 눈썹 : 진한 회색으로 수평에 가깝게 길고 시원스럽게 그려 준다. 앞머리는 약하게 시작해서 끝을 날렵하고 곧게 빼주는 것이 세련된 느낌을 준다.

• 눈 : 중간 베이지를 눈두덩에 넓게 펴 바르고 눈밑에는 좁게 바른다. 눈꼬리에 초콜릿 밤색으로 포인트를 준다. 베이지 살색을 눈썹뼈에 발라 하이라이트를 준다.

• 입술 : 입술은 연한 밤색 펜슬로 입술선을 깔끔하게 그리고 립스틱을 바른다. 너무 두껍거나 둥글리지 않는 것이 세련미를 더해 준다.

• 피부 표현 : 보라색 메이크업 베이스로 피부색을 고르게 한다. T존과 눈밑에는 아이보리색, 턱선에 갈색 팬스틱을 발라 음영을 준

다. 경계가 생기지 않도록 주의하고 파우더로 마무리한다.

④ 전체적인 포인트

- T존과 눈밑에 하이라이트를 주고 이마 양옆과 턱에 섀도를 준다.

- 베이지 컬러로 눈두덩이에 펴준 뒤 중간 베이지로 윗눈꺼풀을 직선의 느낌으로 칠해 준다. 초콜릿 색이나 짙은 보라색으로 액센트를 준다. 눈썹은 진회색으로 눈썹 길이의 1/2에 눈썹산을 그리거나 눈썹산을 둥글게 처리하여 준다.

- 연갈색으로 입술선을 깔끔하게 그린 뒤 짙은 밤색 립스틱으로 채워 준다. 길이와 넓이를 늘려 그려서 입술이 좁아 보이는 것을 막는다.

- 광대뼈 약간 위쪽에 눈동자 바깥 부분부터 좁게 발라 준다.

- 얼굴형 수정으로 전체의 밸런스를 유지하도록 한다. 가로로 길게 늘려 그리지 않도록 주의한다.

⑤ 세련된 이미지로 변신

역삼각형은 세련미는 있지만 자칫 날카로워 보이거나 여성적인 매력이 약해 보인다. 넓은 이마와 약한 턱의 균형을 맞추고 메이크업을 자연스럽게 함으로써 여성적인 매력을 연출할 수 있다. 이마 양쪽에는 어두운 색, 턱 주변에는 밝은 색으로 음영을 주어 윤곽을 수정하고, 색조 화장은 연한 보라색이나 오렌지 톤이면 적당하다.

- 베이지색을 눈두덩에 펴 바른다. 보라색 포인트를 주고 살색을 눈썹뼈에 바른다.

- 연한 갈색 립스틱을 바르고 촉촉한 느낌이 들도록 립글로스를 덧바른다.

• 갈색 톤 블러셔로 귀에서 입꼬리보다 약간 위쪽으로 펴 바른다.

2) 안경과 같은 액세서리 착용을 통한 인상 개선 방법

• 역삼각형 얼굴에는 안경테 윗부분의 비율을 최소화한 디자인이 가장 좋다. 안경 너비를 좁은 것을 고르고 안경테 윗부분을 강조한 것이나 너무 화려한 디자인은 피하는 것이 좋다.

• 안경 너비가 비교적 좁고 동그란 모양이라 뾰족한 얼굴을 커버해 주는 디자인이 좋으며 컬러가 너무 강한 것보다는 은은한 것이 더 잘 어울린다.

• 안경테 윗부분이 넓고 테부분이 화려한 사각테 안경은 역삼각형 얼굴에는 그리 잘 어울리지 않는다. 각이 완만하게 둥그러진 작은 사각테를 선택하는 것이 좋다.

• 윗부분이 강조된 재키 스타일은 역삼각형 얼굴을 더욱 뾰족하게 보이게 한다. 게다가 옆으로 긴 디자인이라 광대뼈 부분이 더욱 도드라져 보여 좋지 않다.

• 타원형 안경은 역삼각형 얼굴에도 적당히 어울리는 편이며, 둥근 얼굴보다는 못하지만 깔끔하고 튀지 않는 베이직한 디자인이라 얼굴형을 부드럽게 감싸 준다.

① 모자

얼굴 유형	모자 형태	특징
긴 얼굴		위 아래로 긴 얼굴 챙이 위로 말려 올라간 모자가 적합하다. 얼굴을 넓어 보이게 한다. 챙 없는 모자는 피한다.

② 안경

• 긴 얼굴 : 얼굴이 긴 경우에는 스퀘어형, 나비형, 오벌형 등 대부분의 렌즈 형태가 무난하게 어울린다.

안경테도 다양하게 쓸 수 있으며 각진 프레임이나 부드러운 라인의 프레임이 모두 다 어울린다. 문제는 프레임. 안경 위 부분에만 프레임이 있는 디자인은 시선을 위로 끌어당겨 긴 얼굴을 강조하지 않는다.

• 역삼각형 얼굴 : 샤프한 턱선 때문에 사나워 보이는 것이 역삼각형 얼굴의 문제점. 오벌형, 우아한 나비형의 디자인을 선택해서 날카로운 인상을 주는 것을 피하는 게 좋다.

아래쪽 테가 무거우면 뾰족한 턱을 강조하게 된다. 거의 원에 가까운 디자인도 잘 어울리는 편이다.

안경다리가 렌즈보다 위쪽에서 시작, 시
선을 위로 끌어당긴다.

무테안경, 안경다리도 금색과 진주색으
로 이루어져 무난하게 착용할 수 있다.

스포티한 감각을 살린 디자인. 선글라스
로 착용해도 손색이 없을 듯.

옐로우와 브라운이 가로 방향으로 교차
되어 날카로운 이미지를 완화시킨다. 뿔
테이면서도 코걸이가 높은 것도 장점.

그레이와 블랙의 매치가 과감하다. 패셔
너블한 차림을 즐겨하는 사람에게 추천.

오벌 기본형. 단정하고 세련된 이미지를
연출하고 싶을 때 선택할 것.

스퀘어형이지만 모서리가 라운드 처리
되어 부드러운 느낌. 렌즈 앞쪽으로 프
레임이 나와 있는 것도 독특하다.

렌즈 사이가 넓고, 양끝으로 갈수록 렌
즈의 크기가 커지는 독특한 디자인. 뾰
족한 턱선 커버에 효과적.

③ 머리형과 헤어스타일

• 달걀형

구분	화려한 이미지	수수한 이미지
특징	자칫하면 가볍고 경박해 보일 수 있으므로, 차분하면서도 지적인 스타일을 찾도록 한다.	얼굴선을 살리면서 생기를 줄 수 있는 스타일로 활력을 플러스. 파마가 효과적이다.
긴머리	내추럴한 느낌의 레이어드 스타일 옆선에 층을 내고 롤스트레이트 파마를 하여 스트레이트의 세련미와 웨이브의 부드러움을 자연스럽게 조화시킨다.	엘리건트한 느낌의 웨이브 스타일 웨이브 파마로 화려하게 연출하면 OK. 일자 스트레이트는 웨이브가 끝에만 무겁게 떨어지므로 머리에 층을 주어 자연스러운 웨이브를 만든다.
중간머리	차분한 느낌의 원렝스 스타일 앞머리를 옆으로 내려 얼굴 윤곽선을 최대로 살린 단발. 머리숱이 많은 경우 웨이브를 주면 얼굴이 넓어 보이므로 층을 주어 가볍게 연출한다.	발랄한 이미지의 그라데이션 웨이브 직선적인 보브 스타일은 사나워 보이게 한다. 머리 끝에 부드럽게 웨이브를 주어 젊고 발랄하게! 이마를 그대로 드러내 얼굴 윤곽을 살릴 것.
짧은머리	여성미를 강조한 페미닌 쇼트 고운 얼굴 윤곽을 최대한 살리되 이마를 너무 드러내면 나이가 들어 보일 수 있으므로 주의한다. 앞머리를 옆으로 길게 내려 여성스러움을 강조한 쇼트.	여성스런 이미지의 웨이브 쇼트 전체적으로 층을 주고 젤로 볼륨감을 더해 활력을 플러스한 스타일. 경쾌하면서도 세련된 연출 센스이다.

• 긴형

구분	화려한 이미지	수수한 이미지
특징	차분한 스타일은 나이 들어 보이므로 NO. 발랄하고 캐주얼한 스타일이 좋다.	날카로운 느낌을 커버하는 것이 포인트. 웨이브와 컬을 이용, 부드럽게 연출하도록 한다.
긴머리	차분하면서 귀여운 롱 스트레이트 웨이브 파마가 얼굴을 덜 길어 보이게 하나 화려한 느낌을 줄이려면 스트레이트로 차분하게 연출. 앞머리를 내려 긴 얼굴형을 커버한다.	스트레이트와 웨이브가 매치된 롱 스타일 스트레이트와 웨이브를 매치시켜 단점을 보완하는 스타일. 앞머리는 8:2 가르마로 이마를 덮으면서 귀 뒤로 넘겨 결점을 커버한다.
중간머리	자연스러운 웨이브가 특징인 세미롱 웨이브로 옆머리에 볼륨감을 주어 전체 실루엣을 둥그렇게 만드는 것이 포인트. 머리에 층을 주고 웨이브가 거의 느껴지지 않을 정도로 볼륨감을 준다.	쇼트 실루엣의 레이어드 단발 귀밑까지 오는 짧은 단발에 쇼트 커트의 느낌이 날 정도로 층을 많이 주어 스타일을 전체적으로 둥글게 한다.
짧은머리	발랄한 느낌의 바깥말기 스타일 앞머리는 내리고 뒷머리는 둥근 실루엣을 살리는 것이 효과적. 가벼운 컬을 만들기에는 약간 긴듯한 보브 쇼트가 적당하다.	보이시한 이미지의 섀기 커트 옆 얼굴에 볼륨감을 주기 위하여 옆머리가 귀를 가볍게 덮는 스타일. 앞머리에 층을 많이 주어 이마를 덮지만 가벼운 느낌이 있다.

• 역삼각형

구분	화려한 이미지	수수한 이미지
특징	세련되지만 차가워 보일 수 있다. 부드러움이 강조되는 화사한 스타일이 1순위이다.	날카로운 느낌을 커버하는 것이 포인트. 웨이브와 컬을 이용, 부드럽게 연출하도록한다.
긴머리	자연스런 느낌의 롱 웨이브 스타일 약한 턱선을 보완하고 차가운 느낌을 커버하는 데는 굵은 웨이브가 이상적. 넓어 보이는 이마는 앞머리로 커버하도록한다.	내추럴한 웨이브의 레이어드 스타일 크고 굵은 웨이브로 화사하면서도 여성스러운 이미지로 연출한 케이스. 머리에 층을 많이 주면 스타일링이 자유롭다.
중간머리	층이 없는 깨끗한 느낌의 보브 단발 턱을 부드럽게 감싸도록 머리끝이 안으로 말리게 한 일자 스타일. 머리끝이 밖으로 치켜 올라간 바깥말기 스타일도 시선을 밖으로 빼므로 효과적인 머리형.	세련된 이미지의 보브 스타일 넓은 이마, 빈약한 턱의 결점을 커버하기 위해 앞머리를 내려 시선을 위로 모으고 단발의 길이는 짧게 하고, 롤스트레이트로 볼륨감을 더한다.
짧은머리	개성적 스타일의 그라데이션 쇼트 부드러운 볼륨감이 특징인 보브 커트. 차가운 느낌도 커버하고 시선을 위로 끌어올려 빈약한 턱선이 도드라지지 않게 한다.	여성미가 강조된 웨이브 쇼트 뒷선의 길이는 짧지만 전체적으로 길게 층을 낸 커트. 자연스럽게 볼륨감이 생겨 부드러운 느낌이 강조된다. 앞머리로 이마를 커버한 귀여운 이미지를 준다.

3) 미용 성형 수술을 통한 인상 개선 방법

구분	수술 전	수술 후
코가 짧은 경우	얼굴에 비해 코가 너무 짧다.	콧등은 실리콘으로 코끝은 귀 뒤의 연골이나 콧방울 외측 부분의 연골을 이식해서 코를 길게 한다.
매부리 코의 경우	콧등이 불룩하게 솟아 있고 코가 길다.	불룩하게 솟은 뼈와 연골을 제거해서 콧등이 매끈해졌고 코의 길이도 짧아졌다.

4) 평상시 생각과 표정 관리 개선을 통한 방법

직무상에 있어 고안이나 착상력이 뛰어나므로 자기의 장점인 두뇌를 사용하여 새로운 사물을 창출해 내는 끊임없는 생활의 발견이 필요하다.

이 유형은 상대의 단점만을 보고 장점은 보려하지 않는다. 상대의 단점보다 장점을 보고, 나의 장점보다 단점을 보는 습관을 가지도록 노력한다.

심성질은 자존심이 강한 반면 열등의식이 많으므로 상대를 오해하는 수가 많다. 그러므로 항상 마음을 넓게 가지고 상대를 이해하며, 그 사람의 장점을 타인에게 알리어 자꾸 칭찬해 주도록 한다. 반드시 가까운 날에 대성의 결과를 볼 것이다.

두뇌가 명석하기 때문에 젊어서 출세하는 사람이 나타난다. 관공서, 기업, 단체 등에서 출세하려면 앞에서 설명한 성격상의 단점을 보완하도록 노력해야 한다.

사람이란 남의 말하기를 좋아하는 습관이 있으므로, 세 명만 모여도 남의 이야기가 나오는 게 당연하다. 이 유형은 자기 주위의 말에 굉장히 신경을 쓰는 경향이 있어, 지금까지 노력하며 추진해 온 일이라도 남의 무책임한 비평이나 비난에 동요되어 신념이 흔들리는 경우가 생긴다. 남을 비난한다는 것은 심리학적으로 볼 때 자기의 열등감에서 우러나오는 질투심의 표현이므로, 상대를 비난하는 경우 오히려 자기 자신이 못난 사람이 된다는 사실을 명심하도록 한다.

대체로 젊어서는 좋지만, 40대 이후에는 별로 좋지 못하므로 40대나 50대까지는 확고한 지위나 재산을 이루어 놓을 필요가 있다. 대기만성형과는 정반대이다. 그리고 젊어서 관료가 되고 정계에 들어가서도 두각을 나타내어 '차기의 새로운 지도자' 로 주목되다가도 햇수를 거듭함에 따라 빛을 잃게 되는 사람이 있다. 이런 사람은 체력이 따르지 않는데다 재능은 넘치지만 덕이 부족하기 때문에 사람이 붙지 않는 것이다. 이런 타입의 사람은 덕을 쌓도록 노력해야 한다.

상대를 끌어들이기 위해서는 우선 상대의 마음을 읽을 줄 알아야 한다. 이 유형은 상대의 마음을 읽을 줄 아는 능력이 우수하므로 상대에게 냉정하기 때문에 사람이 잘 따르지 않는다. 때로는 귀찮더라도 상대에게 마음에서 우러나오는 온정을 가지고 대해야 한다.

심성질 유형은 자칫하면 매사를 비관쪽으로 보기가 쉽다. 비관은 실패를 자초하는 불행의 요소이므로 항상 낙천적인 마음으로 생활하는 것이 좋다. 비관하는 것만큼 자기의 행운을 깎아먹는 것은 없다.

(3) 심성질 유형에 대한 세일즈 전략

① 성격의 특징

• 장점

- 심성질 유형은 꼼꼼하고 착실하며 정직하여 모든 일에 번잡한 것을 싫어하고, 혼자서 조용히 독서하거나 자기 취미를 즐기는 것을 좋아한다. 청결을 좋아하고 실내를 잘 정돈하며, 더러운 것이 눈에 띄면 곧 치워야 하는 성격이다.

- 남에 대해서는 재빠른 인물 평가를 하거나 결점을 발견하지만 반대로 남이 자신의 악평을 하면 자존심이 상하고 상심하기 쉽다. 대체로 판단력과 비판력이 날카로우며 연구 등에 전념하는 것을 좋아하는 타입이다.

- 틀에 박힌 형식이나 규칙, 순서를 존중하며 체계적으로 일을 처리하는 것을 좋아하고 예의범절을 중요시하여 매사에 용의주도하고 면밀하다.

- 성격이 예민하여 사물에 대한 본질을 분석 연구하거나 사고, 사

색하여 이론화하는 일에 능숙하다. 연구적이어서 하나의 일에 몰두하면 끝까지 파고드는 성격이다.

- 타인의 행동이나 태도가 혼란스러우면 기분 나빠하고, 여러 사람들과 이야기하거나 다른 사람의 집을 방문하는 것을 좋아하지 않는다.

- 미래를 내다보는 예지가 뛰어나고, 타인의 유혹에 잘 넘어가지 않으며, 다른 사람의 속 마음을 꿰뚫어보아 결점을 잘 발견하고, 앞날을 전망해 적중하는 경우가 많다.

- 상대방과의 교섭 때는 억지나 배짱으로 밀어붙이는 것이 아니라 이치를 따져서 진행하는 타입이다.

- 지각이 예민하고 기억력도 좋으며, 상상력이 풍부하다. 사고력 또한 치밀하여 사물의 판단에 오차가 적고 과묵한 편이다.

• 단점

- 심성질은 미래를 예지할 수 있어 영감력이 발달한 반면 현재 자기가 하고 있는 일에 낙관적이어서 태만하기 쉽다.

- 자존심이 강해 타인이나 친구라 할지라도 자기가 그은 경계선을 넘는 것을 좋아하지 않으며, 본인도 타인의 자존심을 건드리지 않는다. 친구가 적고 마음을 터놓고 이야기할 사람이 드물며, 귀족적이고 온화한 교우를 원한다.

- 냉정함을 잃지 않으므로 항상 자기를 중심으로 한 정신생활을 영위하기 위해 자기와 주위 간에 엄격한 선을 그어 두고 있다. 또 친구나 선배의 단점을 보고 있으므로 자신의 행동에 소심하

고 사교성이 결핍되어 있다.

- 대체로 정직하며 일을 정확히 처리하며, 실내도 항상 청결히 하는 것을 좋아하므로 단정하지 못한 사람을 싫어한다.

- 심성질은 비교적 사교적인 타입은 아니다. 혼자서 책을 읽거나 자신이 하고 싶은 일에 열중하는 것을 좋아하는 성격이다.

- 한편 사물을 잘 통찰할 수 있기 때문에 일을 착수도 하기 전에 무의미함을 느껴 실행력이 부족한 면도 있다. 일을 모두 자신의 두뇌로만 처리하려는 타입이다.

- 맡은 업무에는 충실하나 사업상의 투기라든가 교묘한 임기응변의 재주가 없다. 따라서 매사에 신중히 자기의 분수에 맞춰 충실히 일하는 유형이므로 자기의 생각과 상대방의 생각이 맞지 않으면 곧 상대와 결별하여 독립하며, 심한 사람은 기인이 되기도 한다.

- 예리한 지혜가 있으므로 사물이나 인물의 비평에 뛰어난 반면 사람을 관용하는 마음이 좁다. 이 형은 상대방이 완전하고 원만한 인격자이기를 바라기 때문에 자기도 완전하기를 노력하며, 자기가 저지른 작은 과실에도 심각한 마음의 상처를 입고 좌절하여 밤에 잠을 이루지 못하곤 한다.

- 비관이나 낙관 등 너무 한쪽으로만 치닫는 경향이 있고, 조금이라도 불행한 일이 생기면, 미리 불행해질 것을 예상하여 자기 스스로 불행을 초래해 나가는 정신적인 암시에 걸리기도 한다. 영감력이 비상한 반면 현실을 즉시 판단하고 급격한 변화를 일으

켜 실패하는 수가 많다. 여자는 신경질적이며, 사람을 가리는 결벽성이 있다.

② 상대방과의 의견 대립시 설득 방법

심성질의 사람은 말수가 적은데다가 무표정해서 무엇을 어떻게 생각하고 있는지 도무지 알 수가 없다. 그래서 상대방으로 하여금 거부감이나 압박감을 느끼게 하기 때문에 이 타입의 사람을 싫어하는 사람이 많다. 그러나 언제나 냉정하며 결코 감정적이 되는 일이 없다. 객관적인 성격이기 때문에 설사 자기와 대립된 의견이라 할지라도 끝까지 진지한 태도로 경청한다.

평소 뜻이 맞지 않아 불편한 관계에 있는 상대방의 의견이라 하더라도 감정을 개입시키지 않고 들을 수 있는 것이 이 타입인 것이다. 그러므로 아무리 말하기 거북한 일이라도 솔직한 마음으로 말하는 것이 중요하다.

곧바로 감정을 폭발시키는 사람, 사람의 안색을 요리조리 살피면서 권위에 아첨하는 사람, 쓸데없는 일을 속이거나 타협하려 하는 사람은 절대로 이런 타입에게 신용을 얻지 못한다.

이 타입은 특히 직위나 직책에 구애받으려 하지 않기 때문에 상사의 의견이나 부하의 의견을 차별없이 동일 선상에 올려 놓고 판단한다.

「아무개 교수가 말한 것이기 때문에 틀림없습니다」, 「상대방은 XX그룹입니다. 대기업체이기 때문에 절대로 안전합니다」라는 식으로 유명인의 이름이나 권위를 앞세울 뿐, 정작 확고한 자신의 의견을 가지지 못한 사람을 경멸한다.

주의해야 할 것은 심성질은 어떤 권위에도 굴하는 일이 없고 따라서 절대로 타협하지 않는 경향이 있다는 점이다. 돈 때문에 지조를 굽히는 일이 없으므로 상사와 의견이 대립되었을 경우 타협의 여지가 없다고 판단되면 아무리 높은 급료나 지위도 미련없이 떨쳐 버리고 떠나는 경우가 있으므로 설득시 참조 바란다.

③ 업무상 실수에 대한 사과 방법

같은 실수를 두 번 다시 거듭하지 않도록 각별히 주의하지 않으면 안 된다. 심성질의 사람은 무슨 일을 하게 되면 빈틈없이 착실하게 하는 성격의 소유자이다. 때문에 그 자신은 같은 실수를 두 번 거듭하는 일이 결코 없다. 따라서 타인의 실수도 한 번은 쾌히 용서하지만 두 번째는 절대로 용서하지 않는다.

구차하게 자신의 실수를 변명하려 들거나 책임을 전가하려 해서는 절대로 안 된다. 실패할 수밖에 없었던 사정 등을 간략하고 솔직하게 말하며 사과해야 한다.

④ 상담에서 거부당했을 때 대처 방법

업무와 사생활을 엄격히 구분하는 심성질은 이 같은 경우 가장 처리하기 쉬운 상대이다. 아무리 말하기 어려운 것이라 하더라도 업무상의 일이라면 어떤 사적인 감정이나 원한을 품는 일이 없기 때문이다. 그러므로 장황하게 사과의 말을 하기보다는 있는 그대로 솔직하게 말하는 편이 좋다.

이쪽의 잘못된 처사로 말미암아 상대방에게 피해를 입혔거나 몇 번씩이나 회사로 찾아 오게 했을 경우에는 성심성의껏 사과를 해야 한다. 심성질의 사람은 아무리 유망한 고객이라 생각되어도 한번 나쁜 감정을 품으면 절대로 상대하려 들지 않는다.

우회적인 표현을 쓰거나 행간에서 의미를 파악하도록 말을 밖으로 빙빙 돌리는 것을 심성질은 제일 싫어하므로 조심하지 않으면 안 된다.

이 타입은 특히 약속을 지키지 않는 사람은 아주 싫어한다. 그러므로 부득이한 사정으로 약속을 지킬 수 없는 것은 어쩔 수 없는 일이지만 만나기로 약속한 시간에서 5분 정도 늦어진다든가 결정적인 응답을 하는 것이 반나절 정도 늦어질 경우에는 사전에 그 요지를 전화로 알리는 등 최대한의 성실성을 보이는 것이 중요하다.

⑤ 접객 세일즈 방법

심성질 유형은 이론을 좋아하므로 순서를 세워 차분하게 상대방이 생각할 시간을 주어 가면서, 이쪽에서 하는 말이 상대방의 귀에 잘 들어갈 수 있도록 대화를 이끌어 가는 것이 좋다. 만약 너무 서두르면 상대방의 완고한 성격을 건드려 일이 이루어지지 않는다.

상냥한 편이지만 한번 화가 나면 오래도록 풀리지 않으며, 한 번 미워하면 끝까지 미워하는 경향이 있기 때문에 조심스런 처세가 필요하다.

심성질은 상품을 설명할 때도 오로지 내용의 충실함과 성능의 우수성에 포인트를 맞춰야 한다. 이런 타입의 사람에게 상품의 일반적인 평판이 좋다든가, 유명인인 아무개도 샀다든가, 유명한 탤런트 누가 그 광고에 나왔다는 등의 말을 늘어놓아서는 안 된다. 내용을 제쳐놓고 이미지를 팔려고 하면 심성질의 사람은 절대로 신용하지 않는다.

심성질은 낯가림이 심한 경우가 많다. 처음 만나는 사람에게 마음의 문을 여는 일이 결코 없다. 본래 신중한 성격이기 때문에 상담에 임하게 되면 더욱 꼼꼼하고 신중해진다. 그러므로 먼저 상대방으로 하여금 이쪽의 성품이나 인간됨을 신용할 수 있도록 성실한 태도를 보이지 않으면 안 된다.

상품에 결점이나 단점이 있을 경우 심성질의 사람에게는 그것을 숨기려 하지 말고 있는 그대로 솔직하게 설명하는 것이 좋다. 그것이 오히려 상대방으로 하여금 믿는 마음을 갖게 할 수 있는 경우가 많기 때문이다.

말을 잘 하는 사람보다는 입이 무겁고, 표현은 서툴어도 순수하고 성실한 세일즈맨을 믿는 것이 심성질이다.

한두 번 상담이 성사되지 않았다 하더라도 일단 심성질의 사람에게 신용을 얻었을 경우 유대 관계를 계속 유지하는 것이 좋다. 왜냐하면 심성질의 사람은 좀체로 마음의 문을 열지 않는 대신 일단 상대방을 신용하고 마음의 문을 열면 일생 동안 그 관계를 지속하기 때문이다. 만약 당신이 심성질의 사람에게 신용을 얻었다면 그는 당신의 명함을 소중히 보관했다가 필요한 상품이 있을 때, 곧바로 전화 연락을 취할 뿐만 아니라 아는 사람들에게까지도 널리 소개할 것이다.

⑥ 유통업에서의 응대 방법

검소한 성격으로 소극적이며 예산 이상의 상품은 권하여도 좀처럼 사지 않고 예산의 범위 내에서 상품을 선택한다.

연구심이 강해서 품질과 값의 비교 등을 잘 설명하면 효과가 있다.

결단력이 부족하므로 그 사람이 좋아하는 것을 빨리 찾아서 "이것이 좋습니다"라고 결정하여 권하는 것이 좋다.

정치가로는 조지 부시 전 미국 대통령 유진산, 이기붕, 인도의 간디가 있으며, 사상가로는 신채호, 조만식, 칸트, 니체, 문학가로는 김영랑, 셰익스피어, 하이네, 군인으로는 김좌진, 김홍일, 넬슨 팻튼, 예술가로는 조용필, 김희갑, 몽고메리 크리프트 , 엘리자베스 테일러 등을 들 수 있다.

부룩실즈

김좌진 장군

할리우드의 섹스 심벌
마리린 먼로

알랑드롱

엘리자베스 테일러

'77 미스코리아 진
김성희

4. 영양질

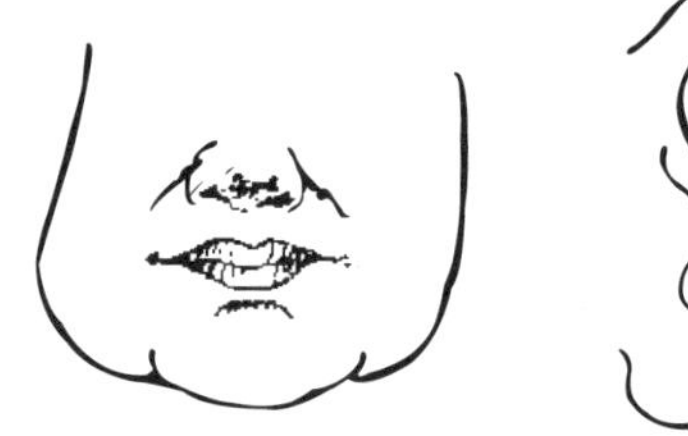

(1) 영양질 유형의 외형적 특징

- 영양질인 사람은 전신에 살이 붙어 있고 뚱뚱하다. 심성질과는 정반대의 체격이다. 근골질은 살이 딱딱하지만 영양질은 매우 부드럽다. 가슴과 어깨보다 몸통 둘레 부분에 살이 많고 배가 앞으로 나와 있으며 비교적 허리가 굵고 동글동글하다. 이런 타입은 많이 먹지 않아도 살이 찌는 경향이 있다.

- 얼굴의 형, 눈, 턱, 귀가 둥근 편이 많고, 항상 소탈하고 따뜻하며 쾌활한 인상을 준다.

- 눈꺼풀에 살이 많고 코와 입술도 두툼하며 턱은 이중턱처럼 살이 많다.

- 손에 살이 많은 편이어서 거북 등처럼 두툼하며 손가락마다 살이 많아 토실토실하다.

- 머리카락은 숱이 많고 진한 편이지만 부드럽다. 눈썹도 진하고 부드러우며 귀는 둥근 형이고 귓불은 큰 편이다.

- 음성은 부드러우며 말씨는 느린 편이며, 말꼬리가 명료하지 않다.

그러나 목소리에 힘과 부드러움이 있다. 걸음걸이는 느리지만 보폭은 보통이고, 대개 배를 앞으로 내밀고 걷는다. 인상 태도는 대개의 경우 대범하며, 어떤 면에서는 불친절하게도 보인다.

- 영양질의 사람은 향락을 좋아하기 때문에 폭음·폭식에 주의할 필요가 있다. 대체로 소화기 계통은 튼튼하지만 혈관이나 심장병에 조심해야 한다. 일시적으로는 큰 힘을 내지만 빨리 스테미너가 꺼지는 체질이라고 할 수 있다.

- 영양질은 인상이 어딘가 모르게 유연하고 여유 있는 인상을 풍기므로 이런 사람과 대화를 하고 있으면 유쾌해지며, 따뜻하고 부드러운 느낌을 받을 수 있다. 반면에 어떤 것이 본심인지 핵심을 알기 어려울 때가 있다.

- 글씨는 크고 둥글게 쓰므로 글씨체를 보면 영양질인지 알 수 있다. 그러나 글씨체나 글자의 배열 방법은 좋지 않다.

- 일하는 태도는 한 곳에 집착하여 오랫동안 일하기 어렵고, 마음이 어수선해 침착하게 일을 마무리짓지 못한다. 또한 자기의 사교술이나 처세술로 순간순간 요령을 부리는 잔재주에 능하다.

- 사물을 넓게 보고 포용력은 있어 총명하게 보이지만 결과에 대한 예측이 부정확하고 경솔하다.

- 강한 의지나 주관이 없으며 일에 매듭이 없고 장부나 돈 계산 정리를 잘하지 못한다.

- 대인 관계는 친절하고 사교적이어서 어느 누구하고도 쉽게 친해져 친구를 많이 사귈 수 있다. 일반적으로 팔방미인이란 말을 들

으며 애교가 있어 타인으로부터 호감을 얻는다.

- 주의할 것은 상대방을 기쁘게 하기 위하여 무리하게 자기의 비밀이나 타인의 비밀을 털어놓기도 하고 가정이나 회사의 비밀을 털어놓을 염려가 있으므로 항상 감정에 치우치지 않도록 경계해야 한다.

- 다른 사람의 의견에 대해 거슬리는 언행을 피하면서 존중해 주기 때문에 상대를 자기 편으로 만드는 천부적인 성격을 지니고 있다. 그러나 자신과 관계없는 일에도 참견하는 경향이 있어 다소 실없다는 소리를 듣는다.

(2) 영양질 유형의 운명 개선 방법

1) 여성인 경우 메이크업을 통한 인상 개선 방법

① 특징

전체적으로 얼굴 윤곽이 둥글며 이마는 폭이 좁고 낮다. 특히 헤어라인 옆부분이 둥글며 눈, 코, 입 등도 공같이 둥글고 일반적으로 목이 짧은 경우가 많다.

② 기본 이미지

볼이 통통하고 얼굴선이 부드러운 얼굴은 귀엽고 앳된 이미지를 풍긴다. 메이크업을 너무 두껍게 하거나 라인 수정을 억지로 하면 부자연스러워진다.

피부를 뽀얗고 붉은기 없이 정리한 후 분홍색 등의 파스텔 톤으로 자연스러운 색조 화장을 한다.

둥근 느낌을 강조하다 보면 얼굴이 뚱뚱하고 부어 보이므로 머리는 세로의 길이를 강조한다. 머리 위 높이를 강조하거나 장식을 해 시선을 위로 끌어 준다. 어울리는 헤어스타일은 약간 웨이브가 있고 비대칭인 것, 얼굴 양쪽을 가린 것이다.

피해야 할 헤어스타일은 너무 짧거나 긴 것이며, 양쪽 옆머리를 부풀리는 것 등이다.

③ 부분적인 포인트

• 눈썹 : 활 모양에 가깝도록 둥그스름하게 형태를 잡는다. 색깔은 회밤색이 좋다. 눈썹 색이 진하거나 가늘면 이미지가 강해져 전체 메이크업과 어울리지 않는다.

• 눈 : 눈두덩에 인디언 핑크를 좁게 펴 바른다. 눈꼬리와 아랫시울에 짙은 핑크펄로 포인트를 준다. 밝은 핑크로 눈썹뼈를 중심으로 하이라이트를 준다.

• 입술 : 먼저 회밤색 펜슬로 입술 윤곽을 도톰하게 그리고 립스틱을 바른다. 입술산에 포인트를 주어 약간 높게 그리면서 둥글린다.

• 피부 표현 : 초록색 메이크업 베이스로 피부의 붉은 기를 커버하고, 리퀴드 파운데이션과 백색 파우더를 바른다. 블러셔는 광대뼈를 중심으로 인디언 핑크로 둥글게 바른다.

④ 전체적인 포인트

• 피부는 희고 곱게 표현한다. 코가 길어 보이도록 하이라이트를 주며 얼굴 이외에도 섀도를 어둡게 넣어 얼굴 전체가 갸름해 보이도록 한다.

• 따뜻하고 옅은 색으로 눈두덩이에 발라 주며 진한 색으로 쌍꺼풀

부위를 덧칠해 준다. 아이라인은 짙은 브라운, 검정 팬슬로 아래위를 모두 확실히 그려 준 뒤 마스카라를 진하게 발라 준다. 눈썹은 짙은 회색이나 밤색으로 눈썹선에 커브를 그려 준다.

- 연한 핑크색을 이용하여 귀엽고 사랑스러운 이미지를 살리도록 하며 작게 그리는 것이 테크닉이다. 귀 윗부분에서 구각보다 약간 위쪽을 향하여 제로로 길게 발라준다 둥근 느낌을 강조하지 말고 세로의 길이를 강조하는 느낌으로 메이크업한다.

⑤ 세련된 이미지로 변신

둥근 얼굴은 귀엽고 어려 보이지만 때론 세련미가 없고 부어 보이는 느낌을 줄 수도 있다. 눈썹 모양과 메이크업 색상을 약간만 바꾸면 둥근형의 귀여운 이미지도 살리고 세련된 느낌도 함께 얻을 수 있다.

먼저 눈썹을 각이 지게 그리고 눈썹산의 위치가 눈썹 중앙에 오도록 한다. 짙은 색조로 얼굴의 퍼진 듯한 느낌을 축소시킨다.

- 회색을 눈꼬리에 펴 바른다. 검은색으로 포인트를 주고 흰색은 눈머리에 바른다.
- 짙은 빨간색 펄로 입술선에 볼륨감을 주어 도톰하게 그린다.
- 블러셔는 광대뼈를 중심으로 귀에서 입꼬리를 향해 갈색으로 좁게 터치한다.

2) 안경과 같은 액세서리 착용을 통한 인상 개선 방법

① 모자

얼굴 유형	모자 형태	특징
둥근 얼굴		둥근 얼굴 챙이 위로 말려 올라가거나 아래로 내려오지 않고 일자로 평평한 모자가 좋다. 얼굴이 수평으로 나뉘므로 작아 보이고 둥근 느낌도 완화된다.

② 안경

- 작고 둥근 얼굴은 갸름하게 보이도록 완만한 각이 있는 사각테나 깔끔한 무테가 좋다. 안경다리가 관자놀이를 높이 지나거나 안경테 윗부분이 눈썹선과 직선으로 되어 있는 디자인이 얼굴을 길어 보이게 한다.

- 둥근테 안경을 끼면 얼굴이 더 동그랗게 보이는 게 기본 원칙. 게다가 얼굴에 비해 렌즈가 큰 편이라 안경이 얼굴을 많이 가리게 된다.

- 둥근 얼굴에 사각형 안경은 적당히 잘 어울리는 편. 하지만 렌즈가 너무 커서 작은 얼굴에 무거운 느낌이 들고 투박해 보인다. 작은 크기의 사각 렌즈가 잘 어울릴 듯하다.

- 안경 윗부분이 눈썹선과 직선으로 놓이는 재키 스타일이 얼굴을 길어 보이게 한다. 렌즈가 너무 큰 복고풍 스타일은 피하도록 하는 것이 좋다.

- 무테 선글라스를 쓰려면 옆으로 긴 타원형이나 사각형을 선택하는 것이 렌즈의 크기도 적당하고 깔끔해 보여서 좋다.

- 옆으로 긴 사각 안경은 얼굴을 짧아 보이게 한다. 하지만 인상이 너무 강하고 나이 들어 보일 수 있으므로 완만하게 각이진 사각테나 렌즈가 작은 것을 선택하도록 하는 것이 좋다.

- 재키 스타일은 여성스럽고 지적인 느낌을 주기도 하지만 얼굴에 비해 약간 커 보인다. 진하고 어두운 컬러는 잘 어울리지 않는 편이다.

- 기본적인 타원형 안경은 코 브릿지가 길어서 얼굴이 길어 보이는 것을 커버해 준다. 밝고 깔끔한 스타일이 얼굴을 작아 보이게 해 준다.

146

③ 머리형과 헤어스타일

구분	화려한 이미지	수수한 이미지
특징	둔한 느낌을 주의. 웨이브보다는 스트레이트를, 샤프한 선을 살리는 스타일을 선택한다.	스트레이트+가벼운 웨이브. 둔한 얼굴도 커버하고 수수한 느낌을 UP시키는 데 가장 좋다.
긴머리	청순한 이미지의 롱 스트레이트 전형적인 스트레이트 롱스타일이 가장 잘 어울린다. 얼굴을 길게 보이게 하는 데는 이마를 드러내는 것이 기본이다.	청순미 강조한 원렝스 스트레이트 앞머리까지 일자로 떨어지는 스트레이트가 가장 적합한 스타일. 웨이브를 주면 귀여운 이미지의 연출이 가능하다.
중간머리	깜찍하고 발랄한 그라데이션 단발 턱선 길이의 스트레이트가 얼굴을 슬림하게 만들므로 이상적인 스타일. 어깨선 길이의 머리에 웨이브를 주고 싶다면 끝부분에만 살짝 웨이브를 준다.	언밸런스 스타일의 웨이브 단발 일자 단발 스트레이트는 슬림하게 보이는 효과가 있으나 이 경우 초라한 느낌이 강하므로 가벼운 웨이브를 주어 귀여운 분위기로 표현한다.
짧은머리	부드러운 느낌의 웨이브 쇼트 앞머리나 커트의 끝선에 샤프한 라인을 넣는 것이 포인트. 윗머리는 길지만 뒷머리는 짧은 커트로 적당하게 긴장감을 주는 것이 좋다.	심플한 느낌의 롤 스트레이트 쇼트 전체적으로 층이 없는 보브 단발에 가까운 커트가 얼굴을 길어 보이게 한다. 앞머리로 이마에 선을 만들면 슬림한 효과가 상승 된다.

구분	수술전	수술후
콧방울이 퍼진 경우	콧방울이 넓게 퍼져 있으면 미련해 보인다	안쪽 콧구멍 속 피부를 잘라 내서 폭을 줄여야 한다
콧구멍이 큰 경우	콧방울이 퍼진 데다 콧구멍까지 크다	넓은 콧방울을 적당량 잘라 낸 뒤 꿰매면 퍼진 부분도 줄어들고 콧구멍도 좁아진다

4) 평상시 사고와 표정 관리 개선을 통한 방법

'집념'을 가지면 반드시 대성하지만 성격적으로 집념을 불태울 만한 끈기가 없다. 큰 목표를 세운 뒤 집념을 가지고 대응하면 대성할 수 있는 타입이므로 그 점을 깊이 자각하고 끈기를 키워야 한다.

영양질은 인내력이 모자라는 단점이 있어 목적을 달성하려면 다소 난관이 있다는 사실을 항상 염두에 두고 도중에 어떤 일이 일어나도 물러나지 않겠다는 의지로 처음의 목표를 관철하지 않으면 안 된다. 만약 중간에 일을 포기한다면 지금까지의 노력은 헛수고가 되고, 인생을 낭비하는 결과가 될 것이다.

사교성이 풍부하여 주변 친구들이 많아 친구의 의견에 쉽게 동조하기 때문에 그때마다 신념이 흔들리고 시간이나 금전을 낭비하는 일이 발생하게 되므로 주위 의견을 심사숙고한 후에 받아들이는 습관을 길러야 한다.

어떤 하나의 일을 완성한다든가, 어떤 일정한 금액을 저금한다든가 하는등 우선 어떤 일정한 목표를 확고히 세워서 일을 진행해야 하고, 그 목표는 쉬운 곳에서부터 점차 진행해야 한다.

일이나 가정에 있어서 질서와 순서를 가지고 모든 것을 처리해야 하고 특히 사업을 할 때에는 먼저 조직을 만들고 나서 추진해야 한다.

영양질은 부하 한 사람을 부리는 일에는 능숙해도 조직을 만들어 운영하는 데에는 전혀 기술이 없기 때문에 반드시 조직과 체계를 세워 사업을 하지 않으면 실패한다. 또한 수입과 지출의 기록을 명확히 하고 사업과 가정을 구별하여 금전 출납을 해야 한다.

사업을 할 때에는 우정에 이끌려 가볍게 자기 사업에 친구를 끌어들이지 말고 친척이라든가 동료들의 정에 끌려 사업을 하는 것은 극히 위험하므로 사업과 친구를 명확히 구분해야 한다.

이 유형은 감상적이면서 귀가 엷기 때문에 보증을 서서 자신의 전재산을 잃고 파멸의 길을 걷는 실례를 많이 보게 된다.

영양질 유형은 남녀 상호에 대하여 유혹을 받기 쉬우며, 또 타인을 동정하여 연민의 정에 빠지기 쉬워 그로 인해 생활의 리듬이 깨져 실패하게 된다.

남자가 여자에게 빠지는 경우는 때에 따라서 자기의 재산이나 몸까지도 상대에게 던져 자기를 파멸에 빠지게 하기 때문에 몹시 위험하다.

부부간이라도 서로 다른 뱃속에서 태어났기 때문에 아무리 사이가 좋다고 해도 예의를 지키고 존경심을 가져야 행복한 가정을 이룰 수 있다. 또한 성생활을 신성시하여 절도를 지키도록 해야 한다.

부인에게 온 편지를 뜯어본다든지 남편에게 온 전화를 엿듣는 일은 절대 삼가라. 이 유형의 여성 중에는 남편의 비밀이나 사교의 비밀 이야기를 친구에게 해 버려 남편의 사회적 지위를 몰락시키는 즉, 입으로 망하는 여성들이 많다. 남편의 사업을 이해하는 정도까지는 좋지만 그 이상의 것을 알려고는 하지 않는 것이 좋다.

물건을 매입할 때에도 가격에 무신경하기 때문에 항상 가격을 가계부에 기입하여 매월 지불장을 보며 자기의 생활 태도에 대해 점검하고 반성해야 한다.

(3) 영양질 유형에 대한 세일즈 전략

① 성격의 특징

- 장점

  - 영양질 타입의 사람은 세일즈나 접객업이 적격이다. 단순한 사무에는 싫증을 내는 경향이 있다. 차분히 사전에 조사하고 기획, 입안하는 것보다는 순간적으로 떠오르는 발상을 구체화하는 데 뛰어나다.

  - 항상 주위 사람과 사이가 좋고 교제가 넓고 명랑하지만 약간 경솔한 데도 있다. 친구나 주위 사람과 하루라도 이야기 하지 않으면 견디지 못한다. 그리고 관습에 민감하게 구애 받지 않기 때문에 형식보다 내용을 중요시하며 실리적이고 실질적인 생활을 위해 항상 노력한다.

  - 자신도 타인을 사랑하지만 타인으로부터 사랑받기를 원한다. 대개 이 형은 사교에 능하고 정을 중요시 한다.

  - 사회 생활에 있어서 온순 친절하며 다른 사람과 싸우는 것을 원하지 않고, 무슨 일이라도 무리를 하지 않아 둥글게 산다. 사교적이며 온순하고 친절하여 정이 많으며, 유머 감각이 있는 낙천적인 성격이다.

  - 융통성이 많기 때문에 자신의 입장이나 직업을 변화에 따라 적응시켜가며, 외부로부터 자극이 올 때의 반응은 차분하고 부드럽다.

  - 사물을 지레 짐작하기나 제멋대로 판단하는 버릇도 있지만 포용

력이 뛰어나므로 우수한 사람의 보좌를 받는다면 대성할 소질은 충분히 있다.

- 주위와 벽을 만들지 않고 자신의 마음을 털어놓기도 해서, 사회인으로서 훌륭한 인간미를 지니고 있다.

- 어떤 경우라도 자신의 생활을 잊지 않고 현실적인 생각을 가지고 있기 때문에 공상적, 이상적인 것보다는 의식주를 더욱 중요시 여긴다.

- 싹싹하기 때문에 싫어하는 사람이 없고, 성실하게 노력하면 서서히 출세할 수 있는 타입이다. 천성적으로 남을 잘 보살펴 주고 동정심이 많기 때문에 자신도 모르는 사이 사회 생활에서 신용을 쌓게 되고 뜻하지 않은 때와 장소, 사람으로부터 도움을 받는 경우가 있으며 중년과 만년운이 좋다.

• 단점

- 정에 따라 움직이기가 쉬워 일에 실패가 많고, 때로는 사람을 깊이 신뢰한 나머지 빚보증과 무담보로 돈을 빌려주는 등 손해 보는 일이 많고 불리한 계약을 맺어버리는 경우도 있다. 또 이성문제, 술 때문에 여러 가지 고민이 생기므로 항상 주의해야 한다.

- 불타오르기 쉽고 식기도 쉬우며 기분에 따라 움직이므로 변덕이 심한 성질이다. 따라서 약속한 일을 쉽게 변경하고, 자주 심경의 변화를 일으켜 얼굴색이 변한다.

- 일의 질서나 이상이 결여되어 무슨 일이든 성격대로 처리하는 경향이 있고, 조직력과 계획력이 부족하여 일처리가 미숙하다.

- 임기응변은 뛰어나고 처세술은 좋으나 주체성이 없어 상대의 힘에 따라 움직이므로 대인 관계 시 유의하여야 한다.
- 세상을 넓게 보는 안목은 있으나 세밀한 분석이나 개인과의 약속 등을 야무지게 처리하지 않으므로 말뿐이라는 평을 듣는다.
- 재물을 많이 가진 사람은 일을 되는 대로 하여 금방 열심히 일을 하다가도 곧 권태에 쉽게 빠지므로 지구력이 부족하고, 일이 잘 안되면 즉시 전업하므로 실패가 많다.
- 사교성이 좋으므로 무슨 일을 해도 처음에는 잘되기 때문에 자칫하면 방심하기 쉽고 조금만 노력해도 다소의 지위나 재산이 생기므로 그것에 만족하여 더 이상 발전을 못하는 사람이 많다.
- 남을 동정하고 협조심이 몸에 배어 있어 타인과의 트러블을 가급적 피하려 하기 때문에 적이 많지 않은 반면 남을 의심치 않고 보증을 서 주거나 남에게서 무슨 부탁을 받으면 '싫다'는 말을 하지 못해 큰 손해를 입는 경우가 많다.
- 사물에 열중하기 쉽고 냉정해지기 쉬운 타입이다. 어제 한 말과 오늘 하는 말이 다르거나 매일 같이 기분이 달라지기도 한다.
- 싫증을 내기 쉬운 성격 때문에 직업을 자주 바꾸는 탓으로 성공하지 못한 채 인생을 마치는 경우가 자주 있다. 혹은 무슨 일이든지 잘 해내 잠정적인 안정을 얻기 쉽기 때문에 작은 성공에 만족하고 그 이상의 노력을 하지 않아 성공하지 못하고 끝내버리는 경우도 있다.
- 조심해야 할 것은 정에 빠져서 공사의 분간도 못하고 근무처에

폐를 끼치거나 남녀 관계로 트러블을 야기시키는 일이다. 그와 같은 일로 일생을 그르칠 가능성이 높다.

② 상대방과의 의견 대립시 설득 방법

영양질인 사람 중에는 수리 계통에 약한 사람이 많다. 주관적인 성격인데다가 논리성이 부족하기 때문이다. 조리 있고 냉정하게 객관적으로 생각하는 일에 서툴 뿐만 아니라 귀찮아한다. 그런 경우에는 아무리 일이 바쁘고 마음이 조급하다 해도 꾹 참고 다음 기회를 기다려야 한다. 상대방이 기분이 좋을 만한 때나 감정이 안정되어 있는 기회를 포착해서 아무렇지도 않은 것처럼 자연스럽게 이야기를 꺼내는 것이 좋다.

영양질의 특징으로는 타인의 의견을 비교적 간단히 받아들여 주긴 하지만 또 묘하게 마음이 변해 버리는 기분의 변화가 심하므로 중요한 사항일 경우 마음이 변하기 전에 곧바로 실행에 옮기도록 해야 한다.

대화할 수 있는 분위기만 조성되면 상대방의 의견을 진지하게 경청하려 들기도 하고 또 자신이 잘못되었다고 생각되면 솔직히 그것을 인정하고 수긍할 줄도 안다.

③ 업무상 실수에 대한 사과 방법

본래 영양질의 사람은 그 자신이 성급하고 치밀성이 없어 실패하는 일이 많기 때문에 다른 사람이 실패했을 경우에도 일단 진심으로 사과하면 쉽게 용서를 하고, 동정도 아끼지 않는다.

본인 스스로가 성격이 차분하지 못하고 한 가지 일에 열중할 수 없어 몇 번이나 같은 일에 실패를 거듭한 경험이 있기 때문에 타인의 실패도 몇 번씩 용서할 수 있다.

그러나 이런 선량한 사람의 마음을 악용해서는 안된다. 몇 번씩이나 용서해 주기 때문에 이번에도 용서해 주리라 생각하고 조심성 없이 아무렇게나 일을 처리해서 실패를 거듭하면 성실성이 없고 신뢰성이 없는 사람으로 치부, 단호하게 외면할 수도 있는 사람들이 바로 영양질이다.

영양질의 사람은 이치보다 감정, 의리보다 인정이 앞선다. 어느 경우에 있어서나 강자를 누르고 약자를 도우려 한다. 돈 많은 사람보다는 가난한 사람이 선하고 옳으며 가난하게 사는 까닭도 순수하고 착하기 때문이라고 생각하는 경향이 있다. 곤경에 처한 사람을 보면 가만히 있지를 못한다. 사정이나 이유야 어떻든 먼저 동정부터 하려고 든다.

이 같은 상대에게 사과할 일이 생기면 구차한 설명이나 변명이 필요 없이 오로지 유감의 뜻을 표하여야 한다.

④ 상담에서 거부당했을 때 대처 방법

영양질의 사람은 정에 약하고 성의를 소중히 여긴다. 그러므로 별로 실권도 없는 사람이 굽실거리며 사과하는 것 보다 어느 정도 책임 있는 지위에 있는 사람이 나서서 깊이 머리를 숙이며 사과하면 그 정중한 태도에 오히려 송구스러움까지 느낀다.

영양질 유형의 사람을 대할 때는 이처럼 사소한 일 때문에 상대방의 감정을 상하게 하고, 그로 인해 중요한 거래처마저 잃고 막대한 손해를 볼 수도 있으므로 이런 점에 대해 깊이 유의해 둘 필요가 있다.

업무상의 과실을 사과할 때와 같이 번거롭게 경위를 장황하게 설명할 필요는 없다. 성심성의껏 유감의 뜻을 강조하는 것이 중요하다.

⑤ 접객 세일즈 방법

영양질 유형은 마음속으로 상대의 의견에 찬성하더라도 감정이 움직이지 않으면 쉽게 승낙하거나 찬성하지 않는다. 따라서 곤란한 교섭일 경우에는 상대방을 적으로 생각하지 말고 상대의 입장이 되어 동정이나 융화로써 서서히 측면 공격을 해야 한다.

이야기가 애매하고 줄거리가 일관되지 않는 느낌을 주는 경우가 있더라도 우선 성의와 우정을 갖고 대해야 한다. 그를 설득하려면 먼저 그의 성실한 친구라는 느낌을 마음속에 심어주는 것이 필요하다.

영양질을 동조성 성격이라고 일컫는 것처럼 이 유형은 주위의 분위기에 편승하기가 쉽다. 체질적으로 사귐성이 좋아 타인이 기뻐하면 나도 기뻐지고 타인이 슬퍼하면 나도 기분이 침울해진다.

이 같은 성격의 소유자에게 세일즈를 할 경우에는 성능의 우수함이나 디자인의 기발함을 설명하기에 앞서 인기 있는 상품이라는 것을 강조하면서 「아무개도 이 상품을 구했다」라는 식으로 아는 사람의 이름을 들먹인다면 열이면 아홉은 반드시 그 상품을 구입한다.

특히 자제심이 없는 어린 시절에는 친구들이 신기한 것을 가지고 있으면 자기도 탐이 나서 그것을 사 달라고 조르다가도 정작 사주면 몇 번 가지고 놀다가 싫증을 내며 쳐다보지도 않는 일이 많다. 또 주변에서 무엇을 사면 뭔가 자기에게도 필요한 것이라 생각되어 똑같은 것을 사놓고는 뒤늦게 후회하는 일도 적지 않다.

단 영양질의 사람은 마음이 변하기 쉬우므로 계약을 한 뒤에도 해약의 가능성이 높기 때문에 이 점에 유의해서 신속하게 처리해야 한다.

⑥ 유통업에서의 응대 방법

돈을 헤프게 쓰는 타입이며, 기분 좋게 응대하면 판매원이 놀랄 정도로 많은 매출고를 올려 주는 타입이다. 상품 설명보다 기분 좋은 화제를 더 좋아하는 타입으로 쇼핑하는 점포를 미리 결정하여 두는 일이 많다.

✱ 영양질의 유명인들 ✱

정치가로는 신익희, 김대중, 트루만, 헨리 8세, 로이드 죠지 등이 있으며, 실업가로는 김용완, 김우중, 홍콩의 억만장자 리카싱 등이 있고, 학자로서는 멘델, 다윈 등이 있다. 미술가로는 허백련, 김기창, 허건 등이 있으며, 배우로는 신영균, 김진규, 최불암, 황정순, 문정숙, 강부자, 크라크 게이블, 오손 웰즈, 장가방 소피아 로렌 등이 있고, 가수로는 현인, 최희준, 현미, 김추자 등을 들 수 있다.

김대중 전 대통령

중국의 최고 실력자
등소평

영화배우 소피아 로렌

탤런트 강부자

홍콩의 억만장자 리카싱

서독의 콜 수상

02 측면에서 본 얼굴 기본형별 마케팅 전략

인상은 얼굴의 정면 외에도 여러 방면의 각도에서 보아야 한다. 정면에서 본 얼굴형에 측면에서 본 얼굴형을 덧붙여서 더욱 정확한 판단의 기준으로 삼는다.

〈양성형〉　　　　〈직선형〉　　　　〈음성형〉

1. 양성형

얼굴의 코 부분이 튀어나온 얼굴이 양성형이다. 보기에도 명랑하고 상쾌한 인상을 준다. 이 얼굴을 앞으로 눕혀서 물을 부으면 금방 흘러내려 고여 있는 곳이 없다.

상정(이마)은 마이너스임으로 너무 깊게 사물을 생각하려 하지 않고, 코는 플러스이지만 입은 마이너스가 된다. 실행력은 있으나 쉽게 달아오르는 것이 쉽게 식듯이 마무리를 깨끗이 매듭짓지 못한다.

괴롭거나 슬픈 일 등은 쉽게 잊어버리며 명랑하고 단순하며 정직한 성격을 지니고 있어서 무슨 일이든 금방 반응을 나타내지만 오래 끌지 않고 흐지부지하기 쉽다. 그래서 무슨 일이 있으면 금방 얼굴에 나타나고 금방 식는다.

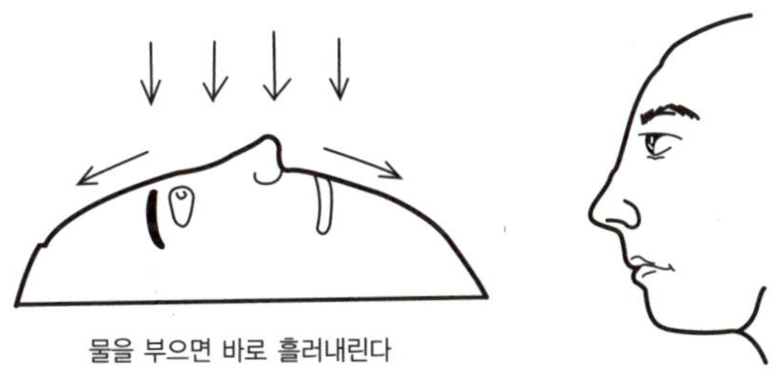

2. 직선형

얼굴이 평평하여 플러스 마이너스가 평균해 있다. 그래서 성격도 모가 나지 않고 기울지 않는 정상적이고 상식적인 형이다.

앞으로 눕혀서 물을 부으면 물이 일부는 흘러내리고 일부는 코의 상하에 약간 고일 정도이다.

사물에 대해 분별력이 있고 알찬 사고 능력을 가지고 있다.

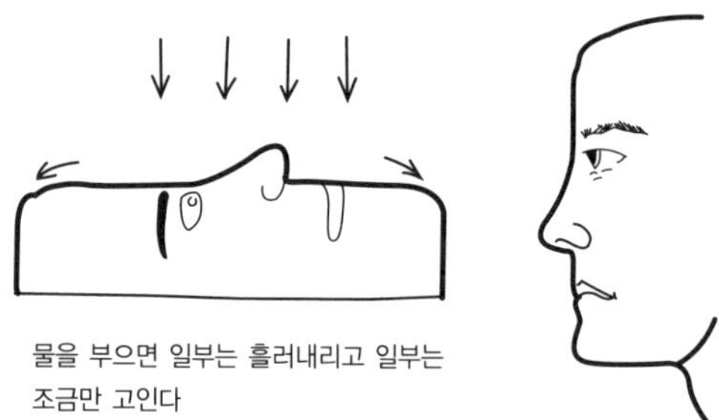

물을 부으면 일부는 흘러내리고 일부는
조금만 고인다

3. 음성형

- 이마와 턱이 앞으로 튀어나오고 중앙부가 움푹 들어간 초생달 모양의 형태이다.
- 앞으로 눕혀서 물을 부으면 중앙부에 물이 고인다. 성격도 음울하고 내향적이고 소극적이다.
- 머리는 좋고 이론적인 면이 가끔 나타나지만 입은 무거운 편이다.
- 주위의 사람에게 아무런 이야기도 없이 갑자기 놀라게 하는 돌출 행동을 하기도 한다.
- 자기에게 있어서 도움을 준 것과 모욕이나 배신당한 것은 끈질기게 가슴에 묻어두는 형이다.

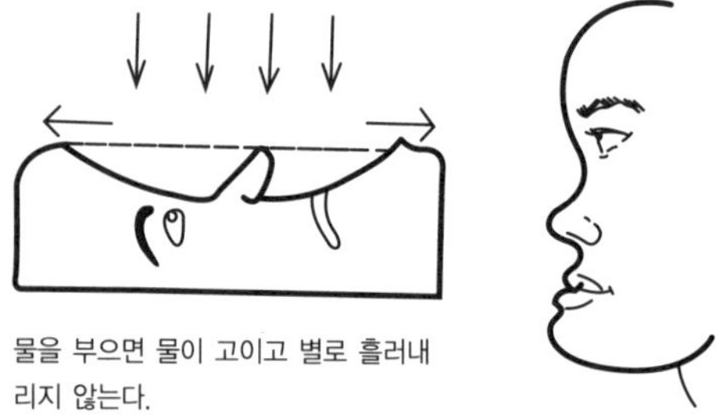

물을 부으면 물이 고이고 별로 흘러내
리지 않는다.

얼굴 부위의
인상별 마케팅 전략

1. 삼정이란

사람의 얼굴은 눈썹과 코끝 부근을 경계로 하여 대개 셋으로 구분할 수가 있는데 이것을 삼정론이라 한다. 초년운(상정), 중년운(중정), 만운(하정)을 보는 한편 그 사람의 대인 관계 등을 판단한다.

(1) 삼정의 구분

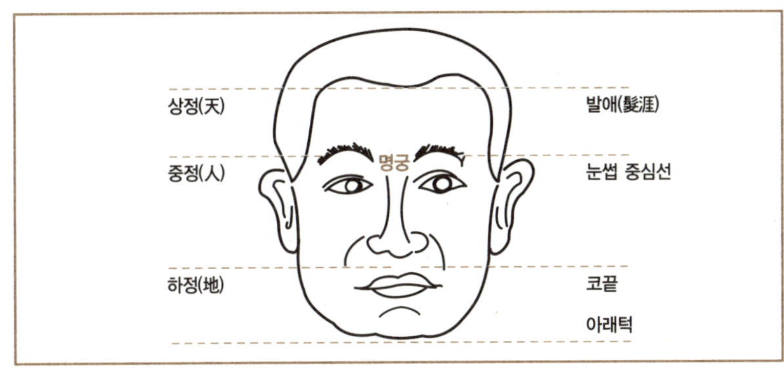

① 상정

머리털이 난 경계에서 명궁까지가 상정이다. 사람의 얼굴을 보면 코 뿌리가 약간 움푹한데 인상학에서는 그곳을 산근이라 하며 명궁은 바로 그 위에 해당되는 부위이다.

선천운을 받아서 인생의 청사진을 만들고 저수지(명궁)에 보내는 곳이며, 회사로 말하면 착상을 느끼고 설계도를 만드는 부분이며, 이마의 중앙 부분에 흠이나 나쁜 색이 나타나면 윗사람이나 친척, 비즈니스 거래에 무엇인가 불길한 일이 일어날 것임을 암시한다.

② 중정

명궁의 아래서 코끝까지의 중앙 부분을 가리키며 25세에서 45세까지의 중년운을 보는 장소이다. 이 장소는 실행력, 의지력을 나타낸다. 저수지에 받아들인 것을 활용하여 자기 스스로 인생을 개척해 나가는 곳으로, 회사로 말하면 설계도를 바탕으로 제품을 만드는 부분이다. 부부 관계의 상태는 눈의 양쪽 가로에 나타난다. 만약 양쪽 눈의 좌우 근처에 아름다운 색이 나타나 있으면 부부 금슬이 좋음을 표시한다.

③ 하정

코 끝에서 턱 밑까지의 부분으로서, 45세 이후의 만년운을 보는 곳이다. 선천, 후천에서 생긴 운세의 집대성이라 할 수 있는 장소로서 애정운, 주택운, 부하운 등을 본다. 공장으로 비유하면 완성한 제품을 판매하여 그 성과를 예측할 수 있고, 회사는 수금을 해서 금고에 저축하는 것을 보는 등, 중정의 활약을 통하여 인생의 수지 결산을 보는 곳이다.

이 턱 부분은 자기를 중심으로 한 주위 환경을 나타내는 곳으로 만약 붉은 점이 나와 있다면 이웃과 다툼이 있거나 멀어지는 일이 일어난다.

(2) 삼정을 보는 법

① 얼굴폭의 차이

• 볼이 홀쭉하게 여윈 사람

볼이 홀쭉하게 여윈 사람은 하정이 작을 수 밖에 없다. 하정이 작다는 것은 애정운이 약해진 상(相)으로 마음이 풍요로워지면 볼에 살이 붙게 되고 안정된 만년운이 될 것이고 가정운도 양호해진다.

• 얼굴 옆쪽이 넓은 사람, 두꺼운 사람

얼굴 옆폭이 넓거나 두꺼운 사람은 얼굴 정면에 있을 흉한 부분을 돕는 보조운이 있는 사람으로 본다. 주택, 가정, 자손운을 타고 났을 것이며 안정된 만년을 보낼 수 있다.

② 얼굴 모양의 차이

• 둥근형의 얼굴

상정, 중정, 하정으로 삼분하면 중정의 면적이 가장 넓다. 즉 중년운이 가장 좋고 다음으로 만년, 초년운은 약간 약한 편이다.

• 각형의 얼굴

초년, 중년, 말년 모두 같은 면적으로 운도 평균적이나 초년이 조금 약한 편이다.

• 역삼각형의 얼굴

면적은 초년, 중년, 만년의 순으로 작아진다. 즉 갈수록 운이 약해지는 것을 나타내고 있다.

2. 이마

이마는 초년이라 하여 25세까지의 운세를 보는 곳으로 얼굴의 최상부에 있으며 눈에 제일 잘 띄는 부분이다. 인상학적으로는 초년운을 나타내며, 동시에 그 사람의 두뇌나 정신을 표현하고 있는 곳이다. 이 부분에 상처를 받으면 운명이 뒤틀리기도 한다.

① M자형 이마 – 독창력과 추리력 우수

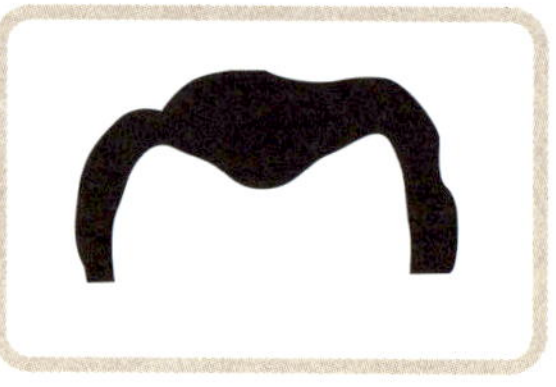

• 이마의 상단 중에서도 양측이 발달해서 M자형으로 되어 있는 사람은 추상적인 것이 남다르며 독창력과 추리력이 뛰어나다.

그 재능을 발휘하면 연구나 예술의 세계에서 성공을 거둘 수 있다.

• 연구 분야나 학문 · 미술 · 음악 · 문학 · 공예 · 디자인 기획 · 입안 · 설계 등의 분야에서 재능을 발휘하는데, 음악가 슈베르트의 이마는 전형적인 M자형으로 되어 있다. M자형의 이마라고 해서 반드시 독창성을 나타낸다고는 할 수 없다. 똑같은 M자형이라도 이마가 좁은 사람은 단순한 호인에 지나지 않는다고 판단된다.

② 직선 이마 – 실무 처리 능력 탁월

- 이마의 털이 난 언저리가 수평으로 되어 있고 전체적으로 네모진 느낌을 주는 남성형의 이마이다.
- 성격은 적극적이고 쾌활하며 실무를 잘 처리하는 실무가이고 이론에 다소 약하다.
- 견실한 생활을 하는 한편, 화려한 멋이 없는 면이 있다. 그러나 30대 이후부터 실력을 인정 받아 운이 열리는 사람이다.

③ 제비 꼬리 이마 – 온순 · 선량 · 여성적이다

- 의지가 강하고 올바르다고 생각하면 굽히지 않는다. 지나치게 자신의 고집을 세우지 않도록 주의해야 한다.
- 성격이 온화하고 양순하며 다른 사람에 대한 동정심도 많다.
- 여성은 남편을 잘 섬기며 가정적이다. 그러나 남성의 경우는 성격이 여성적이고 의지가 약하며 실천력이 부족하다.
- 이마의 털이 난 언저리가 어지러운 사람은 천성적으로 게으르고 지성이 없는 인상이다.

④ 둥근 이마 – 남편운이 없는 여성이다

- 이마의 털이 난 언저리가 아치형으로 된 둥근형의 이마는 제비꼬리형의 이마와 마찬가지로 여성형의 상이다.

- 이마의 하단 부분이 발달하여 매사에 감정적이기 쉬우며 냉정하지 못하며 금방 뜨거워지고 금방 식는 형이다.
- 둥근 이마의 남성은 인품이 온화하다. 그러나, 둥근 이마의 여성은 남편 운이 없고 결혼해도 남편과 이혼하거나 사별하거나, 남편이 게으름뱅이거나 해서 생계를 위해 일하게 된다. 재혼을 해도 마찬가지 운명을 맞게 된다.

⑤ 흩어진 이마 - 도덕심 결여자

- 이마의 털이 난 언저리가 어지러운 흩어진 이마의 사람은 도덕심이 부족하고 말을 잘한다.
- 조직에서 상사에게 반항하는 경향도 있다.
- 인생에 파란이 그칠 날이 없는 많은 고생을 하는 상이다. 여성의 경우는 남편과의 인연이 변화하거나 과부가 되기 쉽다.

⑥ 튀어나온 이마 - 사교성이 높다

- 둥글게 툭 튀어나온 이마를 말하며 이런 사람은 사교성이 있고 남과 협조하는 성격을 가지고 있다.
- 다만 이마에 상처가 있거나 더럽혀져 있을 경우는 인기도 없어지게 된다.
- 이런 타입의 이마는 여성 사업가에게서 많이 볼 수 있다. 남자나 여자나 모두 접객 업무를 하면 인기를 끌 타입이다.

⑦ 넓은 이마

- "저 사람의 이마는 넓으니 머리가 좋겠군"하는 소리를 흔히 듣지만 반드시 좋은 것은 아니다.

- 넓은 이마가 혈색도 좋고 고울 경우이면 맞는 말이지만, 울퉁불퉁하거나 상처가 있거나 얼룩같은 것으로 더럽혀진 느낌을 주는 이마의 경우는 뛰어난 두뇌를 가진 사람이라고 할 수 없다.

⑧ 나온 이마, 들어간 턱 −두뇌 발달

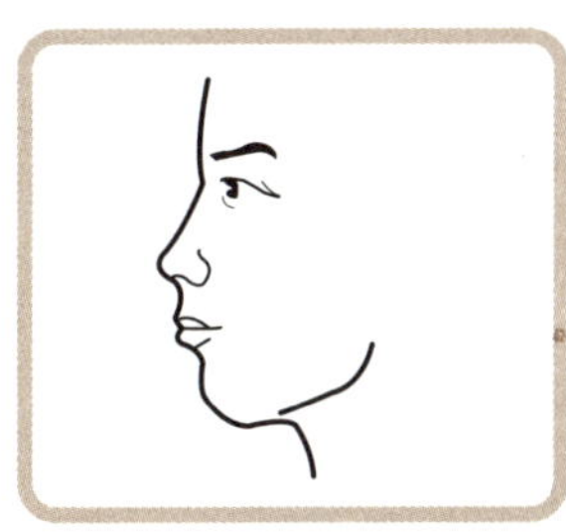

- 이마가 발달해 있는 것과 동시에 턱이 들어간 사람은 두뇌는 뛰어나지만 활동력이 부족한 타입이다.
- 학자나 예술가 등의 문화인에게 많으며, 주로 백색 인종에 많이 나타나는 상이다.

⑨ 들어간 이마, 발달한 턱 − 야성적 · 행동적

- 이마가 후퇴해 있는 것과 동시에 턱이 발달한 사람은 야성적 · 행동적이기는 하지만 지성적이지는 않다. 그렇다고 지능이나 지식이 부족한 것은 아니며, 다만 거칠고 비천하게 행동하기 때문에 세련되지 못한 인상을 주는 것이다.

• 주로 사업가나 엔지니어 · 정치가 · 군인 등에서 많이 볼 수 있다.

⑩ 흉터 있는 이마 - 중앙에 가까울수록 나쁘다

• 이마에 흉터가 있는 것은 좋지 않다. 그리고 상처의 위치가 이마 중앙에 가까우면 가까울수록 흉상의 정도는 더욱 높아진다.

더욱이 미간에 있는 상처는 그 사람의 일생을 그르치게 된다.

• 이마의 상처를 흉상으로 판정하고 있는 것은 인간의 심리를 통찰하는 것으로 확실한 근거가 있다.

⑪ 좁은 이마

• 극단적으로 이마가 좁은 사람 중에 얼마간 지능이 떨어지는 사람도 있지만 이마가 좁다는 것이 꼭 지능이 낮은 것을 가리키지는 않는다.

• 정치가나 기업가 중에 좁은 이마를 가지고 정계나 경제계에서 성공하는 사람이 의외로 많다. 이마의 넓고 좁음보다도 이마가 얼마나 고우냐의 여부가 더 큰 의미가 있다.

3. 눈썹

인상학에서 눈썹은 선천적으로 물려받은 신체적 특징을 나타냄과 동시에 그 사람의 정신 상태를 나타낸다. 형제궁이라고 불러 자기 형제나 자손, 친족과의 관계를 본다.

눈썹이 엷은 사람은 형제나 친척 복이 없고, 눈썹의 길이가 눈보다 짧은 사람은 자손도 적어 자식 복도 적다고 한다.

눈썹을 5등분하여 미간쪽으로부터 차례로 운(運)·명(命)·복(福), 춘(春), 주(住)로서 일생의 운을 보는 방법이다.

눈썹이 시원스러우면서도 곱게 그어져 있으면 다섯 가지가 모두 좋다.

표준 눈썹은 눈보다 조금 긴 편이며 보통 긴 눈썹은 육친의 복이고, 짧은 눈썹은 육친과의 연분이 적다.

또한 눈썹을 보면 상대방의 직업을 추측할 수가 있다. 눈썹이 직선적이고 굵으면 지도자 타입이다.

성격은 결단력이 뛰어나고 경찰관·군인 외에도 남성적인 직업이나 사람을 지도하는 직업이 적합하다.

긴 눈썹에 눈썹 꼬리가 발달해 있는 사람은 수리(數理)에 밝다. 규율에 잘 적응하며 시간을 지키는 등의 꼼꼼한 성격과 미묘한 감성을 가지고 있어 세무사나 숫자와 관계된 직업, 엔지니어 계통의 직업에 적합하다.

눈썹이 야성적이고 굵은 상은 신체가 건강하다는 것을 나타낸다. 주로 현장에서 육체적으로 노력하여 기술을 쌓는 데 적합하다. 부드럽고 가냘픈 눈썹은 섬세하므로 사무 계통의 직업이 적합하며, 예술 방면에 진출하는 사람도 있다.

* **눈썹의 5분법** *

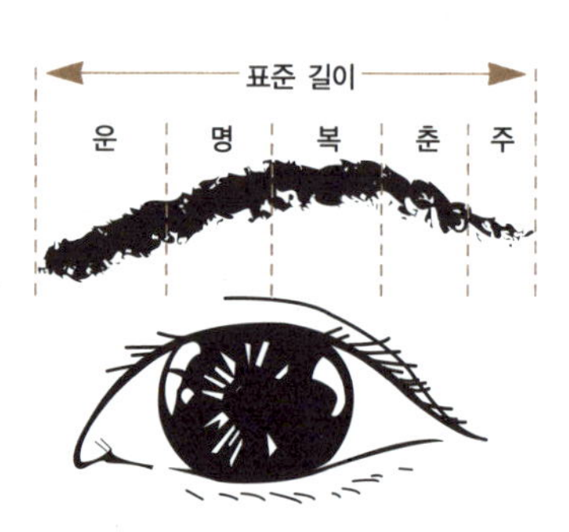

① 눈썹이 긴 사람 – 부모 애정 풍족

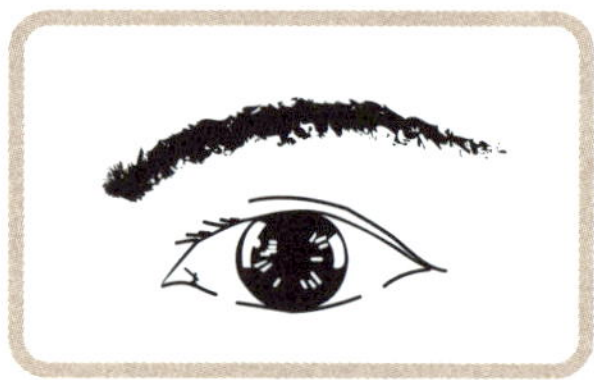

- 여성으로서 긴 눈썹의 사람은 자칫 자기 친정을 들추거나 남편의 사회적인 지위를 남에게 자랑하거나 해서 왕따를 당하게 된다.

- 눈에 비해 다소라도 눈썹이 길면 형제 자매의 수가 많다.

- 긴 눈썹의 사람은 대체로 부모 형제의 은혜를 받으며 자라는 경우가 많고 육친의 애정이 풍족한 사람이다. 그러나 그 때문에 의타적이고 독립 정신을 잃게 된다.

② 눈썹이 짧은 사람 – 독립심이 강하다

- 부모나 형제의 인연이 희박하거나 혹은 가정이 가난하기 때문에 부모의 은혜를 충분히 받지 못하는 경우가 많다.

• 취직이나 결혼 등 인생의 각종 일들을 모두 자력으로 해결해야 되므로 독립심이나 극기심이 강하다.

③ 눈썹이 짙은 사람 – 당당한 성격의 소유자

• 눈썹이 짙은 사람은 그늘진 데가 없고 당당한 성격의 소유자이다.

• 양자이거나 외아들의 입장에서 부모의 시중을 드는 경우가 많다.

• 정력이 왕성해서 이성간에 문제를 일으킬 소지가 있으며 문필에도 재능이 있다.

④ 눈썹이 옅은 사람 – 비위를 잘 맞춘다

• 눈썹이 아주 옅은 사람은 형제나 친척 복이 희박하다. 말재주가 좋고 다른 사람의 비위를 잘 맞춘다.

• 문필의 재능은 없지만 말재주가 있어 마음에 들게 하려고 애쓰는 것은 잘한다.

• 정면으로 싸우기보다는 숨어서 책략을 세우는 사람이 많다.

⑤ 눈썹의 높이가 좌우로 다른 사람 – 자기 중심적

• 오른쪽과 왼쪽의 눈썹 높낮이가 다른 사람은 자기 본위로 생각하는 경우가 많아 매사에 의견 충돌이 잦다.

• 일찍 부모를 여의게 되며 서로 다른 이복 형제가 있는 눈썹이다.

⑥ 일자형 눈썹 – 마음도 일직선

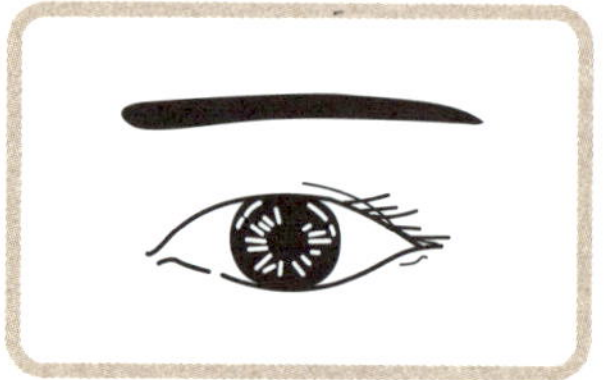

• 눈썹이 일직선이면 마음도 일직선이다. 업무를 추진하거나 이성을 대할 때도 자상하지 못하며 외골수이다.

• 주변에 대한 배려하는 마음이 없어 남성은 다소 무방하지만 여성인 경우에는 여자다운 점과 같은 정서가 없는 여성이다.

• 마음이 곧기는 하지만 인덕이 부족한 타입이다.

⑦ 초승달형 눈썹 – 감수성 풍부

• 민감하고 예민하여 정서가 풍부한 성격이지만 남의 말에 빠져 실패할 때가 많다.

• 일에 소극적이고 실천력이 없는 사람이다.

• 감수성이 풍부하므로 예술 방면에서 성공하는 사람이 많다.

• 남성인 경우 여성적이며 부모나 아내에게 의존하는 경향이 강하다.

⑧ 여덟 팔자인 눈썹 – 치밀하며 실수가 없다

• 얼핏 보기에 부족한 사람 같이 보이지만 본심은 빈틈이 없고 실수가 없는 사람이다.

• 약간 낭비성이 있으므로 배우자는 빈틈이 없고 꼼꼼한 사람이 적합하다.

- 성격은 명랑하고 유연하며 남과의 교제술이 뛰어나 주위에서 협조를 잘한다. 사업가나 정치가에게 많으며 나름대로 성공을 거두고 있는 사람이 많다.

- 결혼운이 한 번으로 끝나지 않고 여자를 자주 바꾸기도 한다. 여성인 경우 초혼에 실패할 수도 있다.

⑨ 삼각형눈썹 – 독립 정신이 강하다

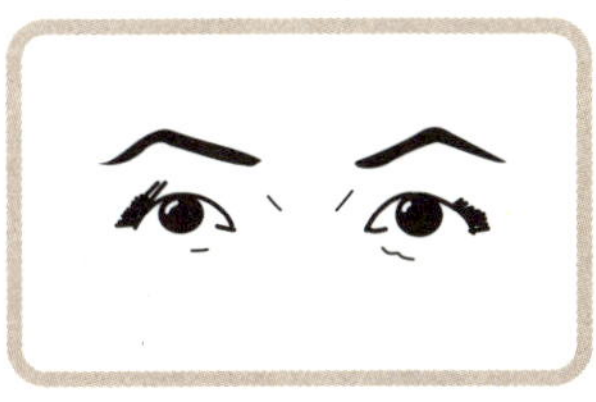

- 성격이 터프하고 남성적이며 의지가 강하다. 남에게 의지하지 않고 독립 정신이 강하고 정력적이며, 인내력이 강하고 프라이드도 강한 편이다.

- 이런 눈썹의 사람은 미술과 같은 예술 분야에 뛰어날 뿐만 아니라 어떤 한 가지 기술에 능하다.

⑩ 용두호미형(龍頭虎尾型) 눈썹 – 타인에게 존대를 받는다

- 용의 곡선과 같이 뛰어 오른 눈썹을 가진 사람은 절대적인 권력자에게 어울리는 성격이며, 타인으로 하여금 존대를 받는다.

- 흔하지 않은 훌륭한 눈썹이지만 남에게 위압적인 인상을 주기 때문에 세일즈맨이나 은행원과 같은 서비스 업종에서 손님을 상대로 하는 직업에는 적합하지 않다.

- 여성인 경우 이러한 눈썹을 가진 사람은 남성보다 상위에 서려고 하며, 매사에 참견을 많이 하므로 현모양처형은 될 수가 없다.

⑪ 직선적으로 튀어나온 눈썹 – 자기주장이 강하다

- 직선적으로 튀어나온 눈썹은 자존심이 강하고 자기주장이 강하여 마음먹은 것은 반드시 해내는 신념이 있다.
- 타인과의 협조가 잘 이루어지지 않으며, 언쟁을 불러 일으키기 쉽다.
- 격한 성격으로 인해 능력은 있지만 제대로 능력 발휘를 하지 못해 신망을 얻지 못하는 것이 결점이다.
- 여성인 경우 남편과의 언쟁이 끊이지 않고 여성 사이에서도 언쟁을 일으키기 쉬우므로 상대를 이해하려는 자세를 항상 가져야 한다.

⑫ 거꾸로 선 눈썹 – 사소한 감정 표출로 큰일을 놓친다

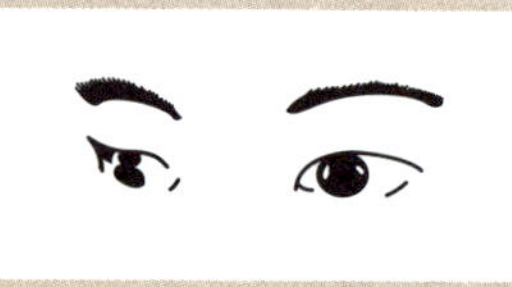

- 눈썹이 거꾸로 선 사람은 형제 우애가 없고, 형제로 인해 고통이 많으며 인덕도 없고 운도 좋지 못하다.
- 손위의 사람과 대립하고 모처럼의 운을 놓치기 쉬운 상이므로 조급한 마음을 다스리는 데 힘써야 한다.
- 성격도 고분고분한 성격이 아니다. 눈앞의 사소한 일에 구애받고 즉시 감정을 표출시키는 성격으로 인해 더 중요한 일을 잃거나 망칠 우려가 있다.

⑬ 넓은 미간을 가진 눈썹 – 일찍 성공한다

- 양 눈썹 사이가 손가락 두 개가 들어갈 정도로 넓은 사람은 일찍 성공한다.

• 낙천적이며 남과의 교제가 능숙하고 인기 있는 사람이 많으며 남
  녀 다같이 인기 있는 상이지만 여성의 경우 낭비성이 많은 편이다.

⑭ 좁은 미간 – 마음이 좁으며 성공이 늦다

• 두 눈썹이 미간에 교차되듯이 붙어 있는 사람은 마음이 좁고 일생 동안 하는 일마다 막힘이 많으며 형제 운(運) 역시 나쁘다.

• 미간이 좁은 사람은 행운의 기회를 놓치고 40세 이후에 운이 돌아
  오는 성공이 늦은 상이다.

⑮ 말할 때 눈썹이 오르내리는 사람 – 마음이 소탈하다

• 웃거나 말할 때 눈썹이 오르내리는 사람은 마음이 소탈하고 사심이 없으며 사람들로부터 호감을 가지게 만든다.

• 여성인 경우 부부 사이가 좋고 남편을 출세시키는 부인이 된다.

⑯ 눈썹 머리를 모으고 있는 사람 – 마음에 고민이 있다

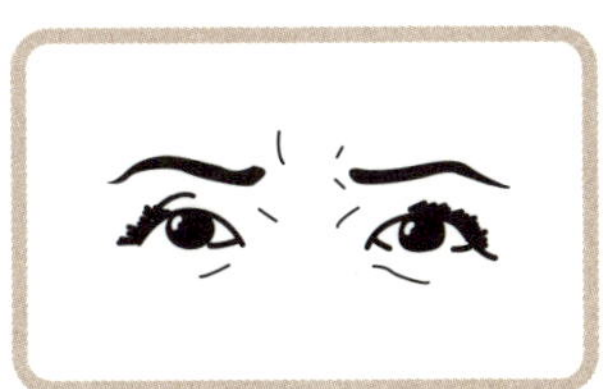

• 눈썹 머리를 모으는 사람은 근시이거나 병이 있어 마음에 고민을 안고 있는 사람으로, 운이 열리지 않는다.

• 아내가 이러한 상을 하고 있으면 가정은 암담해지고 남편은 출세를 할 수 없다.

• 남성인 경우 가업의 부진을 초래하여 회사에서도 실패를 거듭하

는 등 매사에 제대로 되는 일이 없다. 빨리 원인을 제거하여 좋은 운을 가져오도록 해야 한다.

⑰ 눈썹이 저절로 흩어지는 사람 – 흉조가 나타난다

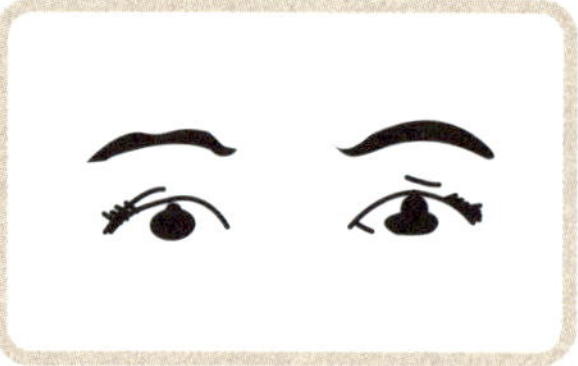

• 손으로 만지지도 않았는데 흩어지는 눈썹은 사고나 분쟁, 실패 등의 흉사가 머지않아 생길 상이다.

• 사전에 짐작이 가는 일이 있으면 미리 대처를 해야 한다. 눈썹은 위험을 미리 알려 주는 감지기의 역할을 한다.

⑱ 웃을 때 우는 눈썹이 되는 사람 – 불운을 자초한다

• 웃고 있는데도 울고 있는 것 같은 형의 눈썹은 매사를 비관적으로 해석하는 흉상이다.

• 웃을 때에 우는 눈썹이 되는 사람은 그 기회를 잊어버리게 되어 좋은 일도 나쁜 결과를 만들게 된다.

• 여성이 이러한 상이면 남편을 불행하게 만든다. 남녀간에 이런 상은 정상적인 상으로 바꾸지 않으면 큰 불행을 맞게 된다.

4. 눈

눈은 사람의 심리를 잘 나타내는 기관이다. 우리는 사람을 대할 때 눈을 보고 이야기하면 상대방의 진심과 본성을 어느 정도 알 수 있다.

입으로 훌륭한 말을 하는 사람이라도 그 눈이 사악하게 빛나면 좀처럼 신용할 마음이 들지 않는다. 반대로 악명 높은 사람이라도 웃는 눈에 부드러움이 깃드는 것을 보았을 때 우리는 또 하나의 진실을 느끼기도 한다. 확실히 눈은 마음의 창이다.

인상학의 지식만 있으면 그 '창' 을 통해서 상대방의 마음을 읽는 것은 쉬운 일이다. 이와 같이 눈의 표정은 언어 이상의 것을 상대에게 전하기도 하며, 그때그때 마음의 움직임이나 감정을 순간적으로 나타내기 때문이다.

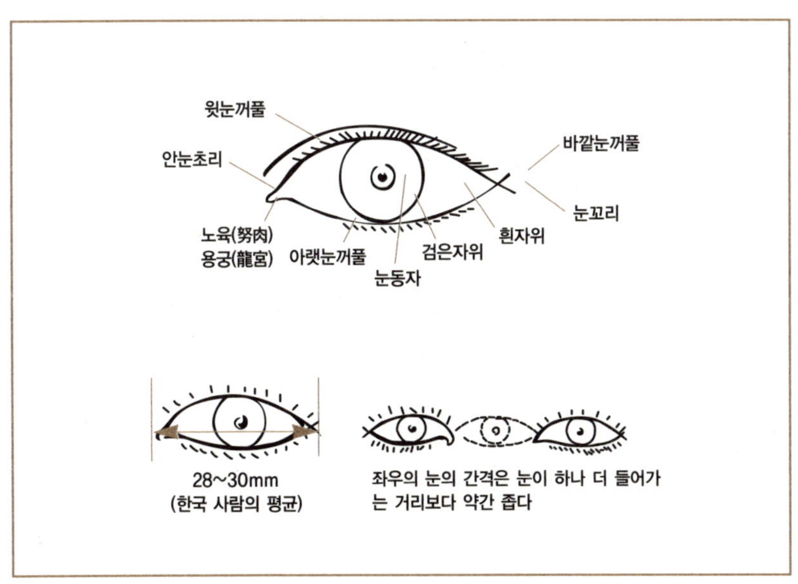

해부학적으로도 눈은 뇌와 연결되어 있다. 또한 한방에서는 간의 기운이 눈에 연결되어 있어 간이 나빠지면 눈에 피로가 오고 시력이 나

빠진다고 한다. 마음속에 남을 속이려는 생각을 가진 사람의 눈은 중심을 잃고 이리저리 흘끔거리는 것을 알 수 있다.

또한 건강 상태가 좋지 않아도 눈의 상태에 이상이 온다. 가령 수면 부족일 때는 충혈되고 극도로 피로하면 힘없이 지친 눈빛이 된다. 죽을 때가 되면 눈은 공허하게 흐려지고 목표물 없는 한 점을 초점없이 응시하게 된다.

눈에는 정기(精氣)가 있어야 한다. 눈은 싱싱하게 빛나고 있는 상태가 가장 좋다. 흐리멍텅한 눈은 아무리 잘 생겼어도 좋은 상으로 볼 수 없다.

① 매섭고 큰 눈 - 지도자형

• 큰 눈에도 2가지의 타입이 있다. 그 하나는 날카롭게 쏘아보는 위압적인 눈이다. 날카롭게 쏘아보면 노려보는 것 같은 느낌을 받는다.

그들은 투지에 넘치고 어떠한 어려움에도 맞설 기력이 있는 사람들로서 일종의 개혁자인 사람이 많다.

• 이런 타입의 눈을 가진 사람은 자신을 믿는 마음이 강하고 대중의 인기를 얻어 많은 추종자를 끌어들인다.

• 초년운이 좋아서 일찍 출세하는 사람이 많다.

② 크고 온화한 눈 – 표현력이 뛰어나다

- 큰 눈의 또하나 타입은 사교적이고 명랑한 분위기를 지니고 있다. 이런 타입의 눈을 가진 사람은 기회 포착이 빠르고 재빠른 상황 판단으로 자신의 행동을 정한다.
- 실행력이 없으면서도 입에서 나오는 대로 함부로 말을 한다.
- 표현력이 뛰어나며 표정이나 화술, 제스처, 목소리의 매력 같은 것으로 인기를 얻기 쉽다.
- 탤런트 중에도 미남역의 사람은 모두 눈이 크다. 역시 초년운이 좋고 일찍 출세하는 상이다.

③ 좌우가 가지런하지 않는 눈 – 부부 사이가 나쁘다

- 남성으로서 왼쪽 눈이 작은 사람은 공처가이며, 오른쪽 눈이 작은 사람은 부부 사이가 원만하지 않다. 여성의 눈이 이런 경우에는 남편 때문에 고생을 심하게 겪는다.
- 눈의 좌우가 가지런하지 않는 경우는 흉상이다.
- 좌우 눈의 언밸런스는 태아 적에 어머니의 정신 상태가 혼란해 있었거나 금실이 나쁘거나 행실이 무질서했다는 것을 가리킨다. 어머니의 마음이 언밸런스이면 자식의 눈에 나타난다.

④ 아래 삼백안(三白眼) - 집념이 강하다

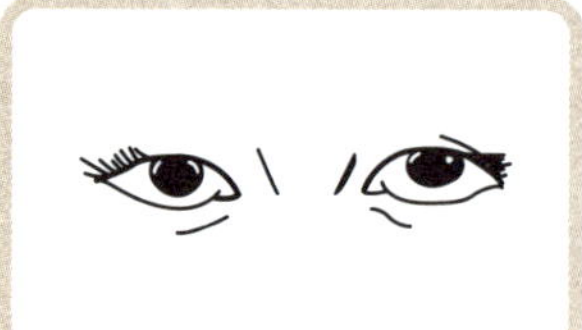

- 검은 눈동자와 아랫눈꺼풀 사이가 희게 벌어져 있는 눈을 아래 삼백안이라고 한다.

- 이상은 높고 지성도 있지만 목적을 위해서 수단을 가리지 않는 측면이 있다.

- 아래 삼백안의 사람은 전력을 기울여 일을 성취하려고 하는 격렬한 정신력을 지닌 사람이다. 한 번 목표를 정하면 해내고야 만다는 굉장한 집념이 아래 삼백안의 사람에게는 있다.

- 아래 삼백안인 경우는 사람을 한수 아래로 보는 듯한 느낌을 주어 상대방에게 미움을 받거나 해코지를 당한다. 그러나 검은자위의 아래가 겨우 보일 정도라면 성공할 상이다.

⑤ 냉혹한 표정의 삼백안 - 세상에 받아들여지지 않는 상이다

- 차츰 사회에서 탈락해 때로는 범죄를 저지르거나 잔혹한 짓을 할 가능성이 있다. 살인범이나 상해범에 아래 삼백안의 사람이 많다.

- 아래 삼백안에 냉혹한 표정이 깃들어 있는 사람은 사회에 적응하지 못하고 성질이 비뚤어져서 남의 선의를 고분고분하게 받아들이지 않는 성격이다.

- 한 번 세운 목표는 반드시 이루고 마는 집념의 소유자이다.

⑥ 사방 삼백안 - 도덕성이 결여된 생활을 한다

- 도덕성이 결여되어 상식적인 생활을 하지 않는다. 특히 사방 삼백안은 범법, 횡령, 강간, 살인자들에게서 많이 나타난다.

- 검은 눈동자의 상하 좌우에 흰부분이 나타나 있는 눈을 사방(四方) 삼백안이라고 하는데, 매우 드문 눈이다. 이런 눈을 가진 사람은 지적인 데가 전혀 없이 동물적인 본능대로 움직이는 감정적인 사람이다.

- 뒷일을 생각하지 않고 순간순간의 감정대로 행동하는 경향이 있다. 이런 눈을 가진 사람은 종교에 귀의하여 수행하고 매사에 생각하는 습관을 가져 신중하게 행동해야 한다.

⑦ 위 삼백안 - 권모술수에 강하다

- 눈의 검은자위와 윗눈꺼풀 사이가 희게 벌어져 있는 눈을 위 삼백안이라고 한다. 위 삼백안은 꾀가 많은 권모술수형이다. 자신의 꾀를 과신하여 남을 무시한다.

- 위 삼백안의 사람은 마음이 언제나 오락가락하고 간지(奸智)에 능하다고 하는데, 반드시 그런 것만은 아니다. 이런 상을 가진 사람은 다른 상이나 표정을 보면서 종합적으로 판단해야 한다.

- 대개 삼백안의 사람은 그 차가운 인상 때문에 남의 호감을 사지

못하는 면이 있다. 그러나 나폴레옹도 삼백안이었다고 하니 꼭 흉
상으로 단정할 수만은 없다.

⑧ 눈이 흐리멍텅한 사람 – 오관이 둔하다

• 눈이 흐리멍텅하고 움직임이 둔한 사람은 미각·취각·시각·청각·피부 감각이 보통 사람보다 둔하다.

• 눈은 마음의 창이라는 말이 있듯이 눈은 그 사람의 뇌를 나타낸다고 볼 수 있다.

⑨ 작은 눈 – 인내심이 강하고 노력파이다

• 작은 눈의 사람은 큰 눈의 사람과 비교해서 젊은 시절이 그다지 좋지 않다. 견실하고 끈질긴 사람이다.

• 관공서나 기업의 중견 간부가 되어 착실하고 견실하게 그 조직을 받치는 사람이다.

• 일반적으로 초년운이 나쁘고 교제가 서툴러서 인생을 즐기는 면은 적으나 근면과 노력으로 결혼 후에 운이 열리는 대기만성형이다.

⑩ 안구 자체가 튀어나온 눈 – 직감력이 날카롭고 예민하다

• 안구 자체가 튀어나와 있는 사람은 관찰력이 예민하고 남의 기분을 꿰뚫어 보는 데 탁월한 재주를 지니고 있다.

• 금붕어처럼 안구(眼球)가 튀어나와 있는 사람은 전체적으로 개방적이다.

- 세심하여 사소한 일도 놓치지를 않으나 마음이 약하여 무슨 일이나 중도에 좌절하고 마는 경향이 있다.

- 윗눈꺼풀이 두터운 사람은 대단한 활동가이며, 일을 함에 있어 끝장을 보지 않으면 성이 차지 않는 성격이다.

- 사업이나 정계 등에서나 영웅호색하는 면도 있지만, 샐러리맨으로서 맹렬사원이 되거나 독립해서 상업을 할 사람이다.

⑪ 움푹한 눈 – 사람 상대하는 직업에는 부적합하다

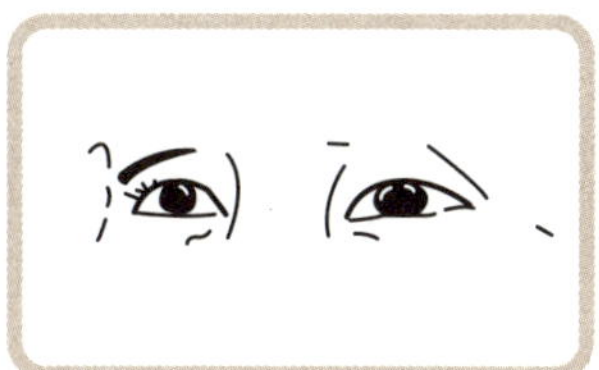

- 끈질기게 맞붙어서 일을 성취하는 성격이며, 기업 등에서는 뒷전에서 실적을 쌓아 올릴 때가 많다. 이해심 많은 상대를 만나면 크게 된다.

- 큰 눈의 사람과 정반대라고 생각하면 된다. 자기표현이 서툴고 말도 잘하지 못하고 표정도 없다.

- 움푹한 눈을 가진 사람은 사람을 상대로 하는 직업에는 부적합하다.

- 주의 깊고 참을성도 강하지만 교제가 서툴다. 열심히 일을 해서 성공하는 만성형이다.

⑫ 눈과 눈썹 사이가 넓은 사람 – 인기가 많다

- 눈과 눈썹 사이가 넓으면서 살이 붙은 사람은 남에게 좋은 인상을 주고 인기를 끄는 일이 많다. 인기 탤런트는 모두 이와 같은 상을 하고 있다.

- 사소한 일에 신경을 쓰지 않으며 무슨 일이나 남에게 맡길 수 있

는 사람으로 마음이 넓다. 그 때문에 남의 도움을 받으면서 자신
도 노력하여 성공한다. 다만 이 부분의 살집이 엷은 사람은 호인
으로 남에게 이용당하기 쉽다.

- 눈과 눈썹 사이가 넓은 상태에서 삼백안인 경우에는 흉상으로, 많
  은 여성들을 울린다.

⑬ 눈과 눈썹 사이가 넓은 삼백안의 사람 – 흉상

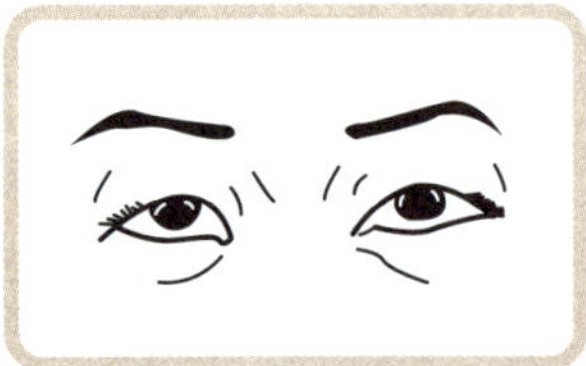

- 눈과 눈썹 사이는 넓지만 약간 우묵
  하면서 동시에 삼백안인 남성은 여성
  을 색정적으로 농락하고 희생시킨다.
- 눈과 눈썹 사이가 넓은 것은 좋은

상을 가리키지만 삼백안일 때는 예외이다.

- 남을 신용하지 않고 음험한 성격의 사람이다. 이와 같이 좋은 인
  상과 악상이 조합되면 인기가 있음을 악용하는 흉상이 된다.

⑭ 눈과 눈썹 사이가 좁은 사람 – 대기만성형

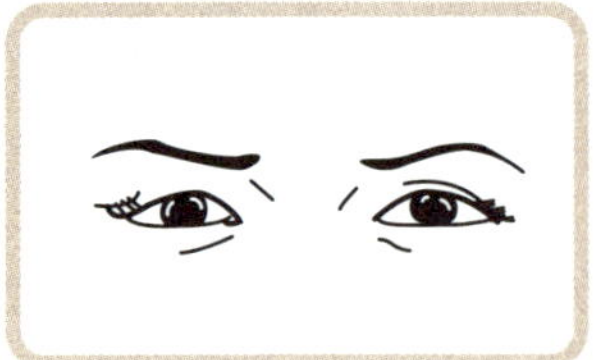

- 눈과 눈썹 사이가 좁은 사람은 인기
  를 끌지는 못하지만 오랜 노력 끝에
  대기만성할 상이다.
- 눈과 눈썹 사이가 넓은 사람과는 전

적으로 대조적인 상이라고 생각하면 된다.

- 눈과 눈썹 사이가 좁고 살집이 있고 팽팽할 경우에는 대기만성형
  의 노력파로 당대에 성공을 거둔다.
- 인품은 소탈하며 건실하다. 완전 노력형이다.

⑮ 가느다란 눈 – 통찰력이 있으나 음울하다

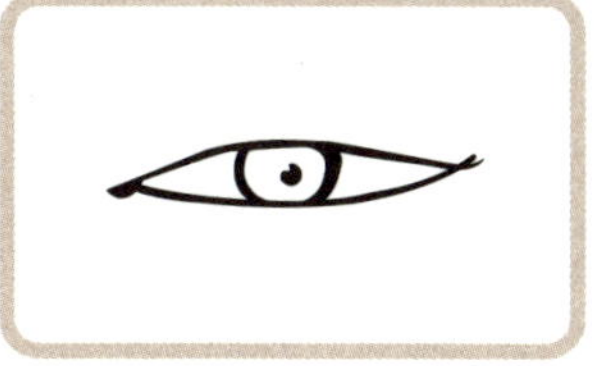

- 무엇을 생각하고 있는지 모르는 눈이다. 사물에 대하여 민감하게 반응을 일으키지 않으며, 통찰력은 있으나 음울해서 어두운 느낌을 준다.
- 이 모양으로 가로로 긴 눈이라면, 친구가 적은 편이며, 친구도 가려서 사귀는 형이다.
- 성공할 상(相)의 하나이지만, 남의 환영을 받지 못하는 성공이 될 것이다.
- 여성이라면 차분하게 애정을 지니고 있는 사람이다. 가느다랗고 작은 눈이라면 큰 일은 하지 못하지만 그런대로 알찬 살림으로 불편 없는 생활을 보낼 것이다.

⑯ 위로 치켜오른 눈 – 적극적이고 고집이 세다

- 위로 치켜오른 눈으로서 큰 눈이라면 보다 성미가 강렬하고 완전한 여성 상위형이지만 성격은 단순하다.
- 자아의식이 강한 만큼 다른 사람의 입장도 생각해 주면 의외의 도움을 받는다.
- 여성으로서 이러한 눈을 가졌다면 자아의식이 강하고 권력 지향성이 강한 성격이다.
- 근골질에 많은 눈으로 근골질의 성격이 된다. 즉 성미가 급하고 참을성이 없어 미움을 사기 쉽다. 무슨 일에나 적극적이며, 고집

이 세어 사람들이 접근하기를 꺼린다.

⑰ 아래로 처진 눈 – 소극적이고 수동적이다

- 이 모양으로 큰 눈이라면 정·재계에서 성공할 소질을 지니고 있다. 여성이라면 옳고 그릇됨을 분명히 따져 가리는 사람이다.

- 심성질에 많은 눈으로, 소극적이고 수동적인 성격이 많다.

- 이 모양으로 작은 눈이라면 꾸물거리고 색정(色情)에 빠지기 쉬운 형이다. 실패는 적겠지만 성공을 향한 모험과 용기가 결여되어 있다.

- 부부 인연도 약하고 고생할 인연이 많다. 목표를 크게 세우고 자신을 계속 단련시켜야 한다.

⑱ 검은 눈의 사람 – 순정과 정열이 있다

- 동양 사람은 검은 눈의 사람이 많은데, 검은 눈은 순정과 정열을 나타내고 있다.

- 크고 검은 눈은 착실하고 순진한 성격을 나타내고, 작고 검은 눈의 사람은 성격이 격한 데가 있다.

⑲ 갈색 눈의 사람 – 재능은 있지만 경솔하다

- 갈색 눈의 사람에게는 색채에 대한 감각이 있다. 서양인은 갈색눈의 사람이 많다.

- 눈이 갈색인 사람은 명랑하고 재능이 있지만 좀 경솔한 데가 있다.

⑳ 눈이 좌우로 움직이는 사람 – 경계심이 강하며 불안하다

- 도둑은 형사의 눈을 피하기 위해 늘 경계심을 품고 있어 아무래도

눈동자가 불안하게 움직인다.

- 눈이 좌우로 움직이는 것은 마음이 동요하거나 경계심을 품고 있기 때문이다.

㉑ 눈이 웃지 않는 사람 - 냉정한 성격

- 이런 사람은 좀처럼 자신의 감정을 드러내어 보이지 않으며 냉정하게 상대방을 관찰하고 마음이 차갑다. 항상 마음을 놓지 못하는 스타일이다.
- 얼굴은 웃고 있는데도 눈이 조금도 웃지 않는 사람은 냉정 · 냉담 · 냉혹한 성격을 가리킨다.

5. 코

옛말에 "귀 잘생긴 거지는 있어도 코 잘생긴 거지는 없다"라는 말이 있다. 이것은 코와 재물과의 불가분의 관계를 뜻한다. 코는 실행력을 나타내는 중정의 중요한 부분이다. 아무리 좋은 두뇌를 가지고 계획을 하더라도 그것을 실행으로 옮겨 완성시키기 위해서는 코가 커다란 초점이 된다.

우선 코의 양 콧방울과 콧대로 나누어 생각해 보면, 코 끝은 금전에 대한 공격력을 나타낸다.

콧대가 높은 사람은 활동적이고 적극적이고 진취적이다. 콧대가 힘이 있고 높은 사람은 재산이나 물질을 획득하려는 강한 힘이 있다. 콧방울에는 자기 손에 들어온 돈이나 재물을 내놓지 않으려는 방어력이 나타나 있다. 콧방울이 탄력이 있고 힘있게 덮인 사람은 인내심이 강하고, 끈기와 극기심까지 갖추고 있는 사람이므로 큰 부자가 될 수 있다.

(1) 코의 표준 길이는 얼굴 크기의 1/3이다.

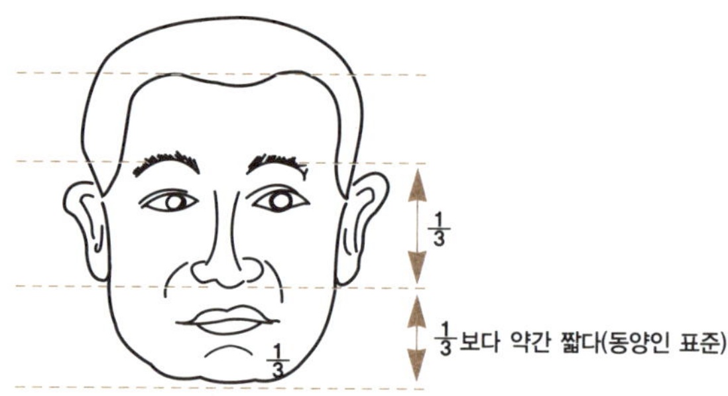

(2) 한국인의 평균적인 코의 길이는 50mm이다

코의 길이를 100이라 했을 때 가로폭
이 70~80정도면 보통 코이다.

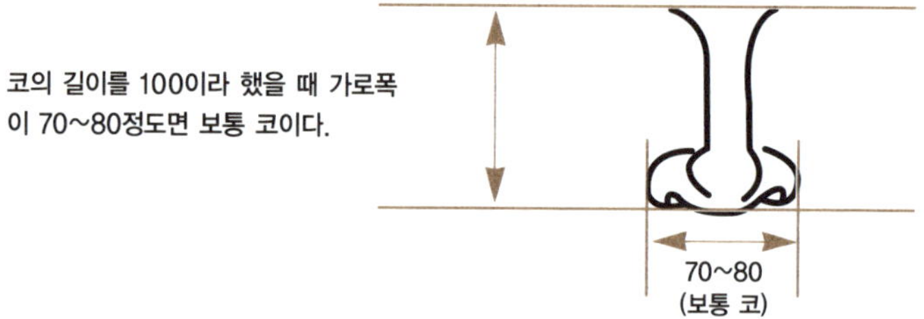

(3) 코의 명칭과 형성

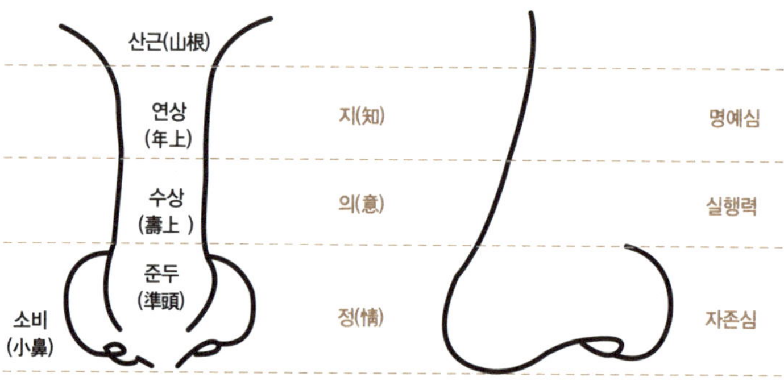

(4) 코의 유형

① 복코

코끝이 둥글며 콧방울 부분에 살이 두툼하게 붙어 있는 코

② 들창코

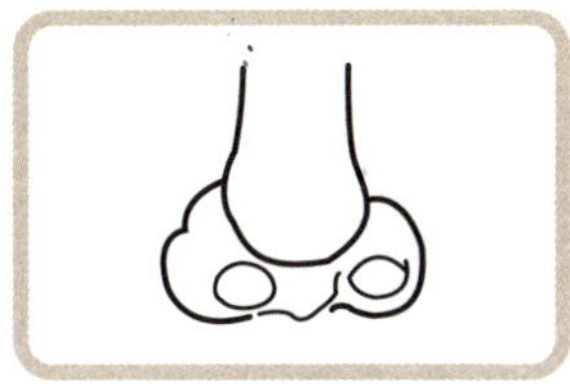

콧방울이 얇거나 너무 큰 사람은 낭비벽이 있고 금전에 대한 경계심이 결여되어 있다. 비밀이 누설되기 쉽고 기밀을 지킬 수 없으며, 신용이 없고 방심하며 부주의한 유형이다.

③ 재복이 있는 코의 유형

콧방울에 탄력이 있는 코는 물질적인 경계심이 강하고 극기심이 있다. 재운이 풍부하여 재복의 능력 또한 뛰어나다.

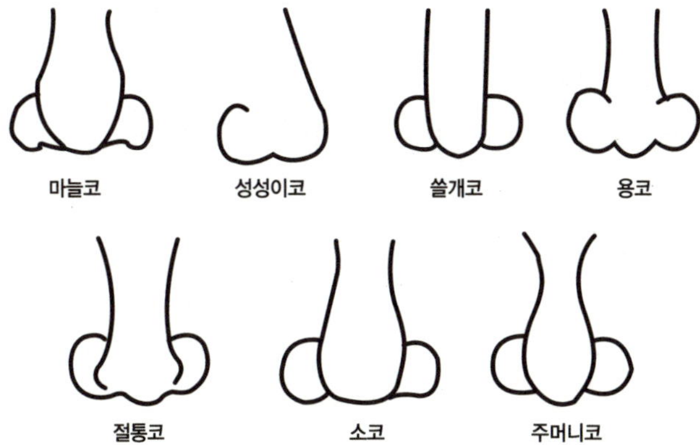

④ 빈약한 코의 유형

코에 탄력이 없고 콧대만 우뚝 솟은 빈상의 코 형태는 부자가 될 수 없음은 물론 재물에 궁핍을 느끼고 산다. 필요 이상의 자존심만 강하고 독선적이며 고집쟁이다. 자기의 사회적 지위를 떨어뜨리지 않으려고 필요 이외의 낭비를 하는 결과 주위로부터 고립되어 가난하게 되는 유형이다.

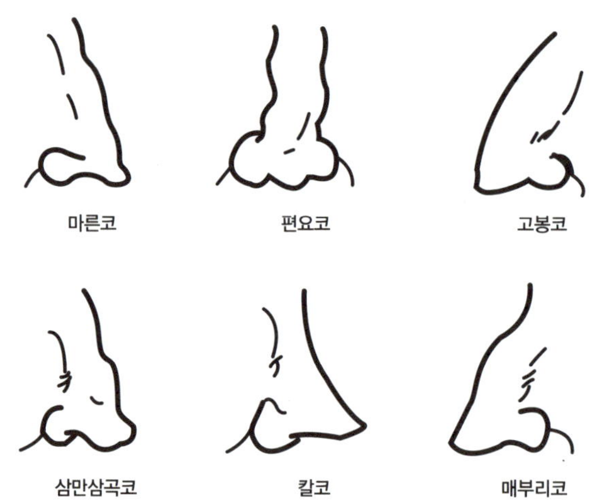

(5) 코의 기본적 유형과 관상

① 코가 높은 코는 자존심이 강하고 매사에 자신감이 있다.

• 적당한 직업으로는 이상을 내세우는 종교계나 사회복지사업 같은 것을 하는 것이 좋으며, 금전에 구애되는 회사원이나 상인 등은 적당하지 않다.

• 공격적이며 자부심이 강하고 프라이드가 높다.

• 코가 높은 사람은 자존심이 강하고 무슨 일에나 자신감이 있다. 항상 남 밑에 있기보다는 남 위에 있기를 희망한다. 이상이 높아 세부적인 것에는 다소 약한 면이 있다.

② 코 높이가 낮은 코는 자존심이 약하다

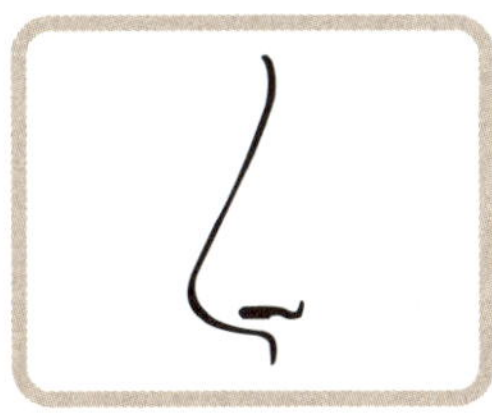

• 본능적이며 지성이 낮고 자신의 페이스를 잘 지킨다.

• 코가 낮은 사람은 자존심이 약하며 자신을 낮추는 경향도 있다.

• 개인 사업보다도 조직체 내에서 열심히 일하는 것을 좋아하며 성심껏 잘한다. 자신의 주제를 파악하면서 부여된 일을 잘한다.

③ 코가 길면 의기를 중히 여긴다

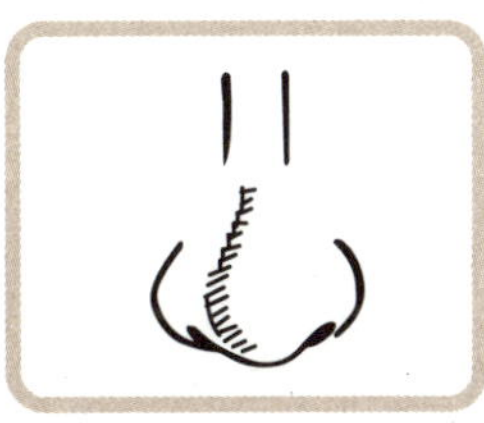

• 수명이 길며 성격이 온화하고 기품이 있다.

• 코가 길면 건강 장수하고 의기를 중히 여긴다. 의지가 견고하고 강하며 착실한 성격의 소유자이다.

• 돈벌이나 세속적인 이야기를 하면 흥미를 잃지만 성실성과 책임감이 강하여 능력 있는 비즈니스맨으로 활동하기도 한다.

④ 코가 짧으면 현실적이며 충동적이다

• 포용력과 결단력을 갖춘 경우에는 지도자로서 사람들을 이끌 수 있지만 그렇지 않으면 게으른 인생을 보내게 된다.

• 자존심이 약하고 서민적이며 결단력이 있다.

• 코가 짧은 사람은 비교적 현실적이며 경솔하게 움직이며 충동적
  이다. 수명이 조금 짧다.

• 싹싹한 성격에 매사를 단순하게 생각하는 경향이 있다.

⑤ 굽은 코는 수입이 고르지 않다

• 얼굴의 중심선에서 오른쪽이나 왼쪽으로 굽은 코는 코가 높은 사람에게서 주로 나타난다. 이런 사람은 수입이 고르지 않다.

• 굽은 코는 몸이 약하고 인생에 굴곡이 있는 모양이다. 화술이 좋기는 하지만 전체적으로 불행하다.

• 여성의 경우 결혼을 제대로 하기가 어려운 상이다. 사고로 코뼈가 휘어졌다면 성형외과에서 가서 수술을 받아 굽은 코뼈 교정을 받는 것이 좋다.

⑥ 콧등이 위로 솟은 코는 매우 투쟁적이고 지는 것을 싫어한다

• 매우 투쟁적이며 남에게 지는 것을 매우 싫어한다. 전력을 다해 일하여 유능한 인재가 되지만, 남에게 얽매여 있거나 협조하는 일들을 잘 못하는 성격이다.

• 콧등이 위로 솟은 코는 무슨 일을 하든지 자기 의견이 옳다고 생각하며 자기가 한 일에 대해서 자기만이 성심성의를 다하는 것처럼 생각하는 독단이 강한 사람이다. 이런 코는 서양인에게서 많이 볼 수 있는 코이다.

- 여성으로서 이런 코를 가진 사람은 남성을 가볍게 보는 경향이 있다.

⑦ 매부리코는 돈을 위해서는 적과도 손을 잡는다

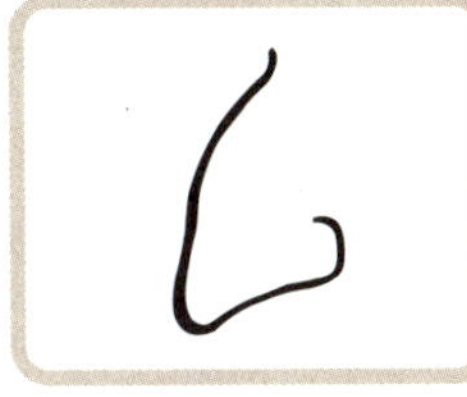

- 돈의 노예가 되기 쉽다.
- 매부리코는 아랍인과 유태인에게서 나타나는 상으로 금전을 위해서는 적과도 동침하며 가족도 배반한다.
- 장사꾼이나 브로커 등에 적합하며 남의 희생을 통해 돈을 모아 부를 누리지만 주변 사람에게 사랑을 받지 못하므로 돈을 고귀하게 쓰는 방법을 알아야만 한다.

⑧ 코끝이 둥근 코는 실용 본위의 생활을 한다

- 옷 매무새나 주변의 체면을 별로 따지지 않으며, 실용 본위의 생활로 재산을 모으고 풍족한 생활을 한다. 일생을 통해 금전 운이 좋은 편이다.
- 코끝이 둥그스럼한 코는 일에 별로 구애를 받지 않고 인생을 스트레스 없이 살아간다.

⑨ 코끝이 뾰족한 코는 프라이드가 강하다

- 생활이 어려운 이웃에게 동정심을 가질 줄 모르는 차가운 성격이다. 자신의 프라이드만큼이나 타인의 인격을 아낄 줄 안다면 좋은 성격이 될 수 있다.

• 코끝이 아주 뾰족한 사람은 프라이드가 강하여 남에게 지는 것을 매우 싫어하면서도 욕심은 남보다 몇 배 이상을 갖고 있다. 이런 사람은 너그러운 포용력을 길러야 한다.

⑩ 콧마루가 낮은 코는 신념이 약하다

• 코끝이 보통이고 콧마루가 낮은 코를 여자형 코라고 한다. 이러한 코는 이상향의 성격이지만, 신념이 약해 강한 사람에게 의지하려고 한다.

• 남자에게 순종하는 타입이므로 행동 나쁜 남성에게 이용당하기도 한다. 그러나 현대 여성에게는 거의 볼 수 없는 형이다.

⑪ 갓 태어난 아기형의 코는 마음이 성숙되어 있지 못하다

• 몸은 성장하지만 마음은 아직 어린애 같은 것을 의미한다. 계획도 없고 비전도 없이 살고 있는 형으로 정신박약아에게서 가끔 나타나는 코이다.

• 갓난 애기형의 코는 판단력이 약하다.

⑫ 콧마루에 선이 나타나는 것은 좋은 상이 아니다

• 콧등에 가로 세로 선이 나타나면 쉽게 흉한 위험에 처하게 된다. 특히 다리 질병에 조심해야 한다.

• 세로로 금이 가면 금전을 얻지 못하는 상이며, 화난 표정을 자주 지어 코에 선이 잡히는 것이다.

• 마음에 여유를 갖고 화를 내지 않도록 조절해야 한다.

⑬ 코의 살집이 양옆으로 늘어진 사람은 부하 복이 없다

• 코의 살집이 양옆으로 늘어지고 콧구멍이 보이는 사람은 부하 복이 없어 아무리 부하를 보살펴 주어도 보답받지 못한다.

• 인덕이 부족하여서 따르려는 사람이 없고 힘들게 보살펴 주어도 감사하게 생각하지 않는다.

⑭ 좌우 콧구멍 크기가 다르면 낭비가 심하다

• 콧구멍 두 개의 크기가 같아야 정상적인데 크기가 다르다면 문제가 있다. 이것은 얼굴 전체에 있어서 좌우대칭에 큰 문제가 발생하게 되는데 태아 시절에 영양이 부족할 경우에 발생되는 경우가 많다.

• 낭비가 심하기 때문에 알뜰히 모으는 강한 배우자를 만나야 한다.

⑮ 콧방울이 좌우로 뻗은 사람은 실용적으로 처신한다

• 코의 살집인 콧방울이 좌우로 크게 뻗어 있는 사람은 자신의 세대에 재산을 많이 모을 수 있는 상이다.

• 둥근코와 같이 체면을 생각하지 않고 실용적으로 행동한다. 매사 크게 일을 벌이므로 조그만 것에는 관심이 없다.

⑯ 코가 붉은 사람은 재난을 조심해야 한다

- 몸에 병이 있거나 술 때문에 코가 붉어지는데 파산할 상이므로 가급적 빨리 원인을 찾아 치료해야 한다.
- 붉은 실핏줄이나 붉은 힘줄이 있으면 수재나 화재의 재난을 조심해야 한다.
- 코끝이 붉은 자는 알콜의존자가 많다. 색깔이 붉은 코는 경제적으로 어려움을 받거나 형을 언도 받는 등 나쁜 운을 나타낸다. 붉은 코를 가진 자가 재산을 모을 시에는 병으로 생명이 짧아진다.

6. 입

입은 하정의 대표적인 부분이며 주로 애정을 나타내는 곳이다. 사람의 여러 가지 생각이나 사상의 결론이 집중 표현되는 기관으로써, 아무리 다른 곳에 복운의 상이 있더라도 입술에 탄력이 없어 복이 없는 입을 갖고 있다면, 이런 사람은 결코 복운을 지킬 수 없다.

입은 벌릴 때는 크고, 다물고 있을 때는 작은 모양이 좋은 상이다. 윗입술은 적극성과 부성을 나타내며 남을 향한 애정의 표시가 나타나는 곳으로 두터울수록 애정이 깊으며, 얇은 사람은 박정하고 이기적인 사람이다. 아랫입술은 자기 본위의 애정을 나타내며 소극성과 모성을 나타낸다. 음식을 먹기 위해서 절대적으로 필요한 기관이다.

입의 모양은 의지력을 나타내 생존력과 의지력을 동시에 보여 준다. 또한 입술 피부와 사람의 성기 끝부분이 똑같은 점막으로 되어 있어서 성욕도 나타낸다. 그러므로 입술과 입술의 접촉이 성적인 행위가 될 수 있는 것이다.

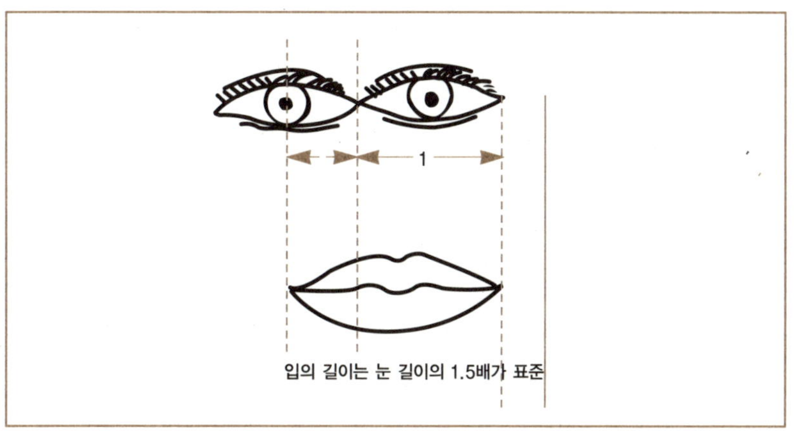

① 아랫입술이 튀어나온 사람은 이기주의자이다

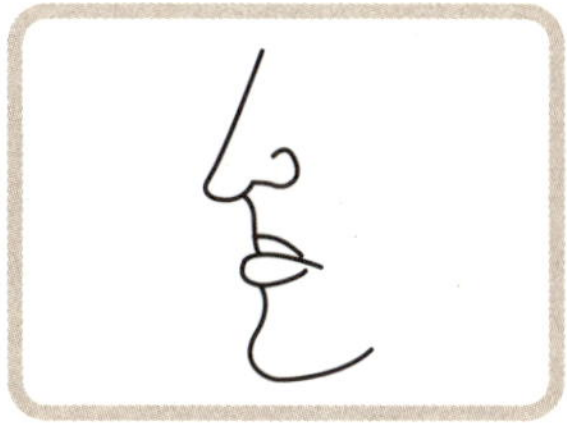

- 여자는 남편을 믿을 수 없어 직업을 갖는 사람이 많다. 이런 사람은 대개 유년 시절에 불행했던 사람이며, 애정이 결핍된 환경에서 자란 사람이 대부분이다.
- 아랫입술이 윗입술보다 앞으로 나온 사람은 따지기를 좋아하며 무슨 일에나 일단은 반대부터 하는 사람이다.
- 개성이 너무 강하고 애정도 자기 본위여서 사귀기가 어려운 사람이다.
- 일생 여자로 인해 파산을 하고, 남의 충고를 받아들일 만한 아량

도 없으며, 자기의 이익을 위해선 신의를 저버리며 남을 배신하는 일도 서슴지 않는다. 애정에도 진실성이 없으며, 상대방으로부터 애정만을 요구하는 이기주의자이다.

② 아랫입술이 들어간 사람은 주체성이 부족하다

• 이런 사람은 독립적인 사업을 피하고 남의 밑에서 일하는 형이며 고정적인 월급생활을 하는 것이 좋으며 가정을 소중히 여긴다.

• 허둥대기도 하고 말수는 적으나 가끔 말을 하게 되면 경망한 말을 하는 경향이 있다.

• 아랫입술이 윗입술보다 힘없이 들어간 사람은 선천적으로 마음이 약해 남에게 이용당하기 쉬운 반면 주체성이 결여되어 있다.

③ 입의 양쪽 끝이 일직선 모양은 호감을 산다

• 양쪽 끝이 올라간 듯하고 일직선으로 생긴 사람은 모든 사람에게 호감을 산다.

• 부부간에도 원만하여 명랑한 생활을 계속할 수 있으며, 차음에 가진 신념을 관철할 수 있는 사람이다.

④ 입 끝이 위로 향한 모양은 횡재가 도래한다

• 입 양쪽 끝이 너무 위로 올라간 사람은 허랑방탕하고 거짓이 많고 말에 진실성이 없다.

- 선천적으로 정신력이 좋고 기지가 풍부하고 능변가이며 성격도 명랑하여 부귀하게 되고, 중년에 횡재의 복운이 도래하므로 행복한 생활을 하게 된다.
- 언제나 명랑하고 사물을 선의로 해석하는 양성향의 사람이다. 남의 사랑도 받고 건강 상태도 좋고 입신출세한다.

⑤ 입 끝이 처진 모양은 늘 고독하게 지낸다

- 여성은 독신으로 지낼 상이며, 남자는 초혼에 실패하고 아내의 애정을 받지 못하며 항상 금전에 고통을 느끼고 비관적이다. 하는 일마다 결단이나 끝을 보지 못하는 경향이 많다.
- 근성이 나쁘고 사물이나 타인에 대하여 나쁜 쪽으로 생각하는 형이다. 그러나 의지가 강하고 노력가이며 입신출세형이다. 정치가에게 많고 전략가이다. 입의 양쪽 끝이 내려간 사람은 의지가 박약하고 열등감이 많으며 성격이 우울하여 늘 고독하게 지낸다.
- 항상 무슨 일을 하든지 신념을 갖고 매사에 목표를 세워 차근차근 시행하고 낙천적인 생각을 하고 명랑한 성격을 갖도록 노력하면 점차로 입 끝도 따라서 올라가게 된다.

⑥ 입술의 흠 및 주름살은 불운을 겪는다

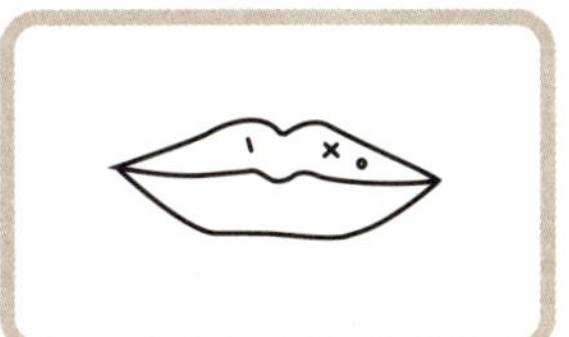

- 입술에 베인 상처가 있는 경우는 애정 운이나 금전 운과 멀고 실의와 좌절을 많이 겪는다.

- 구각이 밑으로 처지고 입술 아래위로 쭈글쭈글한 주름이 많으면 결혼이 늦고 자녀와의 인연이 박하다. 어린 시절에 가난을 신고하게 되며, 만년에도 가난하게 된다.

- 말할 때 입술이 아래로 비뚤어지는 사람은 대체로 거짓말쟁이다. 근성이 좋지 않다.

- 입의 어느 한쪽이 올라가는 사람은 자신이 넘치는 형인데 그로 말미암아 운의 손해를 입는다. 감정이 격해지면 입술이 경련을 일으키는 사람은 말로 실수하기 쉽고 질투심도 많다.

⑦ 입이 틀어진 입술은 신경질적이어서 화합하지 못한다

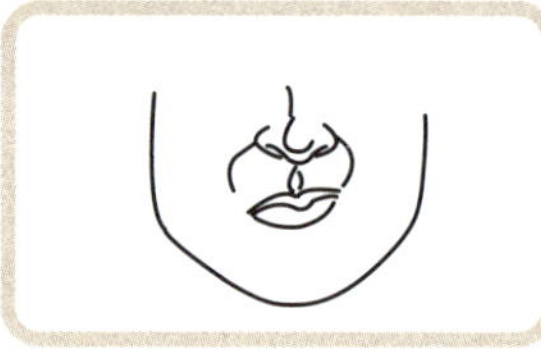

- 입이 틀어진 사람은 거짓이 많고 진실성이 결핍되어 있어 결코 타인으로부터 인정을 받지 못해 가난하게 된다.

- 대단히 신경질적이어서 남에게 미움을 사기 쉽다. 게다가 남의 일에 참견하기 좋아하여 공연한 분란을 만들기 쉽다.

- 자라면서 성격 형성에 문제가 생겨 입술이 일그러진 것이므로 스스로 세상을 긍정적으로 보도록 노력하지 않으면 실패한 인생을 살게 된다.

⑧ 작은 입은 소심하고 소극적이다

- 작은 입은 소심하고 소극적인 생각의 소유자이며 생활력이 약하다. 한 가지 맡은 일을 완성시키는 인내력이 있다.

- 여성은 의뢰심이 강하고 인기도 있으나, 자기 스스로 열이 오르지 않는다.

- 소심한 성격 때문에 리더가 되기 어려우며 윗자리에 앉게 되면 부하를 억압하는 상사가 된다.

- 투쟁력이 약하여 자신보다 강한 자와는 다투려 하지 않고 약한 자는 밟는 형으로 너무 큰 것을 바라지 않고 작은 것부터 분수에 맞게 차근차근 기반을 쌓는 것이 바람직하다.

⑨ 튀어나온 입은 야성적이며 생활력이 강하다

- 인종별로 보면 흑인이 가장 많이 튀어 나오고 다음은 아시아인이며 백인은 다소 들어간 편이다.

- 입이 튀어나온 사람은 말이나 행동에 있어서 남에게 지지 않으려는 면이 있으며, 자기주장이 강하여 때때로 완력을 쓰거나 난폭한 언사를 쓰기도 한다.

- 입이 튀어나온 사람일수록 야성적이고 생활력도 강하다.

⑩ 들어간 입은 자기주장이 약하다

- 여성의 경우에는 여자다운 면이 있다고 할 수 있지만, 남성의 경우에는 약한 성격이다.

- 내심으로는 '노(NO)' 라고 하면서도 상대방의 강요에 못이겨 '예스(YES)' 라고 하며 허락해 버리기 쉽다.

- 입이 들어간 사람은 소극적이며 제대로 자기주장을 펴지 못한다.

⑪ 엷은 입술은 타산적이며 자기 본위적이고 냉정하다

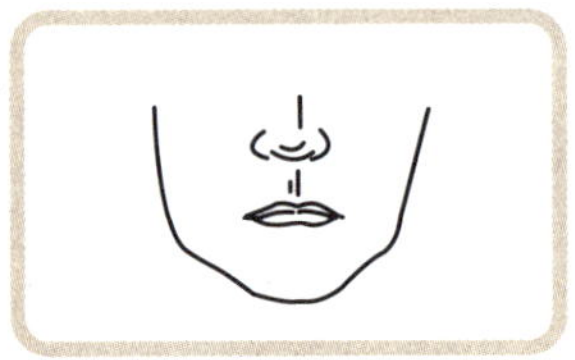

- 입술이 엷은 사람은 박복하며 애정도 결핍되어 있으며 타산적인 성격에 자기 본위적인 사람이다.
- 여성이 이런 입술을 가진 경우에는 수다쟁이여서 별로 좋은 인상을 주지 못한다.

⑫ 한일자(一)로 다문 입은 일에 열심이다

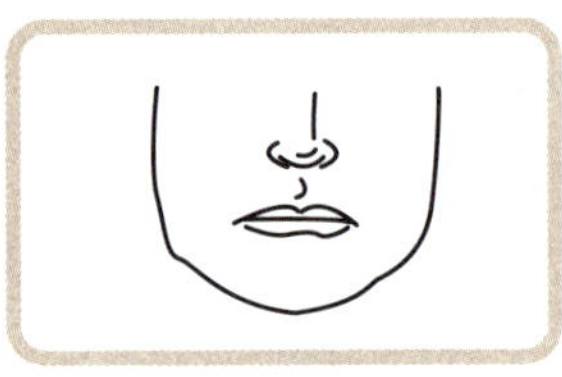

- 한일자로 입을 다문 사람은 의지가 강하고 신념이 있으며 자기를 억제하는 극기심도 있으므로 언제나 행운이 따라 재운이 오게 된다.
- 청춘 시절에 청춘을 즐길 여유도 없이 일에 열중하는 스타일이다. 오랜 세월을 두고 노력함으로써 자기의 목적을 달성하지만, 주변 사람들에게는 별로 재미없는 사람이다.

⑬ 웃을 때 윗잇몸이 보이는 여성은 남성에게 약하다

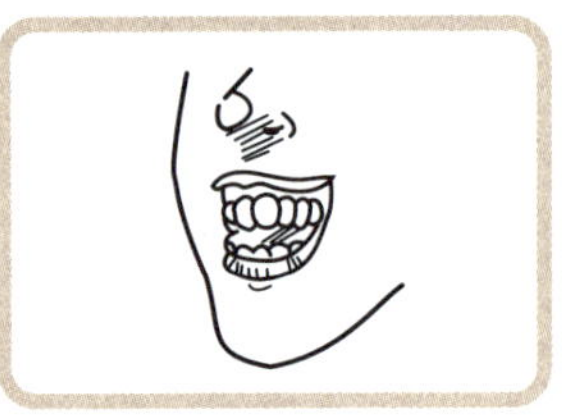

- 의지가 강해 자신이 이루고자 하는 바를 꼭 성취하는 형이다. 여성의 경우 남자에게 약한 것이 흠이다.
- 웃을 때 잇몸이 드러나면 박명하고 형극(荊棘)의 길을 걷는다. 성욕이 강하다.
- 웃을 때 윗잇몸이 크게 드러내 보이는 여성은 남성이 원하면 거절하지 못하고 몸을 허락하는 경향이 있다.

⑭ 두터운 입술은 정에 약하므로 스스로 조신(操身)하게 처신해야 한다.

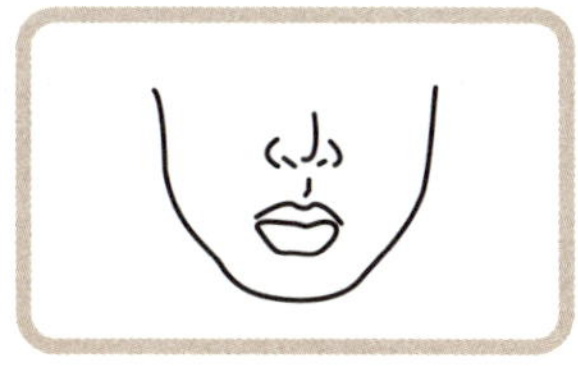

- 입술이 두터운 사람은 인정이 많아 동정심이 깊고 부부간의 애정도 깊으며 박애주의적이다. 너무 두터운 경우에는 정욕이 너무 강해 몸을 망친다.

- 입술 빛깔이 고운 사람은 금전 운, 건강 운이 다같이 양호하다.

- 여성은 이해심이 있고 특히 뚜렷한 세로줄이 많으면 자녀복이 있는 상이며 미식가이기도 하다. 여성으로서 입술이 두껍고 큰 사람은 정욕 때문에 남자들을 편력하기 쉽지만 정이 많고 친절하다.

⑮ 아랫잇몸이 보이는 사람은 차가운 성격이다

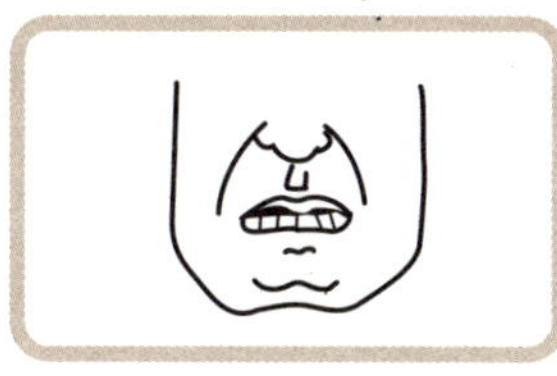

- 웃거나 말할 때 아랫잇몸이 보이는 사람은 상대방을 내리깔고 보는 상으로 마음이 차가운 사람들에게 이런 상이 많이 나타난다.

- 남을 도우려 하지 않는 자기 본위의 사람이다.

⑯ 웃어도 입이 우는 상은 환경이 나쁘다

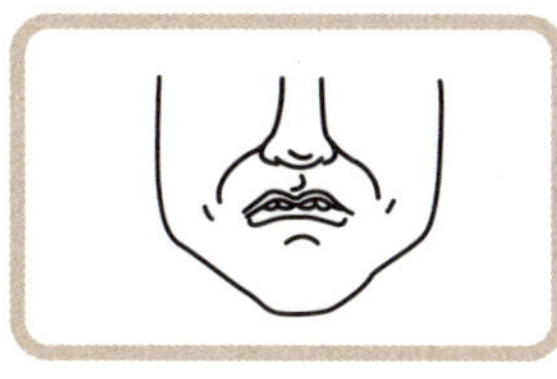

- 웃고 있는데도 울고 있는 것과 같은 모양의 입을 하고 있는 사람은 병이 있어서 괴로워하거나 생활고로 허덕이는 등 환경이 좋지 못해서이다.

- 힘들고 어렵더라도 웃을 때 입술이 위로 올라가도록 노력해야 한다.

7. 이

옛날부터 이가 좋은 것은 오복의 하나라고 한다. 이는 본래 먹는 것과 관계가 있으므로 건강을 판단할 수가 있다. 인상학에서는 치상(齒狀)이라고 한다. 이는 입과 서로 돕는 일체의 관계에 있다. 치열이 고운 사람은 다른 부분에 다소의 결점이 있어도 남에게 좋은 인상을 주며 운도 좋은 법이다. 이는 모두 합치면 32개가 되며 이의 구조는 아래와 같다.

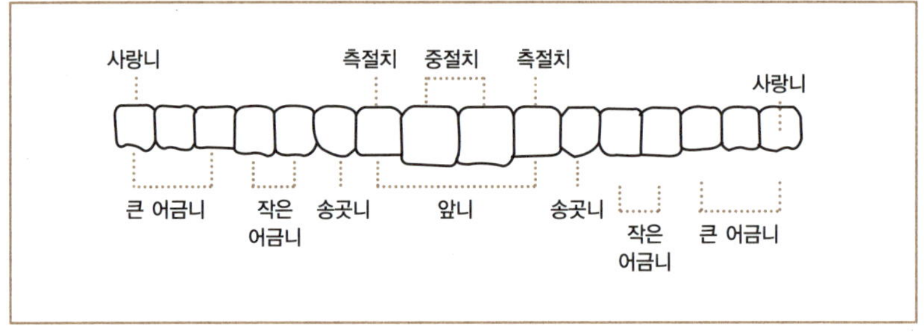

＊ 이의 구조 ＊

① 출치(出齒)의 사람은 말수가 많으며 호색가이다

- 입을 잘 다물 수 없을 정도로 앞니가 긴 것을 출치라고 한다.
- 출치인 사람은 소극적인 사람이 별로 없고 수완가가 많으며 말수가 많다.
- 여색에 트러블이 생기는 상이다.

② 반치(反齒)의 사람은 비밀을 지키지 못한다

• 반치는 출치와 같이 뻐드렁니로 통하지만 앞니가 길게 뻗어 나와 있는 경우이다.

• 격식을 차리지 않고 아무렇게나 말하기 좋아하는 성격을 가진 경우가 많으며 대개 수다스럽다.

• 이야기에 별로 알맹이가 없으며 비밀을 지키지 못한다. 남의 비밀은 물론 자신의 비밀도 털어놓는 성격이다.

• 여성인 경우 '라디오 방송국'이라는 말을 들을 정도여서 남의 미움을 사게 된다. 일에 있어서는 수완이 뛰어나다.

③ 옥니는 참모형이다

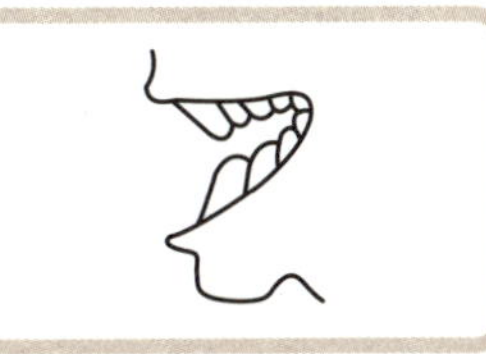

• 이가 입 안쪽으로 향해 있는 모양이다. 우리가 흔히 말하는 옥니배기로 음성적인 성격을 가진 경우가 많다.

• 남 앞에 별로 나서기를 좋아하지 않는 성격이지만 그 대신 뒤에서 꾸미는 일은 잘하는 책사(策士)의 타입이다. 요즘말로 하면 참모형이라 할 수가 있다.

④ 앞니 사이가 여덟 팔자 모양은 교통사고에 조심해야 한다

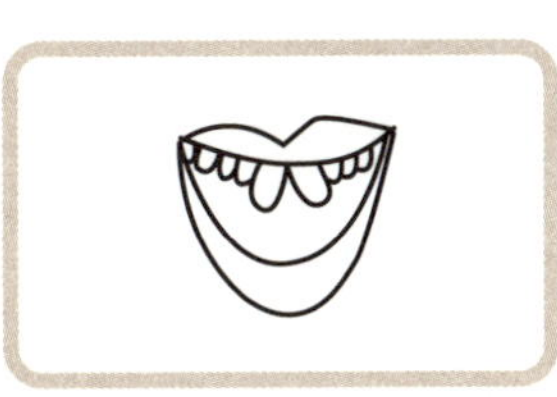

• 일생에 한번쯤은 크게 교통사고를 당할 운세도 지니고 있어 오너 드라이버라면 술 마시고 운전하는 일은 절대로 삼가야 할 것이다.

• 앞니 사이가 여덟 팔자 모양으로 벌어진 사람은 운세가 약한 편이
며 처복과 자식복도 적은 편이다.

⑤ 앞니 두 개가 옆으로 휘어진 이는 허풍이 세다

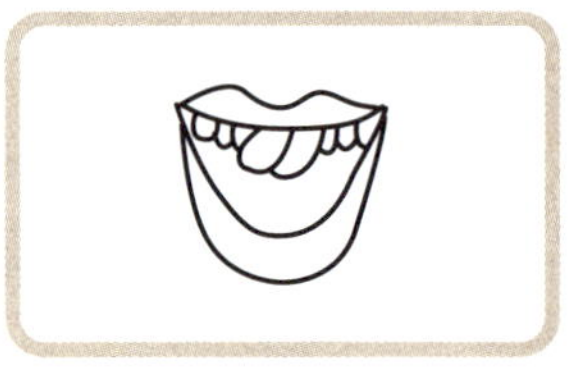

• 침소봉대해서 말하는 습관이 있으므로
자연히 인간적인 신용도도 떨어지기 쉽다.

• 앞니 두 개가 옆으로 휘어 있는 사람
은 허풍이 센 성격이다.

⑥ 잘게 가지런한 이는 돈을 잘 안 쓰는 노랑이이다

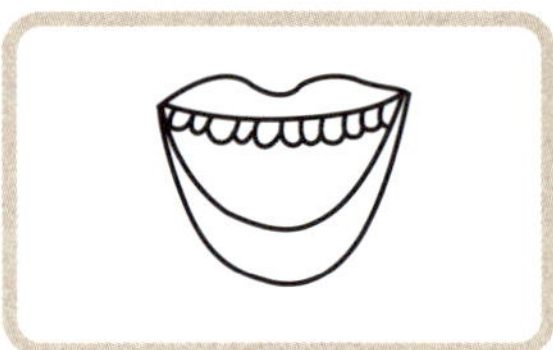

• 앞니건 송곳니건 비슷하게 보일 정도
로 이가 한결같이 잘게 난 사람은 아
주 이기적인 성격을 갖고 있다.

• 대체로 남을 위해서 돈을 쓰는 일이
거의 없으므로 노랑이라고 불리기 쉽다.

• 실속파로 재산을 착실하게 쌓아 갈 타입이다.

⑦ 여성의 덧니는 호감을 받는 상이다.

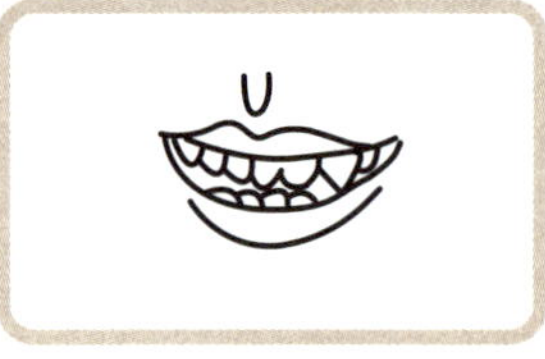

• 남자 어른에게 덧니가 있으면 연약하
게 보이며, 남성으로서의 결단력이나
용기가 부족하고 남의 말에 좌우되기
가 쉽다.

• 여성의 경우는 턱이 빈약하지 않으면 좋은 인상을주며 남에게 호
감을 받게 되고 남녀의 친구 운도 좋다.

• 예능인으로서 성공하는 사람이 많다.

⑧ 이빨 사이가 벌어진 사람은 만사에 끈기가 적다

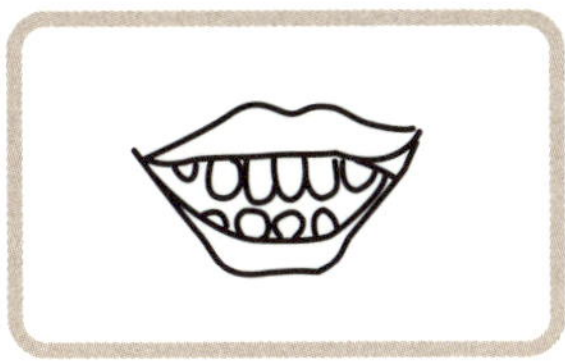

- 운기가 없어 자연히 끈기도 적어져 일을 중도에서 내던지는 사람이 많다.
- 금전 운도 나쁘고 수입이 있어도 지출이 많기 때문에 돈에 쪼들린다.
- 이빨 사이가 틈이 나 있는 사람은 만사에 끈기가 적고 부모·형제·친척과의 관계가 좋지 않으며 도움을 받기보다도 도와주어야 할 일이 많은 운세이다.
- 심하게 벌어진 사람은 거짓말을 잘하는 경우가 있다.

8. 법령과 식록

법령이란 콧방울의 위에서 아래턱으로 걸쳐 생겨져 있는 얼굴의 선으로 중정에서 하정으로 뻗어 있다. 끝이 넓어질수록 상상(上相)이며, 선이 입으로 가까워질수록 운이 작아진다.

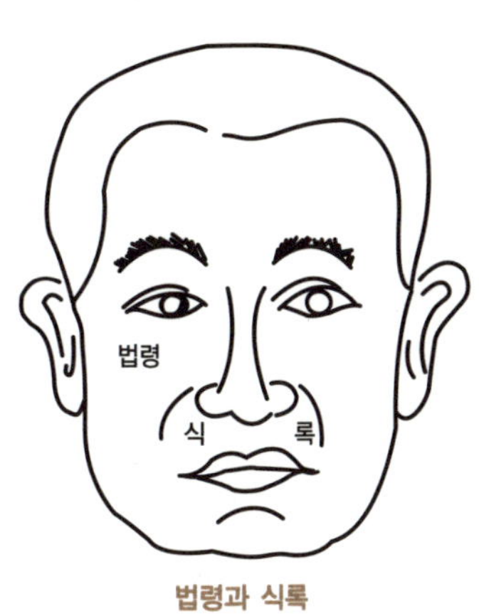

법령과 식록

법령은 콧방울의 바로 위에서 시작하여 입술의 중심선보다 약간 아래 쪽에서 끝나는 것이 보통이다. 다만 끝이 윗입술의 상단에서 아랫입술의 하단까지의 사이에서 끝나 있는 것이 표준이다.

식록이란 웃니를 덮는 부분을 가리킨다. 왼쪽 부분을 '식창(食倉)'이라 하고 오른쪽 부분을 '녹창(祿倉)'이라 하는데 이 식창과 녹창을 통털어서 '식록'이라고 한다. 이 식록은 수입의 유무를 나타나는 곳으로 일명 '노적궁'이라고도 한다. 식록이 큰가 작은가는 이 법령이 넓게 뻗어 있는가 좁게 뻗어 있는가에 따라서 결정된다.

법령으로 보는 것은 운세적으로는 부하 운, 가정 운, 직업 운, 주거 운이며, 병상(病相)으로는 다리·허리의 강함을 본다.

법령은 그 사람의 직업의식, 프로의식과 같은 자립성을 나타낸다. 따라서 여성으로서 법령이 뚜렷한 사람은 직업을 가지는 것이 좋으며, 주부로는 부적당하다. 법령은 20대에 들어서 겨우 얇은 선이 자리 잡기 시작하여 40세 이후 깊어지면서 뚜렷해진다. 그 사람의 자립성을 나타내는 것이므로 나이가 지긋해도 법령이 없는 사람이나 반대로 젊을지라도 법령이 뚜렷한 사람이 있을 수 있다.

법령이 크고 힘있게 벌어져 있으면 식록의 면적이 넓어지고 법령의 간격이 좁으면 식록의 면적이 작아진다. 다음으로 코에서 입까지의 거리 즉, 인중은 생활에 집착력과 인내심을 나타낸다. 그 거리가 길고 두터운 사람은 모든 일에 책임감이 강하고 여유가 있으며, 연구심이 깊고 생활력이 강하므로 자연 풍요로운 생활을 하게 된다. 법령은 문자 그대로 법정신과 의지력과 직업 운이 나타나 있다.

① 법령이 여덟팔자형은 직업이 안전하다

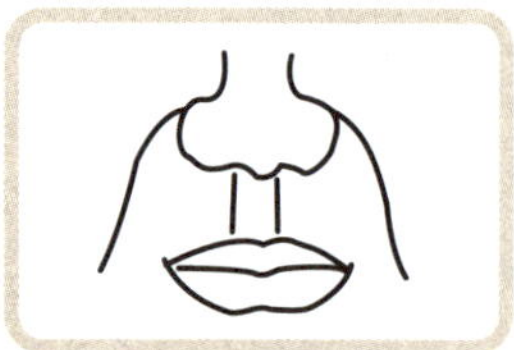

• 수입도 증가하며 부하도 많아지고 또 윗사람으로부터 인정도 받아서 중년부터 성공하게 되어 말년 운이 형통한다.

- 법령이 윤택하고 선이 팔자(八字)처럼 잘 뻗어 있으며 그 선의 끝에 힘이 있는 사람은 무슨 직업에 임해도 의지가 굳고 집념이 강하여 연구심이 있다.
- 선이 뚜렷하고 끝이 벌어진 법령은 반드시 입신출세하는 상이다. 특히 예능 분야에서 성공할 상이며 가정도 원만하고 부하와도 인연이 좋다.

② 법령 선 끝이 하향형은 의지가 박약하다

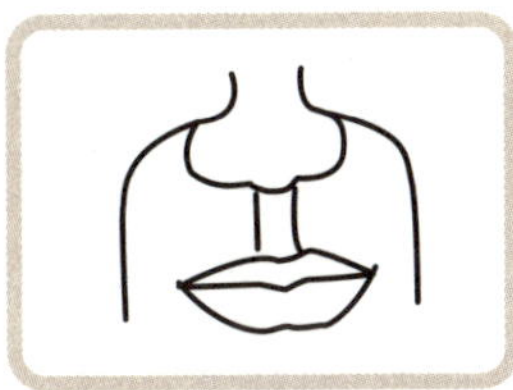

- 법령의 전체가 반듯해도 그 선 끝이 하향해 있고 힘이 없으면 처음에는 수입운이 있으나 금전에 대해 방심하므로 점차 수입이 줄어든다.

③ 법령 선이 입으로 흐르는 자는 소심하다

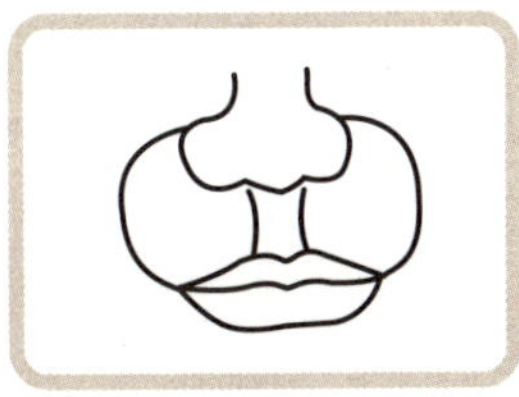

- 법령의 선이 입으로 흘러 들어가는 사람은 소심한 사람으로 모든 일에 우유부단하고 결단성이 결여되어 있고, 의지력이 약하여 사회에서 활동하는 능력이 부족하다.
- 항상 자기 장래를 비관적으로 보는 경향이 있어 점차 수입이 없어지고 건강도 약해진다. 의심이 많아 사람과 친근해지기 어려우며 신용도 없고, 스스로 고독에 빠지기 쉽다.
- 입을 에워싼 법령은 실언으로 실패하기 쉬우며 위장이 약하고 식성도 짧은 편이다.

④ 법령의 길이가 다르면 직업 불완전형이다

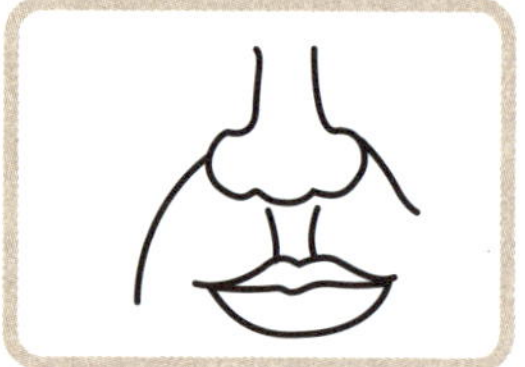

- 결과적으로 어떤 일정한 직업에 안주할 수 없어 직업을 자주 바꾸는 경우가 많다.

- 법령의 왼쪽이 길든지 오른쪽이 짧은 사람 또, 오른쪽이 길고 왼쪽이 짧은 사람은 의지력이 부족하여 어떤 때는 노력하나 어떤 때는 방심하는 형이어서 주거가 불안하다.

⑤ 법령에 힘이 없으면 전업이 잦은 형이다

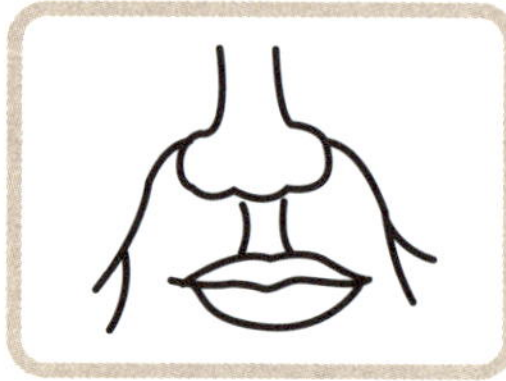

- 원래는 입쪽으로 법령이 붙어 좋지 않은 상이었지만, 스스로 성격을 개조하여 자주 웃음으로써 법령의 모양을 바꾸어 놓은 것이다.

- 법령에 힘이 없는 사람은 의지력이 약하고, 법령 선의 끝이 둘로 갈라져 있는 사람은 정만 많고 의지가 박약하여 직업의 변화가 많고 실패할 가능성이 많으며 수입 운도 좋지 않다.

- 중간에 이중 법령이 되는 경우는 바깥쪽으로 갈라지기 시작한 때부터 사업이 발전하는 상이다.

⑥ 좌우 법령이 균형을 못 이루면 부모와의 연분이 적다

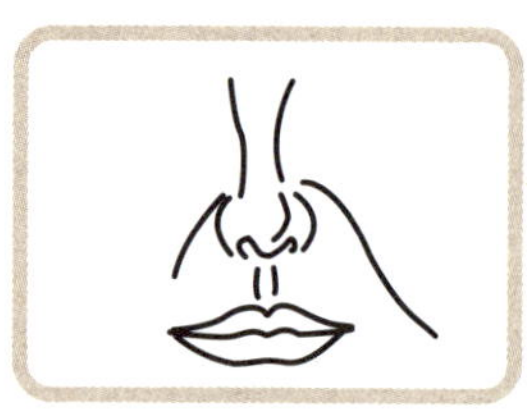

- 그림처럼 왼쪽 선이 깊고 뚜렷할 때는 남성이라면 아버지가, 여성이라면 어머니와의 연분이 깊고 각각 어느 한쪽 부모로부터 도움을 얻게 된다.

- 좌우의 법령이 균형을 이루지 못하였다면 한쪽 부모와 연분이 엷은 사람이다.

⑦ 법령이 없는 사람은 운이 정해지지 않았다

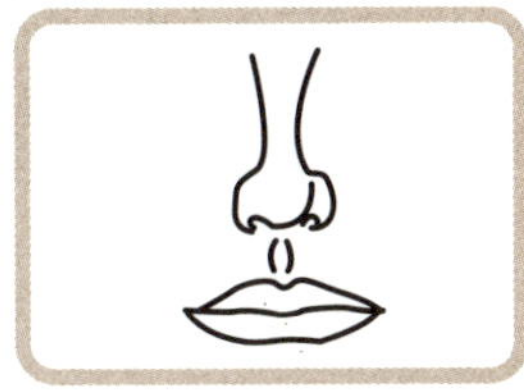

- 나이가 지긋한데도 법령이 없는 사람은 운이 정해지지 않았고 그 사람의 진가도 정해지지 않은 것이다.
- 반대로 젊은데도 법령이 있는 사람은 자립심이 강하고 젊을 때부터 고생하는 상이다.

⑧ 법령에 흉터나 점이 있으면 부모와 연분이 적다

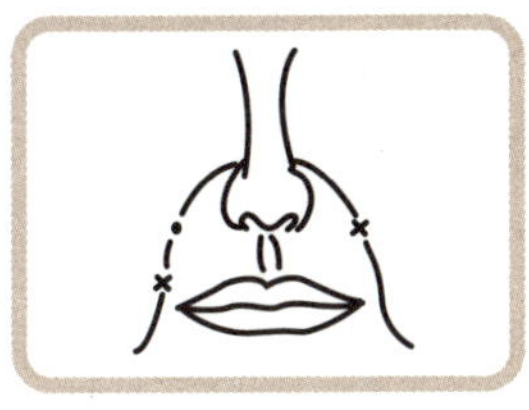

- 직업에 불만이 많고 안정성이 없으며, 경계심이 부족하고 의지력이 충분하지 않기 때문에 사업이나 수입 면에 있어서 파산, 실직, 좌절하기 쉬운 상이다.
- 법령의 선상에 흠이나 점이 있으면 한쪽 부모와의 연분이 엷다고 본다. 왼쪽 선상에 있는 경우 남성은 아버지, 여성은 어머니이고 오른쪽 선상에 있는 경우 남성은 어머니, 여성은 아버지와의 연분이 좋지 않다.

⑨ 법령에 희미한 오점이 있으면 신뢰하는 부하가 떠난다

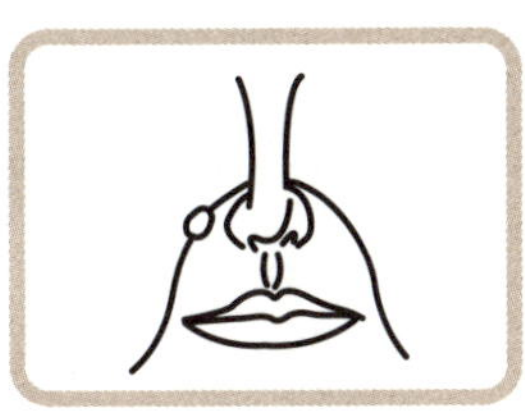

- 법령은 또 부하 운을 보는 곳인데 법령상에 희미한 오점이 나와 있을 때는 신뢰하는 부하가 떠나는 의미이다.

- 오점의 위치로 부하의 중요도를 알 수 있으며 그림처럼 코에 가까울수록 간부급의 중요한 부하를 나타낸다.

⑩ 법령이 두 가닥이면 생활고가 심하다

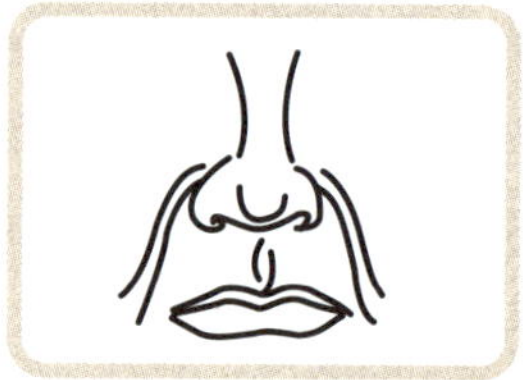

- 여성의 법령이 깊고 길면 호령하고 명령하기를 즐기며 패기가 있지만 고독하다. 모름지기 마음을 닦고 수양해서 온유한 개성을 살리기에 힘써야 한다.

- 법령 밖 옆에 다시 직선의 무늬가 생겨 법령이 두 가닥 있으면 장수하게 되고 노년기의 운이 형통하다. 일찍 사회에 나가게 되며, 어깨에 가정을 꾸려 가는 무거운 짐을 진다.

- 직업이 자주 변하고 부모와의 연분도 좋지 않음을 나타낸다.

- 두 가닥의 법령 안쪽이 입술 끝에 붙은 경우에는 생활고나 병 때문에 생긴 것으로서 결국 이사하게 되는 상이다.

⑪ 법령이 토막나 있으면 직업에 변천이 많다.

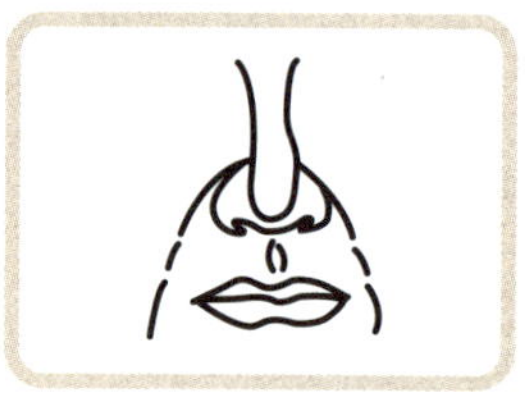

- 토막토막으로 잘려 있는 법령은 직업상 정착이 되지 않고 수명 운이나 부모와의 연분도 엷은 형이다.

⑫ 법령이 콧방울 위에서 시작되면 용의주도하다

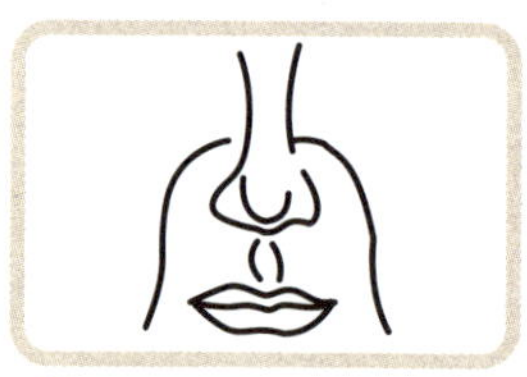

- 콧방울 위에서 시작된 법령은 용의주도한 성격이며 젊어서 크게 돈을 벌 상이다.

9. 광대뼈와 볼

광대뼈가 가장 좋은 것은 높이 솟되 완만해야 하고, 살이 있으며 밝게 빛나고 천창을 비스듬히 찌르는 듯해야 한다. 가장 나쁜 것은 낮게 평평하고 조잡스럽게 뾰족한 경우, 뼈가 드러나고 살이 없는 경우, 점이나 흔적, 주름으로 덮힌 경우이다.

중정의 대표 부분인 코를 보조하는 역할을 하는 것이 광대뼈이다. 보통 볼이라 하면 광대뼈와 그 아래 뼈가 없는 부분과의 두 쪽을 아울러 포함하고 있어 광대뼈와 볼은 서로 구분 되는 것이다.

광대뼈는 남성에게 잘 발달되어 있다고 보겠는데 여성은 일반적으로 돋보이지 않는다. 광대뼈는 사회에서의 활동력이나 투쟁력을 가리키는 반면에 볼은 덕망과 주변의 신망을 보여 준다.

근골질의 사람은 광대뼈가 가장 잘 발달돼 있으며 적극적인 사회 생활을 한다. 광대뼈 아래 뼈가 없는 부분에서 물을 머금고 있거나 숨을 들이켰을 때 부풀어 오른 일대가 볼이다.

살이 남짓하고 매끄러운 것이 상상(上相)이며, 살이 빠진 볼 맺힘이 없는 볼은 운세도 좋지 않다. 또 광대뼈, 볼은 다 같이 그 부분의 색깔에 윤기가 있는 것은 운세도 좋고 그 부분이 나타내는 의미도 강조된다.

볼로 보는 것은 가정 운, 노년 운, 부하 운 등이고 또 성격상으로는 애정심, 병상(病相)으로는 위장의 장애를 본다. 볼의 둥금은 복부에 비례한다.

볼의 살이 풍부한 사람은 복부도 둥글고 크고 따라서 식욕도 왕성하며 운도 열린다. 다만 너무 지나치게 풍부해서 볼이 처진 것처럼 되는 경우는 쇠운의 시작이다.

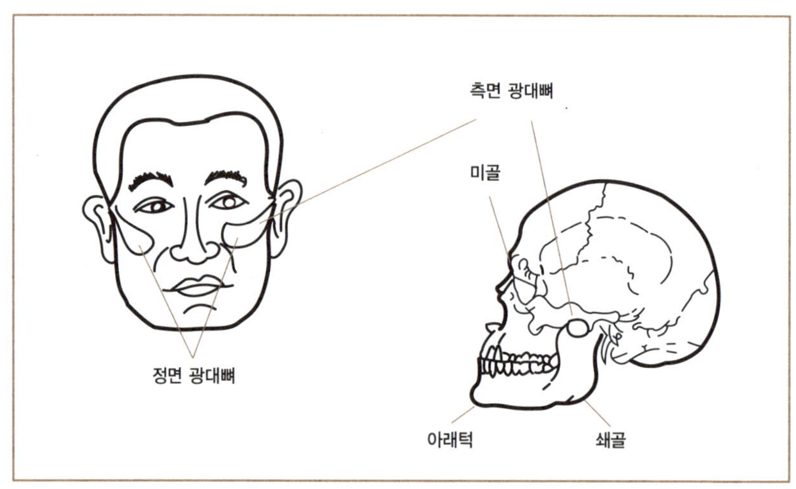

① 정면 광대뼈가 튀어나온 사람은 승부욕이 강하다

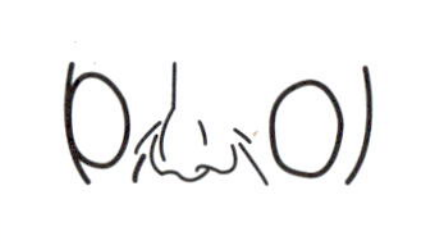

- 정면 광대뼈가 튀어나와 있고 코도 우뚝하면 주의가 필요하다. 여성인 경우는 승부욕이 강하다.
- 극단적으로 튀어나온 사람은 남녀간에 성미가 급하고 의지가 약하면서도 자아를 너무 내세우는 자기 자랑형이다.
- 기력도 강하고 원기가 왕성하다. 무슨 일에나 겁없이 부딪치거나 듣기 싫은 말을 하면 직접 따지기도 하지만 쉽게 마음이 풀린다.

- 남에게 지지 않으려는 성미가 강한 사람이다.

② 측면 광대뼈가 튀어나온 사람은 기력이 왕성하다

- 기력이 왕성하고 투쟁력도 강하여 싸움을 잘한다. 반면 성격은 음성적이다.
- 인간미의 깊이와 참된 용기를 지닌 사람이 된다.
- 귀쪽의 광대뼈가 아래쪽으로 처지면 성격이 음험해져서 남이 싫은 말을 하더라도 겉으로는 아무렇지도 않은 듯 하지만 속으로는 반드시 보복을 하려고 기회를 노리는 형이다. 귀쪽으로 봐서 치켜 올라가는 형은 학자나 예술가에 많은 상이다.

③ 정면, 측면의 양쪽이 튀어나오면 냉정 침착하다

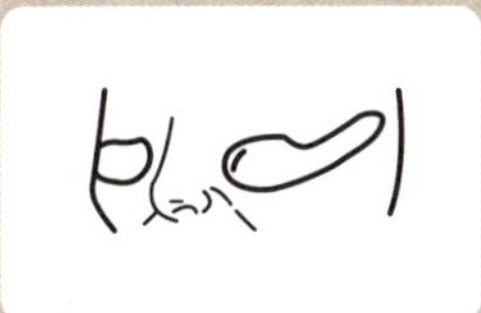

- 정면으로 튀어 나와 급한 성미와 측면의 음험성을 억누르고 양쪽의 좋은 면이 나타난다.
- 기회 포착에 민감하고 상대방에게 따지고 들 때도 그만한 근거를 가지고 있다.
- 특히 양쪽의 광대뼈가 튀어나와 있고 게다가 살집이 좋은 경우는 가장 좋은 상이다.
- 상대방의 공격을 가볍게 피하고 적당하게 반론을 해서 어느덧 자기주장으로 끌어들이고 만다. 항상 냉정 침착하여 동료나 세간의 평도 좋은 편이다.

④ 광대뼈에 흠이나 점이 있으면 질병이나 재난에 주의해야 한다

- 광대뼈가 튀어나와 있어도 좌우 크기가 균형을 이루지 못하였거나 상하 차이가 있는 경우는 만사불성으로 남과의 교제도 오래 지속되지 못한다.

- 정면, 측면의 어느 쪽도 튀어나오지 않은 사람은 인내심이 약하다.

- 광대뼈에 흠이나 점이 있는 경우는 질병이나 재난에 주의할 신호로 본다. 특히 46세가 위험하다.

- 재난의 원인이 흠인 경우는 자기에게 불가항력이요, 점인 경우는 주위에 의하여 불가항력이라고 본다.

⑤ 보조개가 있는 사람은 예능 분야에 적합하다

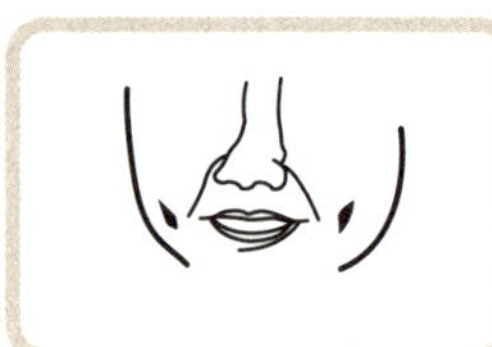

- 여자 관계가 다소 복잡한 면이 보이며 인기를 얻을 수 있는 연예인 방면의 직업을 갖는 것이 좋다.

- 남성으로 보조개가 있는 사람은 남성다움이 부족한데다 나약한 면이 있다.

- 여성이 보조개가 있는 경우에는 일찍부터 인기를 끌기 쉽지만 자유스러운 생활이 어렵다. 그러나 인기는 오래가지 않을 것이다.

- 애교가 있어서 결코 나쁜 상이라고는 할 수 없으나 좋은 상도 아니다.

- 양친 부모의 사랑을 받고 자라지만 그 사람이 태어났을 때부터 생가에 쇠운이 닥친다.

⑥ **볼이 풍부하고 야무진 사람은 운세가 좋다**

- 노인이 되어도 볼의 살이 보기 좋은 사람은 멋진 만년을 보내며 성공한 인생을 산다.
- 볼의 살이 풍부한 사람은 재산 운이 좋은데다 주위의 인기를 얻는다.
- 피부가 느슨하고 무르게 보이는 사람은 맺힘이 풀릴 즈음부터 운이 떨어진다. 갑자기 그렇게 되었을 때는 중병 혹은 재난이 닥칠 조짐이므로 주의를 하여야 한다.
- 특히 볼이 지나치게 풍부해서 아래로 처져 내리는 상은 더욱 좋지 않으며 점점 운이 떨어지고 있음을 나타낸다.

⑦ **볼에 살이 빠진 사람은 마음이 관대하지 못하다**

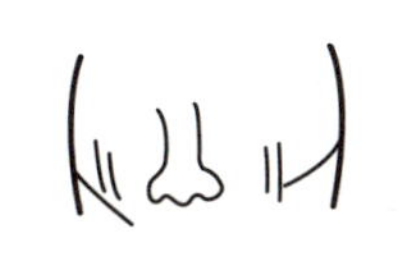

- 몸은 가냘프지 않은데 볼이 홀쭉한 사람은 덕망이 부족하다. 차분한 성격에 부지런하지만 주변 일에 관심이 없기에 대인 관계가 좋지 않다.
- 사람을 상대하는 직업보다는 혼자서 할 수 있는 연구원이나 프리랜서 등이 어울린다. 볼이 풍부할지라도 피부가 얇은 사람은 쉽게 감정에 흐르는 사람이다.
- 인정이 있어 보이지만 일단 이해가 상반되면 딴 사람처럼 박정해진다. 여원 것과 다르게 볼의 살이 빠진 사람은 관대한 마음이 없고 운도 약한 사람이다.

10. 턱

　얼굴의 가장 아래인 하정의 끝 부위가 아래턱이다. 발애, 즉 이마의 경계가 되는 언저리가 초년운, 지성, 조상을 나타내는데 대하여 이곳은 만년 운, 정애, 자손 등을 나타낸다. 즉 자기가 겪어온 인생의 결말을 짓는 곳이며 또 그것을 예측할 수 있는 곳이라 하겠다. 아래턱으로 보는 것은 살집으로는 본능적인 성욕 및 애정, 주거 운 등이다. 뼈의 모양이나 튀어나온 상태로는 의지력, 의지를 외부로 나타내는 것 등을 본다.

＊ 아래턱의 구조와 명칭 ＊

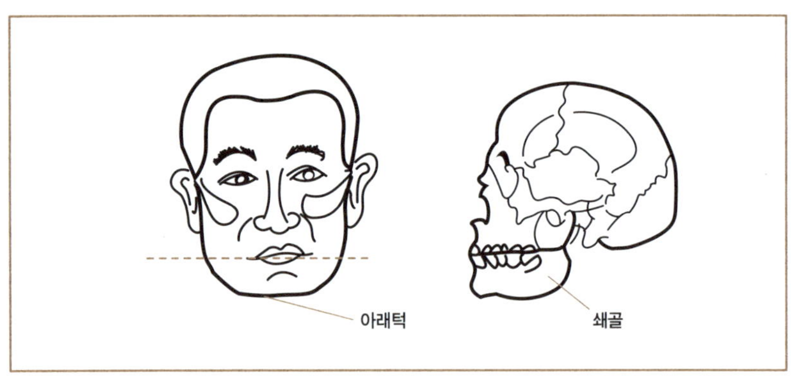

　젊은 시절에 열심히 살고 인생의 여유를 알게 되는 삶을 사는 말년이 되면 턱에 살집이 잡히거나 이중턱이 되기도 하지만, 하루하루 인생을 소비하면서 살아온 인생인 경우에는 턱에 살집이 붙지 않으며 쓸쓸한 말년을 보내게 된다.

　턱은 그 사람의 의지력을 나타냄과 동시에 말년의 운세를 나타내는 곳이다.

① 네모진 턱은 계획성이 강하고 참을성이 강하다

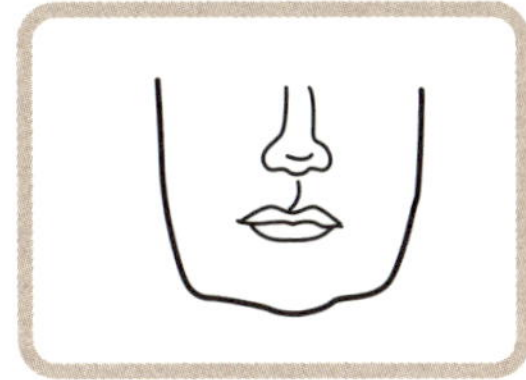

- 네모진 턱은 남성에게 많이 나타나는 상이다. 참을성이 강하고 무슨 일이나 견실하고 계획 있게 밀고 나간다.
- 말년 운도 안정되어 있다.
- 네모진 턱으로 코가 우뚝하게 높고 콧대가 뾰족하면 자존심이 강하고 완고하다.
- 더욱이 입술이 엷으면 지기 싫어하는 승부욕이 있어 빈정거리는 성미가 덧붙여진다. 여성이라면 빈틈이 없고 부지런하지만 윤기가 결여되어 있는 것이 단점이다.

② 턱에 살이 없고 작은 턱은 주거가 불안하다

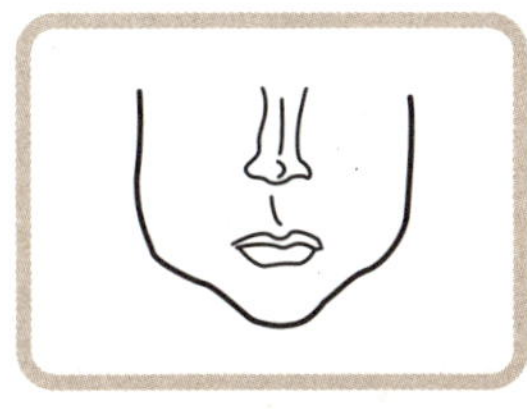

- 턱에 살이 없고 작은 사람은 주거가 불안하며 마음에 여유가 없어 안정을 찾지 못하므로 금전에 궁핍을 느끼고 사교성도 결여되어 있다.
- 매사에 성급하고 수입이 있어도 들어온 즉시 낭비하는 경향이 있다.
- 턱이 작고 좁은 사람은 큰 방에 자면 마음마저 불안해진다.
- 운이 좋아서 부모로부터 재산을 많이 물려받거나, 젊은 시절 한때 재산을 모으더라도 말년에 실패하기 쉽다. 일찍부터 만년에 대비하여야 한다.

③ 넓고 둥근 턱은 도량이 크며 신망을 받는다

- 턱에 살이 두툼하고 윤택한 사람은 극히 명랑하고 재운도 좋다.

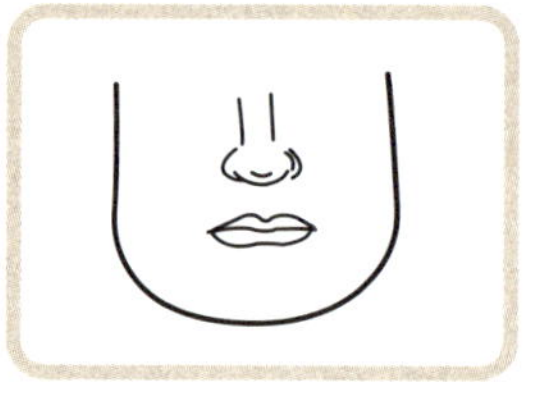

- 도량이 크고 침착하며 온화한 인품이다. 남의 어려움도 잘 보살펴 줌으로써 주변의 신망을 얻는다. 남녀 모두가 좋은 상이며 상사나 부하에게 신뢰를 받는다.

- 인간관계에 있어서도 낙천적으로 타협과 조화를 잘 이루어 타인으로부터 복운이 굴러들어오게 되며, 타인의 마음을 미리 알아 상대방을 기쁘게 하며 돈을 얻어 내는 수완도 있다.

④ 턱이 없는 사람은 이기적이다

- 중년이 되어도 어린아이처럼 턱이 없는 사람은 매사에 끈기가 없고 자아의식이 강하고 정이 부족하다.

- 자기 일만 생각하며 남의 일에는 무신경하다. 따라서 좋은 친구도 없고 부하도 없으며 말년에 고독하게 인생을 보내고 주거도 안정되지 못하다.

- 특히 입술이 두터운 경우에는 다소 좋은 면이 보강되어 다행이지만 입술마저 얇은 경우에는 성격마저 차가워 더욱 어려워진다.

⑤ 턱뼈가 튀어나온 사람은 자아가 강하고 적극적이다

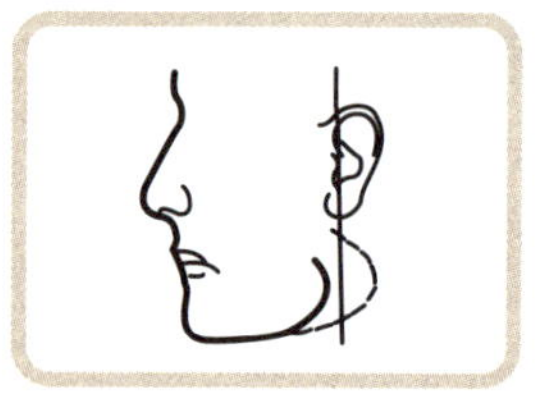

- 턱뼈가 귀 선보다 뒤로 튀어나와 있는 경우는 사소한 데까지 주의가 미치지만 이해가 얽히면 돌변하여 격한 언동으로 사람을 놀라게 한다.

- 턱뼈가 귀 선보다 앞으로 튀어나온 사람은 호기심이 강하고 근성

도 있고 일을 성취시키는 힘도 있다.

- 여성은 성기능이 뛰어나고 적극적이며 앞장서는 형이다.

⑥ 주걱턱은 남을 누르려는 기질이 있다

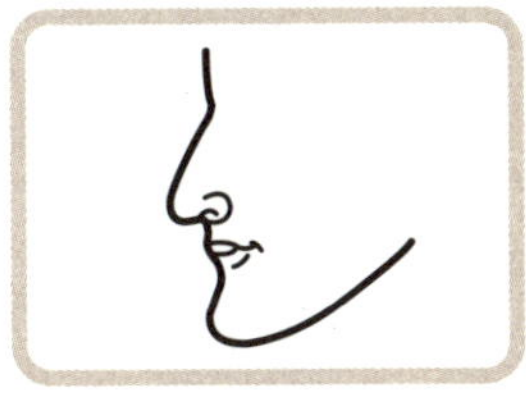

- 아래턱이 나온 주걱턱의 사람은 솔직성이 없고 그로 인하여 말년이 고독해진다. 어느 정도 지위에 오르면 권력에 의해 남을 누르려 하는 기질을 가지고 있다.
- 능력도 있고 자신감도 있지만 다소 냉소적이어서 적을 만들기도 하지만, 친구도 많이 만드는 편이다. 웃음을 자주 지으면 타인에게 호감을 산다.

⑦ 턱 아래 샘이 있는 사람은 정열가이다

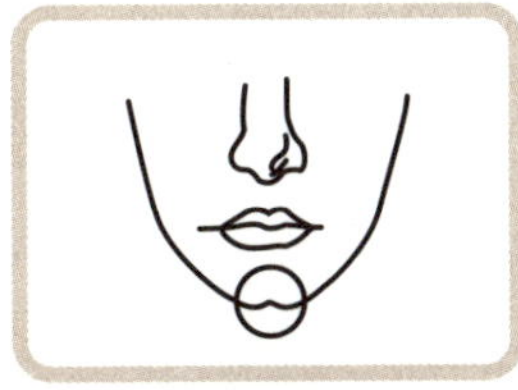

- 예술 계통이나 비즈니스 계통에서 훌륭한 인재가 되기 쉬우며, 평생 동안 젊음을 잃지 않는다.
- 뛰어난 한 가지 재주를 가진 사람이 많고 노력가로서 남성에게 이러한 턱이 많다. 여성에게 인기가 있다.
- 아래턱이 샘처럼 오목 들어간 것은 좋은 인상이다. 가냘픈 턱이나 무턱에게서는 볼 수 없다. 턱 가운데가 들어간 사람은 외골수인 성미가 있고 자신이 정한 목표를 향해 끝까지 정열적으로 파고들어간다.

⑧ 이중턱은 마음에 여유가 있다

- 이중턱은 살이 있든 없든 관계없이 나타나며, 이중턱이면서 가느다란 턱은 첫인상은 좋지 않으나 속에는 정열이 불타고 있는 소유자이다.

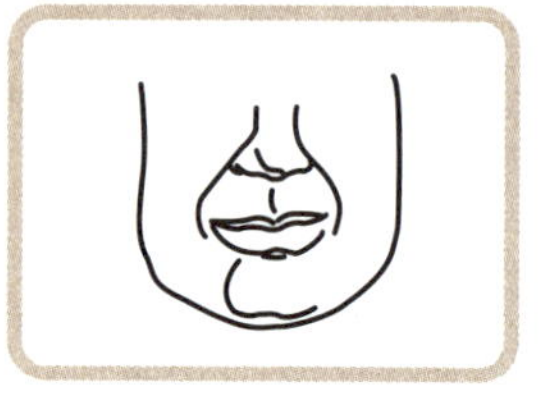

- 이런 형은 금전적으로도 자유로우며 자녀 복도 있어서 좋은 말년을 보낼 수 있고 주변의 친지나 동료들에게 지원받기 쉽다.

- 영양질이 가미된 이중턱은 좋은 인상의 하나이다. 마음이 넓고 여유가 있으며 작은 일에 구애받지 않는다.

⑨ 턱이 긴 사람은 인내력이 강하며 신중하다

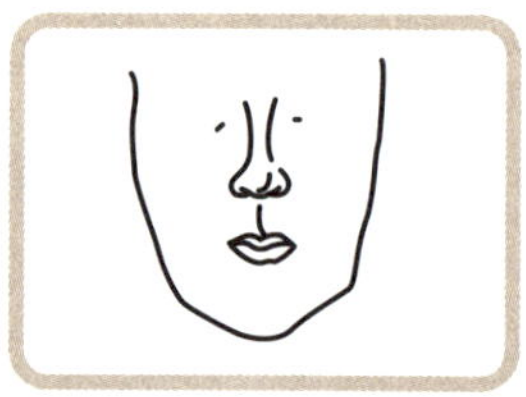

- 주위 사람에 대한 애정이 너무 깊어 지나치게 돌보는 경향이 있으며 온화하고 원만한 가정을 이룬다. 목표가 크고 원대한 경우에는 크게 성공한다.

- 턱이 긴 사람은 사물을 분별할 줄 알며 인내력이 있으며 신중히 행동한다.

- 또한 턱의 좌우선이 불균형을 이루는 사람은 은혜를 원수로 갚는 사람이므로 사고로 인하여 그렇게 되더라도 성격이 바뀌고 만다.

⑩ 울퉁불퉁한 턱은 타인과 협조를 못한다

- 성격이 완고하여 턱 근육에 힘을 주고 일을 해서 생긴 상이며, 젊은 사람에게 서는 거의 볼 수 없다.

- 턱에 흠이나 점이 있는 사람은 40세 이후에 한번 실패하는 사람으로 재산도 가정도 끊어지고 만다.

- 턱이 울퉁불퉁한 사람은 열심히 노력하는 사람이나 타인과 협조를 잘하지 못한다.

11. 귀

　귀는 3등분하여 상부·중부·하부로 나뉘는데 인상학에서는 상부를 '지혜'라 하고 중부를 '의지', 하부를 '정'이라 한다. 이렇게 나뉜 귀의 상부는 명예심과 욕망을 나타내며, 중부는 권력이나 지위욕망을 나타내고 하부는 물질이나 금전에 대한 욕구를 나타낸다. 따라서 물질운을 볼 때에는 귀의 하부 즉 '귓밥'을 중시해서 본다.

　귀의 모양은 뇌의 모양과 같으며 그 사람의 유전적인 특징을 잘 나타내는 동시에 소질이나 현명함 및 어리석음 등을 나타낸다.

　중정에 위치한 귀는 다른 오관들이 얼굴의 한복판에 자리잡고 있는 것과는 달리 얼굴 바깥쪽에 따로 자리잡고 있는데, 이는 곧 사람의 일생을 초년운에서부터 말년운까지 모든 것을 일찍부터 암시함을 의미한다. 이른바 복귀라 함은 살점이 둥글고 귓불이 잘 발달한 것을 말하며, 반대로 역삼각형에 귓불이 빈약한 데다 살집마저 얇으면 좋지 않은 상이 된다.

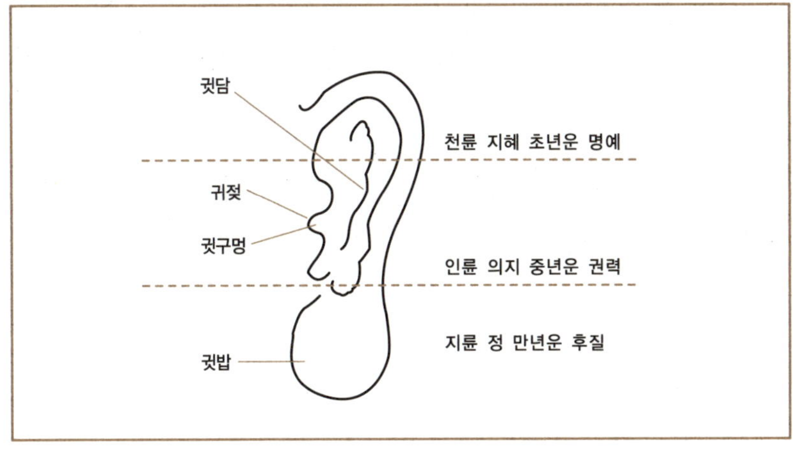

또한 귀를 만져 볼 때 딱딱하면 의지가 굳고 인내심이 있다고 볼 수 있다. 반대로 귀가 부드럽고 약하면 지구력이 약하고 박약한 사람이라고 볼 수 있다. 실례로 석가나 공자의 귀가 어깨까지 늘어진 수견귀인 것은 선천적인 영향도 있겠지만 후천적으로 수행을 많이 쌓아 도량이 넓고 인품이 풍후하여 덕을 많이 베푼 탓이기도 하다. 그러므로 귀가 늘어진 사람은 유달리 인정이 많고, 가난하더라도 서두르지 않고 항상 마음의 여유가 있다. 그러나 이와 반대로 귀에 살이 없어 매말라 붙은 사람은 박정한 사람이며 현재 유복하더라도 항상 마음의 여유가 없이 쫓기는 사람이다.

이러한 사람도 덕을 많이 쌓고 베풀면 자신도 모르게 수주가 생겨서 귀가 늘어지게 된다. 늙어서 장수한 사람 치고 귀가 늘어지지 않는 사람이 없는 것은 모두 이 탓이다.

① 귓불이 크고 둥근 귀는 재복이 많다

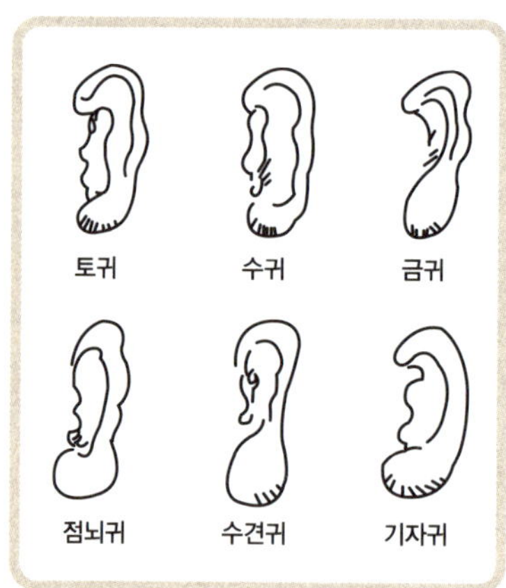

- 평균적으로 우리들이 복귀라고 부르는 금귀, 수귀, 토귀, 기자귀, 어깨까지 늘어졌다고 느껴질 정도의 수견귀, 점뇌귀 등의 귓불은 꽤 크고 둥글며 살이 많이 붙어 있다.
- 재물에 대한 운용이 능숙하고 이재에 뛰어나며, 인정이 많으며 사회적인 교섭도 뛰어나므로 대단히 재복이 많아 금전적으로 항상 여유를 갖는다.

② 귓불이 작거나 없는 귀는 재운이 없다

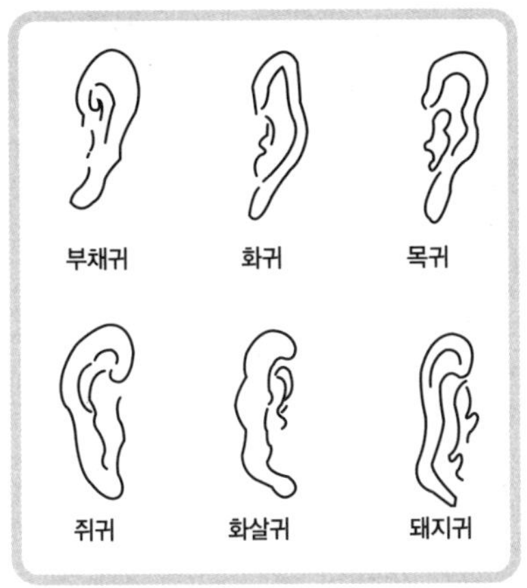

- 귓불이 작은 목귀, 화귀, 쥐귀, 화살귀, 부채귀 등은 귀의 중부인 이곽이 튀어나와 있고 귓불이 없는 돼지귀 또는 살이 부드러운 귀 등은 귓불이 작거나 거의 없는 모양이다.

- 재물에 대한 운용 부족이나 심리적인 능력 결핍으로 인해 복운을 만나더라도 지키기가 힘들다.

③ 살집이 두텁고 둥그스런 귀는 복귀이다

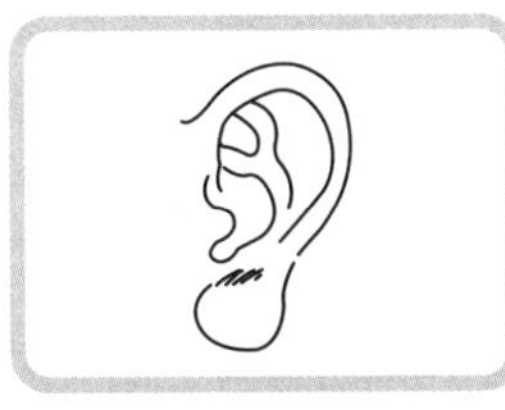

- 영양질의 귀로서 정면에서 잘 보이며 귀 전체가 크며 둥근 모양이다. 귓불이 발달한데다 살집이 있어서 흔히들 복귀라고 부른다.

- 살집이 두텁고 둥그스런 귀는 매우 좋은 상이다. 귀의 살집은 그 사람의 숙명과 유전적인 혈통을 나타내며, 통통한데다 엷은 홍색을 띤 귀는 남에게 신망을 얻는다.

④ 귓담이 많이 나온 귀는 적극성이 있고 자아가 강하다

- 근골질의 귀는 정면에서 잘 보이지 않으며 귓담이 발달하여 상·하부보다 밖으로 나와 있어 모가 난 모양을 하고 있다.

- 귓담이 나올수록 적극성이 강하며 귀의 윤곽까지 너무 많이 튀어 나온 귀는 자아가 강한 반면 속이 좁아 운을 스스로 물리치는 상으로 말년이 쓸쓸해진다.
- 세일즈 형이며 귓담은 윤곽을 벗어나지 않는 정도가 좋다.

⑤ 역삼각형의 귀는 지력에 의한 재운이 생기나 성격이 좋지 못하다

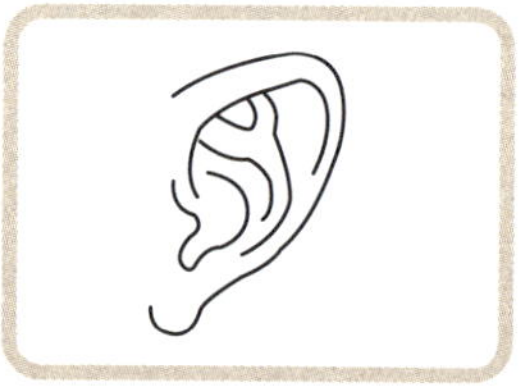

- 사고에 부딪히기 쉬우며 성격이 좋지 못한 상이다. 그러나 뾰족하더라도 귓살이 두꺼울수록 운세도 좋아지고 자제심도 있게 된다.
- 심성질의 귀는 정면에서 잘 보이며 귓바퀴의 윗부분인 상부는 발달하였으나 하부가 차츰 좁아진 귀이다. 귓불이 빈약하고 살집이 약해 역삼각형의 모양을 이루며 재능이 있고 창조력도 풍부하며 지력에 의한 재운이 생긴다.

⑥ 귓불이 빈약한 자는 돈과 인연이 없다

- 귓불이 없는 귀는 복귀와는 반대로 돈과는 인연이 없고 수입이 있어도 낭비해 버린다.
- 이러한 귀를 가진 사람은 착실한 샐러리맨으로 살아가는 것이 좋다.

⑦ 얼굴 옆으로 평평하게 붙은 귀는 리더의 상이다

- 정면에서 사람을 보았을 때 귀가 얼굴 옆으로 평평하게 붙어 있어 잘 보이지 않는 사람의 귀는 좋은 상이다.
- 이런 귀를 가진 사람은 리더의 상을 타고나서 체력도 좋고 일에도 열심히 맞붙는 사람이다.

- 독립된 직업에 적합하고 정치가나 사업가에 적격이며, 여성이라도 이런 귀의 사람은 자력으로 출세할 수 있는 상이다.

⑧ 좌우가 다른 귀는 수입이 좋지 않다

- 양쪽 귀의 크기가 다르거나 높이가 다른 것은 좋지 않다. 태아 시절에 부모로부터 영양 공급을 제대로 받지 못했거나 출산할 때 난산인 경우가 많다.
- 어린 시절부터 스스로의 노력으로 자신을 키워야 하므로 몇 배의 노력과 좌절을 맛보기 쉽다.

✻ 귀의 색깔과 인상 ✻

흰색의 귀	빈혈을 일으키는 것 같은 색깔의 귀이며 병이 있음을 가리키고 있다. 주변의 사람에게 신용을 잃는 상이다.
적몽색의 귀	검붉은 색깔로 피가 뭉쳐 있는 것 같은 색깔을 말한다. 이런 귀는 신장염의 위험이 있다.
암홍색의 귀	그을린 것 같이 검은 것으로 운수가 나쁜 상이다. 이런 귀는 무엇을 해도 잘 이루어지지 않는다.
건초색의 귀	몸이 허약하고 자식 운이 없다.
푸른색의 귀	인상학에서는 푸른 귀를 매우 불길하게 여긴다. 푸른 귀는 3년 내에 생명에 관계가 될 정도의 사고나 사건을 저지르는 것으로 본다.
검은색의 귀	검은 귀는 검붉은 귀처럼 신장에 병이 있을 때 나타난다. 이런 귀는 무슨 일을 해도 잘 되지 않으며 운수가 매우 나쁘다.
담홍색의 귀	엷은 홍색을 띠고 있으면서 물기를 머금고 있는 귀는 매우 건강한 정신과 육체를 나타낸다. 이런 귀를 한 사람은 남의 신용을 받으며 사업이 순조롭게 진행된다.
붉은색의 귀	귀가 붉은 색을 띤다는 것은 혈액이 매우 왕성하게 돈다는 것을 말한다. 육체적으로는 건강하지만 다혈질이 되기 쉬우므로 남과 다투는 일이 많다.

12. 목과 어깨

인간은 목부터 나이를 먹어 간다. 직립 생활에서의 부담이 목으로 나타나기 때문이다. 다른 동물에 비해 머리를 받치는 목이나 어깨에 어느 정도 부담을 갖게 되는 것이다. 그 부담은 목·어깨 근육이 뻐근하고 아픈 증세로 나타난다. 목덜미가 마치 코끼리의 피부처럼 되어 있는 노인이 있다. 젊은 사람의 목은 목구멍 쪽에서 보면 피부가 반들반들하지만 나이를 먹으면 이완하게 되므로 목의 상태는 그 사람의 노화도를 알 수 있다. 허리는 상체 전부를 받치기 때문에 요통이나 허리를 삐기도 한다. 어깨가 쑤시는 병이나 허리를 삐는 병은 인간만이 경험하는 병이다. 어깨는 사람의 기분을 잘 나타내는 곳이다.

어깨를 으쓱하고 으스대는 모습은 권력을 자랑하는 것 같이 보이며, 눈에 잘 띄는 법이다. 그 효과를 노려 불량배들이 어깨를 들썩거리며 자신만만한 제스처를 하는 것이다.

① 굵고 팽팽한 목은 건강하고 호감을 준다

• 목이 굵고 팽팽한 사람은 건강한 증거이며, 남에게 호감을 주며 반듯한 인상을 준다. 목에 한 줄이나 두 줄의 가로 주름살이 나 있으면 더욱 좋다.

② 목이 길고 살집이 좋으면 취미가 다양한 상식가이다

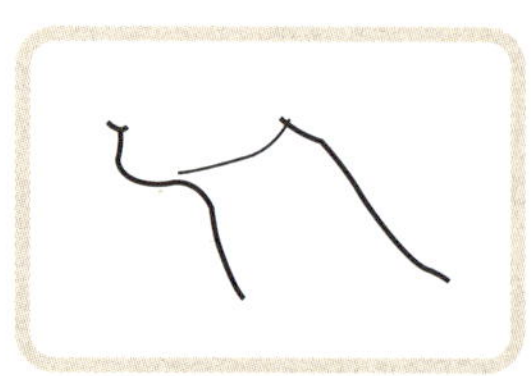

• 목이 길고 살집이 보기 좋게 있는 사람은 매사에 분별력이 훌륭한 상식가이다.

• 예술이나 문학을 즐기며 센스도 가지고 있다. 취미가 고상하고 견실한 사람이다.

③ 목이 짧은 사람은 터프한 지도자형이다

• 자라목과 같이 짧은 목의 사람은 정욕적이고 지도자로서 대중을 지도할 능력을 가지고 있다.

• 터프하고 강인한 소위 보스형의 성격이다. 델리케이트한 일에는 적합하지 않다.

④ 머리가 크고 목이 가는 사람은 신경질적이다

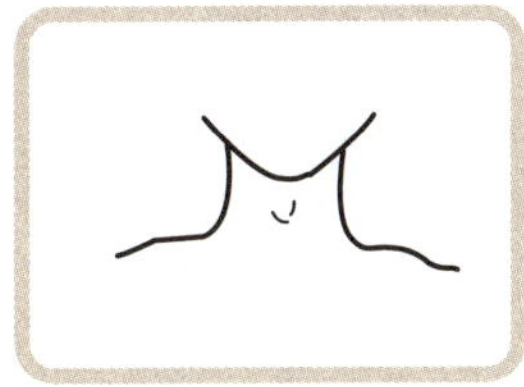

• 무거운 머리를 가냘픈 목으로 받치고 있는 사람은 보기에도 불안한 형태이다. 목에 많은 부담을 느끼게 되는데, 성격 역시 신경질적이다.

• 어깨가 쑤시고 불쾌한 기분이 오래 지속되면 노이로제 증상이 나타나기 쉬우며, 극단적으로 몸이 약해지면 목을 세울 수 없게 된다.

• 반드시 자신의 목을 굵게 하기 위해 꾸준한 운동이 필요하다.

⑤ 목이 야무진 데가 없이 굵은 목은 게으름의 상징이다

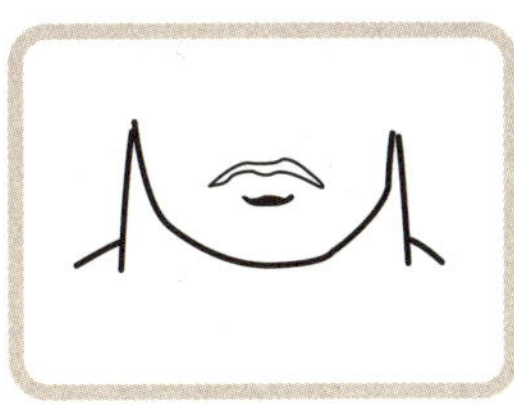

• 목이 굵고 야무진 데가 없이 살이 많이 찐 사람은 병이 있거나 게으르다는 것을 나타낸다.

• 얼굴이나 목의 살은 빠질 때는 빨리 빠지지만 찔 때는 늦게 찌는 부분이다.

⑥ 목이 가늘고 살집이 나쁜 사람은 신경질적이다

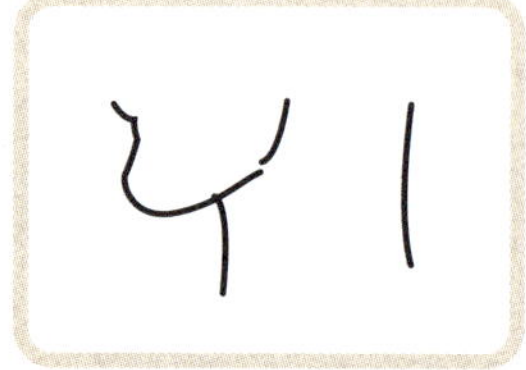

- 신경이 날카로우며 세상 사는 데 기력이 부족한 사람이다. 성욕도 약한 편으로 운동을 통해 체력을 보강하여 목을 굵게 만들어야 한다.

⑦ 어깨가 넓고 살집이 두꺼운 사람은 체력이 강하다

- 어깨가 넓고 살집이 두꺼우며 풍성한 어깨를 가진 사람은 체력과 정력이 강하다.
- 터프하기 때문에 성공할 확률이 높다. 어깨는 키에 비해서 너무 넓거나 두꺼워도 안 되며 근육이 단단한 어깨여야 한다.

⑧ 어깨가 좁고 살집이 없는 사람은 사업 운이 따르지 못한다

- 어깨가 좁고 살집이 없는 사람은 풍성한 어깨의 사람과 반대이며 무엇을 해도 성공하지 못한다.
- 어깨가 넓은 여성은 마음도 명랑하고 건강하기 때문에 미인이 아니라도 호감을 사게 되며 사랑을 받는다.
- 어깨가 넓으면서 살집이 없는 여성인 경우 직업 여성으로서 밖에 나가 일할 운이며, 전업 주부는 어울리지 않는다.

⑨ 어깨가 벌어지고 올라간 여성은 사회 활동을 좋아한다

- 어깨가 벌어지고 올라간 여성은 정치 운동이나 사회 활동하는 것을 좋아한다. 위에서 말한 어깨가 넓은 여성과 약간 다르다.
- 이러한 여성은 남편의 위에 서려는 타입의 사람으로 능력은 있지만 가끔 사건 사고의 주인공이 되기도 한다. 아내로서 어머니로서

바람직한 형은 아니다.

⑩ 어깨가 여윈 남성은 입신 출세에 지장이 있다

• 어깨가 여윈 남성은 노력해도 입신 출세에 지장이 많다.

• 자식 운도 없으며 자식이 있더라도 함께 살 수 없는 외로움을 겪
  게 된다.

⑪ 처진 어깨의 남성은 여성적이다

• 여윈 어깨와 비슷한 처진 어깨의 남성은 여성적이다.

• 댄스 교실의 강사가 대개 이런 어깨를 하고 있다.

⑫ 오른쪽 어깨가 높은 남성은 여성으로 인해 고생한다

• 오른쪽 어깨가 높은 남성은 불량 행동의 여성과의 성적 교제로 여
  성에게 이용당해 재산을 잃을 염려가 있다.

• 상대 여성의 남편으로부터 위협을 받을 수도 있다.

⑬ 오른쪽 어깨를 높이는 남성은 불량배의 기질이 많다

• 오른쪽 어깨를 높이고 으쓱하고 으스대는 자는 불량배의 기질이
  많다.

신체에서 크기가 같은 분위

01 형태 비례-Ⅰ

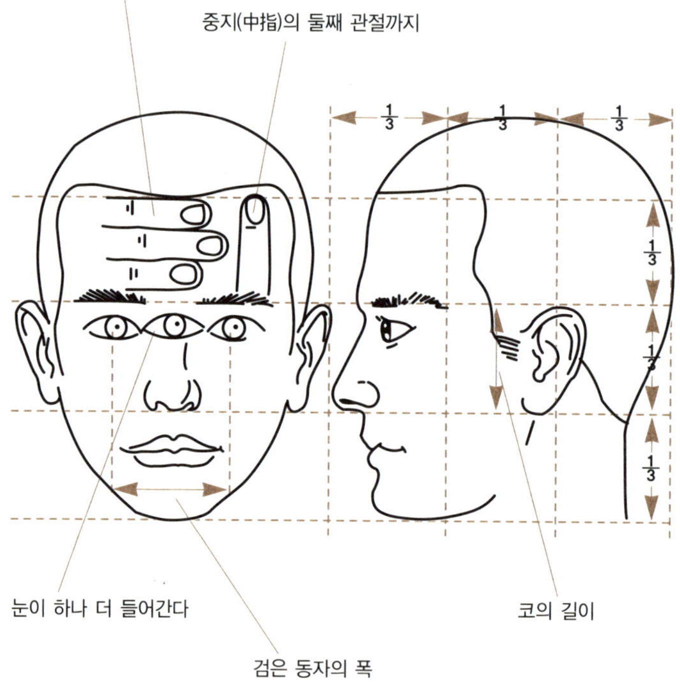

출전 后本有學원저, 백준기 편역 p43, 45

02 ○ 형태 비례– Ⅱ

신장의 약 ⅛
쇄골(鎖骨)의
움푹 파인 곳
½
심장은 주먹과
같은 크기
배꼽
½
×8
신장은 손을
편 길이의 8배
만복(滿腹)일 때
의 위장(밥통)은
구두의 총 크기
와 같다

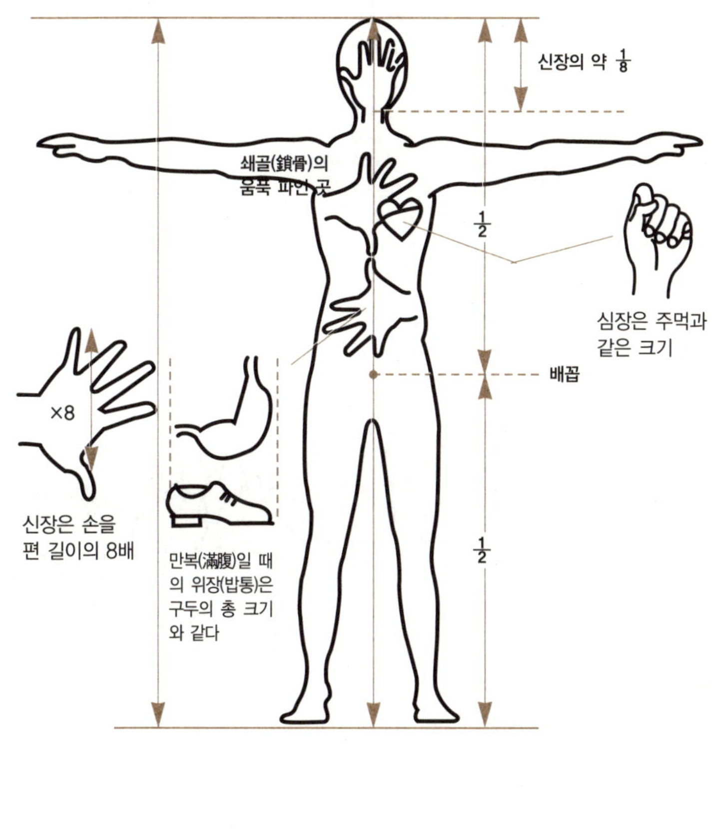

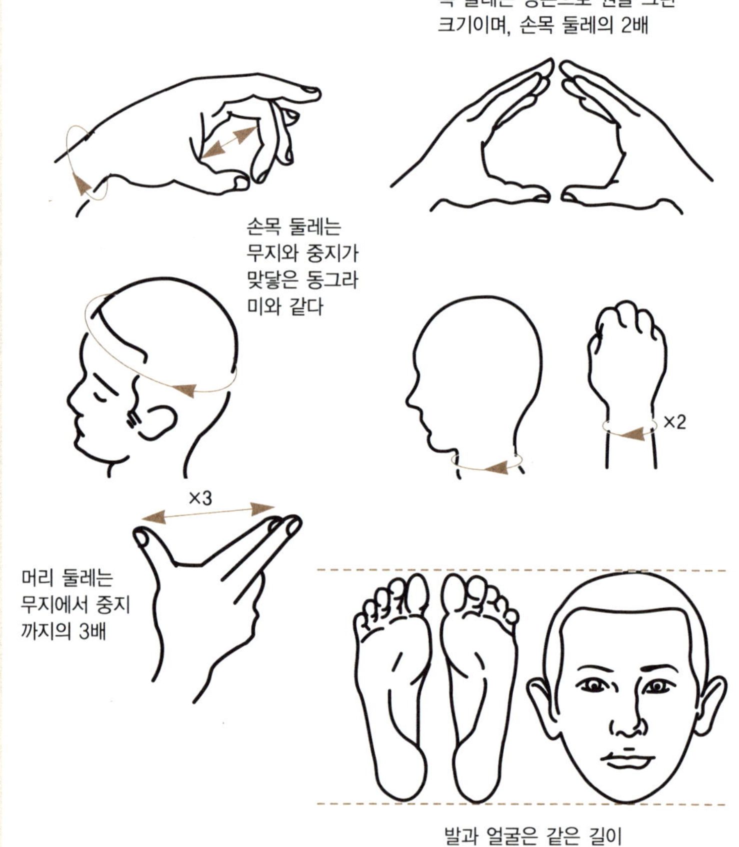

목 둘레는 양손으로 원을 그린
크기이며, 손목 둘레의 2배
손목 둘레는
무지와 중지가
맞닿은 동그라
미와 같다
×2
×3
머리 둘레는
무지에서 중지
까지의 3배
발과 얼굴은 같은 길이

고객 보디랭귀지별 마케팅 전략

physiognomy marketing

[01] 신체 부위별 사람 판단법

[02] 행동과 버릇으로 사람의 성격 판단하는 법

[03] 의상, 색상, 음식에 대한 기호로 성격 판단하는 법

우리가 인생을 살아가면서 만나게 되는 수많은 사람들 중 사람들과의 만남을 성공적으로 이끌어 간 대부분의 사람들은 '인간 관찰능력'이 뛰어나다는 공통점을 발견할 수 있다. 상대방의 외관이나 복장, 사소한 버릇이나 동작을 실마리로 하여 그의 성격이나 생활 상황을 읽어내는 능력이 탁월한 사람들인 것이다.

관리자나 영업맨, 그 밖의 일반 비즈니스맨들에게 있어서도 사내나 거래처와의 인간관계는 업무상 중요한 포인트이다. 경쟁이 치열해져 가는 오늘날만큼 인간관계에 있어서 '자신을 알고 남을 아는 것'이 중요했던 시대는 없었다. 이미 많은 인상학자 및 연구가들이 사람의 보디랭귀지를 각종 형태별로 비교하여 연구한 결과물들을 다수 발표했다.

이에 따라 이번 장에서는 비즈니스 실무에서 즉시 활용할 가치가 있는 대표적인 보디랭귀지에 대해 알아 보고자 한다. 버릇이나 표정 외에도 그 사람의 신체 부위별 행동과 버릇, 음식, 의복, 색깔 등에서 나타나는 보디랭귀지를 읽을 줄 아는 능력을 키워 고객에게 한발 더 다가가는 감동 비즈니스를 이루어 내고자 한다.

01 신체 부위별 사람 판단법

1. 귀의 위치로 사람의 성격 판단하기

❶ **A타입** : 귀의 하단부가 기준선에 있는 사람의 성격

❷ **B타입** : 귀의 하단부가 기준선보다 위쪽에 있는 사람의 성격

❸ **C타입** : 귀의 하단부가 기준선보다 아래쪽에 있는 사람의 성격

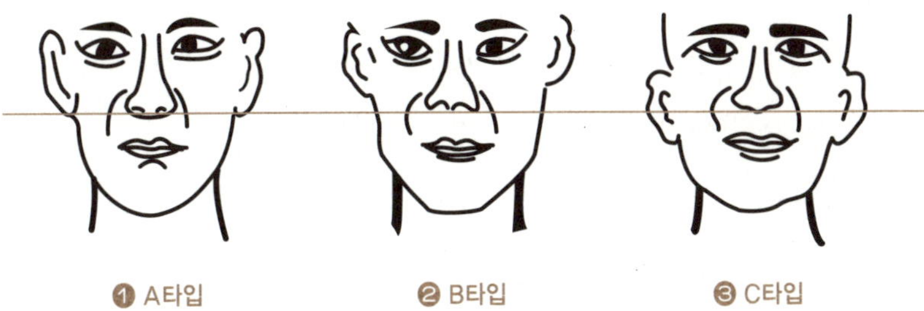

① **A타입 : 귀의 하단부가 기준선에 있는 사람의 성격**

- 가장 일반적인 형태이며, 평범한 타입이다. 매우 상식적이며 대인 관계가 원만하고 인정도 많은 편이며, 특별한 마찰이 없이 편안한 스타일이다.

- 동정심 많고 밝은 성격이어서 친구는 폭넓게 사귀며 성격도 명랑하다.

- 사회 생활의 어려움을 별로 느끼지 않는다.

- 성격은 약간 내성적이어서 여성의 경우는 괜찮지만 남성의 경우는 적극성과 행동력이 부족하여 손해를 보는 경우가 많다.

- 가능하면 마음을 터놓고 사람을 상대하여 남성적인 면을 보충하는 노력이 바람직하다.

- 애정면에서는 평범한 타입으로 그다지 무리가 없는 사랑을 하며 결혼하더라도 특별한 분쟁이나 다툼 없이 편안하게 살아갈 수 있는 타입이다.

② **B타입 : 귀의 하단부가 기준선보다 위쪽에 있는 사람의 성격**

- 머리가 좋고 깔끔한 것을 좋아하며 약간 신경질적인 타입으로 친화력이 부족하다.

- 자기중심적인 경향이 많으며 대인 관계에서 지나치게 자기의 주장을 내세우다가 손해를 보는 경우가 많다.

- 매우 내성적인 성격이고 대화를 잘 못하여 사교성이 부족하다. 또 사람을 리드하거나 모임에 어울리는 것을 좋아하지 않으며 혼자 즐길 수 있는 문화, 예술 방면에 흥미가 많다.

- 그림, 음악 등의 취미를 통해 자기를 이해해 주는 사람을 만나면 쉽게 마음의 문을 열며 한 번 마음을 열어 놓으면 상당히 개방적이다.

- 남성인 경우에는 잘생긴 사람이 많으며, 여성인 경우에는 미인이 많다.

- 지적인 면을 중시한다.

- 애정 면에서는 육체적인 사랑보다 정신적인 사랑을 좋아하며 정신적인 만족이 앞서지 않으면 육체적인 만족을 거부한다.

③ C타입 : 귀의 하단부가 기준선보다 아래쪽에 있는 사람의 성격

- 얼핏 보기에 거만하고 불친절하며 이기적이고 냉정한 인상을 주며 사귀기가 힘든 스타일이다.

- 지적인 면보다는 행동력을 중시하고, 의리가 있으며 정의감이 강하여 인간관계를 매우 중시한다.

- 믿음직스럽고 실천력이 강하며 다른 사람을 리드하는 것을 좋아하는 기질이다.

- 작은 일보다는 큰일에 관심이 더 많으며, 행동이나 말이 매우 직선적인 타입으로 엘리트나 중역의 위치에 있는 이들 중에 이런 형이 많다.

- 금전에 대한 욕구가 강하며 돈을 헤프게 쓰는 것 같으면서도 실속은 확실하게 차리는 편이다.

- 의리가 있고 정의감이 강하며 보스형이다.

- 문화나 예술 자질은 부족하므로 보충 노력이 필요하다.

- 애정 면에서는 정신적인 사랑보다는 육체적인 사랑을 탐닉하기 쉬우며 다른 사람의 눈을 별로 의식하지 않는 편이므로 스캔들을 일으키기 쉽다.
- 성격이 화끈해서 사소한 일을 걱정하지 않기 때문에 사귀고 싶은 경우에는 자기 의사를 분명히 밝히는 것이 교제하기가 쉽다.
- 남성인 경우는 정의감이 강하고 정력적이며 정도에서 벗어나는 일은 하지 않으며, 여성인 경우 미인은 아니지만 남자를 사로 잡는 육체적 매력이 뛰어난 타입이다.

2. 이마 주름살 모양으로 상대를 파악하는 법

❶ A타입 : 천문(天紋)이 끊어진 사람
❷ B타입 : 인문(人紋)이 끊어진 사람
❸ C타입 : 지문(地紋)이 끊어져 있거나 아예 없는 사람
❹ D타입 : 인문만 있고 천문과 지문이 전혀 없는 사람
❺ E타입 : 천문, 지문은 분명한데 인문만 짧은 사람
❻ F타입 : 이마의 주름이 파도처럼 출렁거리는 사람
❼ G타입 : 한가운데는 주름이 없고 양쪽으로 갈라져서 파도 모양을 일으키는 사람
❽ H타입 : 하늘에 기러기가 날아가는 모습의 사람
❾ I타입 : 이마 전체에 잔주름이 많이 있는 사람

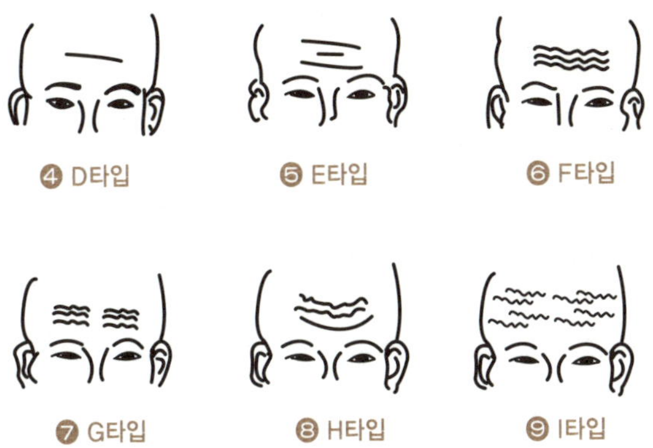

① A타입 : 천문(天紋)이 끊어진 사람

• 천문이 끊어져 있는 사람은 윗사람과 불편한 관계인 수가 많고 자연히 윗사람이 이끌어 주는 덕도 적다.

• 천문이 끊어지지 않았다 하더라도 있는 둥 마는 둥 어렴풋이 있는 사람도 힘이 되어 줄 만한 윗사람이 적은 상이다.

② B타입 : 인문(人紋)이 끊어진 사람

• 인문이 끊어져 있는 사람은 남과 다투기 쉽고 일생을 통해 한번쯤은 크게 실패하는 경우가 있다.

• 건강도 재운도 좋은 편은 아니다. 그러나 천문과 지문이 끊어져 있어도 인문이 굵고 힘차게 패여 있는 사람은 제 힘으로 운명을 개척해 나갈 상이다.

③ C타입 : 지문(地紋)이 끊어져 있거나 아예 없는 사람

• 지문이 끊어져 있거나 아예 없는 사람은 믿을 만한 부하나 손 아랫사람이 적다는 것을 나타낸다.

- 그러나 천문과 인문이 다 끊겨져 있어도 지문이 힘차게 뻗어 있는 사람은 중년 이후에 아랫사람이 잘 받쳐 주는 덕으로 운이 트이는 상이다.

④ D타입 : 인문만 있고 천문과 지문이 전혀 없는 사람

- 인문만 있고 천문과 지문이 전혀 없는 사람도 있으나, 이러한 사람은 형제와 부부 사이가 원만하지 않은 경우가 많다.

⑤ E타입 : 천문, 지문은 분명한데 인문만 짧은 사람

- 다른 주름은 분명한데 인문만 짧은 경우도 부부 사이가 좋은 편은 아니다.

⑥ F타입 : 이마의 주름이 파도처럼 출렁거리는 사람

- 이마의 주름이 파도처럼 출렁거리는 사람이 있다. 이것은 초년운은 말할 것도 없고 중년운은 더 좋지 않은 민망스러운 상이다.

⑦ G타입 : 한가운데는 주름이 없고 양쪽으로 갈라져서 파도 모양을 일으키는 사람

- 한가운데는 주름이 없고 양쪽으로 갈라져서 파도 모양을 일으키는 사람은 만사를 비관적으로만 생각하는 성격으로 고생을 사서 하는 타입이다.

⑧ H타입 : 하늘에 기러기가 날아가는 모습의 사람

- 마치 가을 하늘에 기러기가 날아가는 모습을 하고 있다.
- 이마가 좁은 근골질의 사람에게 잘 나타나는 상으로 이런 사람은 돈 버는 소질이 없으며, 물질에 대한 욕심이 적어서 담백한 성격으로 사색형이라 볼 수 있다.

⑨ **I타입 : 이마 전체에 잔주름이 많이 있는 사람**

- 이마 전체에 잔주름이 무수히 있는 사람이 있는데 이런 사람은 제 일보다 남의 일을 돌보지 않으면 안 될 일이 끊이지 않는 고단한 운세를 갖고 있다.
- 여성의 경우는 웬일인지 부탁 받지도 않은 일에 스스로 나서서 고 생을 짊어지는 딱한 성격이라 할 수가 있다.

3. 귓구멍의 모양으로 성격 판단법

❶ **A타입** : 귀의 홈이 넓은 사람
❷ **B타입** : 귀의 홈이 좁은 사람
❸ **C타입** : 귀의 홈이 거의 없는 사람
❹ **D타입** : 귀의 홈이 변칙되어 좁게 굽어 있는 사람

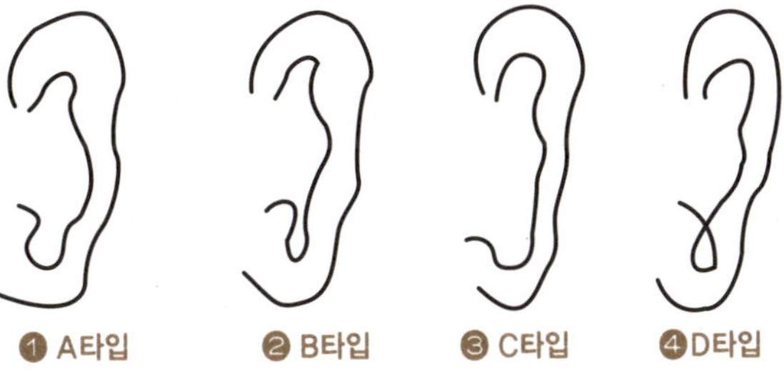

① **A타입 : 귀의 홈이 넓은 사람**

- 남성의 경우 가장 일반적인 타입이며, 평범한 타입이다.
- 평소 겉보기에는 점잖다가 중요한 문제가 발생하면 자기의 주장

을 강력하게 내세우며 대담한 언행을 한다.

- 생활력이 강한 편이며, 직장 생활이나 대인 관계도 무난하다.
- 여성의 경우에는 약간 남성적인 성격을 가지고 있으며 마음은 여리지만 활동적이고 자유분방하다는 평을 많이 듣는다.
- 친구들과의 교제가 많아 전업 주부보다 직장 생활과 같은 사회 활동을 좋아하며 생활력도 강하다.
- 애정 면에서는 분위기보다 현실적인 문제에 대한 집착이 많고, 자기주장이 강하여 부부 생활에서 마찰을 일으키기 쉬우므로 남편이 원하는 일을 자유롭게 하도록 지원해 주는 것이 좋다.
- 자기가 하고 싶은 것을 하지 못하면 직성이 풀리지 않으며 부모가 결혼을 반대해도 사랑하는 사람과 결혼하려는 의지가 강하다.
- 이러한 타입의 비즈니스 접객 시에는 이쪽의 주장만 내세우지 말고 가끔은 그 사람의 생각대로 배려하면서 대화를 이끌어가는 것이 바람직하다.

② **B타입 : 귀의 홈이 좁은 사람**

- 여성의 경우 얌전하며 내성적이고 나서는 것을 좋아하지 않으며 약간 신경질적이다. 주로 정신적인 분야의 일에 종사하는 것이 적합하다.
- 남성의 경우 여성적인 성격이며 사회생활에서는 두드러지지 않는 타입이다.
- 체력적으로도 쉽게 피로하고 한 가지 일을 오래 하지 못하며 남성다운 매력은 적다.

- 머리가 매우 좋아 아이디어를 잘 살리면 성공할 수 있으며 어학 계통에 소질이 많다.
- 애정 면에서는 육체보다 정신적인 사랑을 중요하게 생각하며, 모험보다는 안정된 생활 속에서의 사랑을 선택한다.
- 부부 생활은 높은 이상을 추구하기 때문에 원대한 꿈이 없으면 만족하지 못한다.
- 기본적인 매너를 가지고 있으므로 무리 없는 결혼 생활을 유지할 수 있다.
- 이러한 타입의 사람에 대한 비즈니스 시에는 정신적인 만족을 충족시켜 줄 수 있는 분위기를 만들어 주거나 문화생활, 여행과 같은 대화의 기회를 가져 서로의 정신적인 교감을 이끌어 낼 수 있도록 노력하는 것이 바람직하다.

③ C타입 : 귀의 홈이 거의 없는 사람

- 남성인 경우 성격의 색깔이 너무 강하고 고집이 세고, 독점력도 강하여 주변 사람과의 마찰이 많으며 대인 관계도 원만하지 않다.
- 중년까지는 생활의 굴곡이 많으며 안정되지 못한 생활을 하지만 그 이후에는 굴곡적인 생활이 좋은 인생 지침서가 되기도 한다.
- 남성스러운 성격으로 어떤 난관도 잘 처리해 나가는 추진력으로 몇 차례의 실패 끝에 성공을 거두게 된다.
- 인상학적 측면에서는 자기 전문 분야와는 다른 분야에서 크게 성공하거나 생각지도 않는 복을 만나게 된다.
- 여성인 경우 남성에게 지지 않으려는 마음이 강하며, 사회적 활동

에도 적극적이지만 많은 남자를 사귈 수는 있어도 결혼 운이 좋지 않으며 결혼 후에도 생활 때문에 일을 해야 하는 경우가 많다.

- 애정 면에서는 이성에 대한 호기심이 많고, 활동적이므로 결혼 전에 몇 차례에 걸친 깊은 연애 경험을 하게 된다.

- 남녀에 대한 호기심이 많고 체력도 강하여 인기가 좋으며 정신적인 만족보다는 육체적인 만족을 앞세운다.

- 결혼 운이 좋은 편이 아니기 때문에 동거 생활 혹은 깊은 사랑에 몇 차례 빠지게 된 후 늦게 결혼하여 안정을 찾게 된다.

④ D타입 : 귀의 홈이 변해 좁게 굽어 있는 사람

- 흔하지 않은 타입으로 고랑의 홈이 변해 매우 좁게 굽어 있거나, 털이 나 있으며 성격이 신경질적이고, 기분의 변화가 잦으며 변덕이 심하여 항상 마음이 안정되어 있지 않는 것이 특징이다.

- 남성인 경우에는 다른 사람을 평가하는 것을 좋아해서 가끔 충돌을 일으키며 적응을 하기가 어려우므로 평범한 직장 생활보다 지적 능력을 살려 개성적인 직업을 갖는 것이 바람직하다.

- 여성인 경우에는 히스테릭하고 변덕이 심하지만 미인인 경우가 많아 남자들에게 인기가 많다.

- 미적인 감각이 발달되어 있으며, 유행에 민감하여 패션 디자인 계통이나 헤어 디자이너 계통에서 크게 성공할 수 있다.

- 애정 면에서는 정신적인 변화가 많고 특이한 것을 좋아하여 남성인 경우 자기보다 연상인 여인을 사랑하거나, 동성애에 빠지기가 쉽고, 여성인 경우 나이 차이가 많이 나는 남성과의 사랑에 빠지기 쉽다.

4. 미간의 주름을 보고 씀씀이를 판단하기

> ❶ A타입 : 미간에 주름이 한 줄인 사람
> ❷ B타입 : 미간에 주름이 두 줄인 사람
> ❸ C타입 : 미간에 주름이 세 줄인 사람
> ❹ D타입 : 미간에 주름이 많은 사람

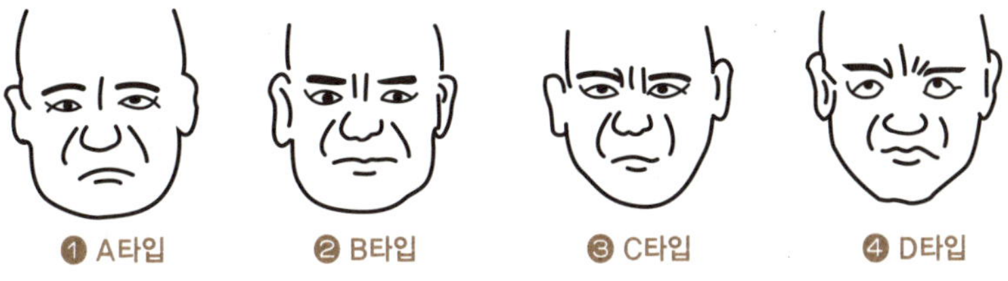

① A타입 : 미간에 주름이 한 줄인 사람

- 미간에 한 줄의 주름이 두드러져 보이는 타입은 돈에 대해 까다로운 사람이 많다.

- 씀씀이가 인색한 편이어서 자신뿐만 아니라 타인을 위해서 돈을 잘 쓰지 않으며 검소하고 돈을 열심히 모은다.

- 신경질적이고 짜증을 잘 내며 자기의 기분대로 행동하므로 주변 사람들에게 따돌림을 당한다.

- 재능이 뛰어나기 때문에 일찍부터 확고한 지위를 확보한다.

- 지나치게 자기중심적이며 결혼 운도 좋지 않다. 또한 결혼해도 부부간에 경제는 각각이라는 사고를 가지고 있고 금전에 대한 집착으로 가정 불화가 잦다.

- 능력은 있지만 완고하여 고독한 인생을 보내기 쉽고 자신의 생활을 쉽게 바꾸려 하지 않는다.
- 이러한 타입에 대한 비즈니스는 고객에게 실속 상품 중심으로 꼭 필요한 것만 추천하는 것이 바람직하다.

② B타입 : 미간에 주름이 두 줄인 사람

- 미간에 주름이 두 줄인 사람은 들어오는 돈과 나가는 돈이 거의 수평을 이루며 돈에 대한 사고방식이 매우 합리적이다.
- 함부로 낭비하는 것은 좋아하지 않지만, 필요하다고 생각하는 경우 싫은 내색을 하지 않고 큰 돈이라도 자신의 돈을 쓸 줄 안다.
- 인정이 많고 베풀 줄도 알며 대인 관계가 좋아서 주위에는 항상 사람이 많다.
- 유명 정치인으로는 미국의 케네디 전 대통령 등이 있다.

③ C타입 : 미간에 주름이 세 줄인 사람

- 미간의 가운데 한 줄의 긴 주름이 있고 양쪽으로 두 줄의 주름이 있는 타입은 차곡차곡 돈을 모아가는 노력형의 남자에게 많은 편이다.
- 미간의 주름은 정신적인 고민의 의미이며 그만큼 신경 쓸 일이 많다는 표시이다.
- 금전에 대한 집착력이 강하여 쓰는 것보다도 모으는 것을 중시하는 저축형으로 안정된 생활을 추구하는 마음이 강하다.
- 도박, 주식 투자와 같은 위험성이 있는 한탕주의식 재테크보다는 차근차근 모으는 저축을 더 선호하여 선친의 유산을 늘려가는 타

입으로, 금전 면에서는 안심을 해도 좋다.

- 대인 관계에서 어울리는 것을 싫어하며 명예나 인기를 얻기가 어려우므로 자기 수양이 필요하다 .

④ D타입 : 미간에 주름이 많은 사람

- 금전에 대해서 대단히 집착하며 값싼 물건을 구입하더라도 그 가격에 대해서 너무 비싸다든지 싸다든지 하며 하나하나 따져보는 피곤한 스타일이다.

- 대인 관계 면에서는 이익이 되지 않는 일에는 돈을 전혀 쓰지 않는 소심함으로 인해 가끔 손해를 보는 경우가 있다.

- 외형적으로는 돈에 대해서 태연한 것처럼 보이지만, 의외로 돈이 최고라는 인식을 가지고 있는 경우가 많으므로 오히려 손해를 보는 경우도 있고, 타인에게 속기도 쉬운 타입이다. 그래서 결혼 운이 좋지 않은 것이 일반적이다.

- 돈 버는 아이디어는 있지만 실천력이 없어 오히려 다른 사람의 돈을 벌게 한다. 도움으로 생활을 유지하는 경우가 많다.

5. 주먹을 쥐는 모양별 성격 판단법

❶ A타입 : 엄지손가락을 손바닥 안에 넣고 쥐는 사람
❷ B타입 : 엄지손가락을 밖으로 내미는 사람
❸ C타입 : 엄지손가락을 가운뎃손가락에 대고 쥐는 사람

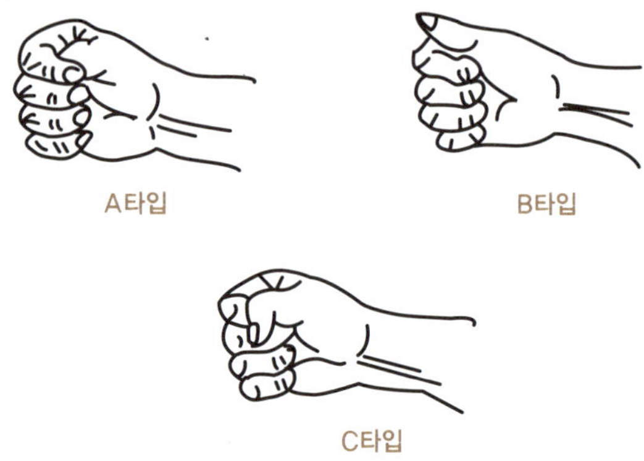

① **A타입 : 엄지손가락을 손바닥 안에 넣고 쥐는 사람**

- 나서기를 싫어하는 성격이며 좀처럼 자기의 본심을 드러내지 않는 타입이다.

- 인내심이 강하고 끈기가 있어 갖고 싶은 물건이 있거나 화가 날 때에도 그 욕망을 억제할 수 있는 사람이다.

- 인정도 많고 눈물도 많은 편이며 싸움을 해도 먼저 화해의 손을 내밀지 않는다.

- 사랑하는 사람이 있어도 자기의 속마음을 솔직하게 표현하지 못하고 상대가 알아주기만을 기다리는 소극적인 성격이어서 손해 보는 경우가 많다.

- 이런 유형의 고객은 이쪽의 주장을 내세우기 전에 상대방의 입장에 서서 깊게 생각해 본 뒤에 부드럽게 주장을 펴는 식의 배려가 필요하다.

② **B타입 : 엄지손가락을 밖으로 내미는 사람**

- 한번 마음속으로 결정한 일은 어떻게 해서든 추진해 보는 타입으로 소심한 성격은 아니다.

- 일을 많이 벌이는 편이며 이론을 좋아해서 이것저것 비교하다 보면 결과가 도출되기까지 너무 많은 시간이 걸리는 용의주도형이다.

- 실수를 하는 경우는 거의 없고, 인정도 많은 편이어서 주변에 어려운 사람을 보면 반드시 도와주겠다는 생각이 앞선다. 싸울 때에는 매우 격렬하고 책임감도 강하며 대인 관계가 좋아서 어디를 가나 사람이 몰려드는 타입이다.

- 여성에게서 많이 나타나는 타입이며, 남성의 경우 매우 여성적인 성격의 소유자이기도 하다.

③ **C타입 : 엄지손가락을 가운뎃손가락에 대고 쥐는 사람**

- 남에게 지는 것을 싫어하고 다혈질이며, 성격도 급해서 주위와의 마찰이 심한 편이며, 자기주장이 매우 강한 성격이다.

- 대인 관계에서 다른 사람의 말을 무시하고 자기주장만 내세우다가 손해를 보거나 따돌림을 당하는 경우가 있다.

- 쉽게 뜨거워지고 쉽게 차가워지는 사람으로 말보다는 행동이 앞서는 사례가 많으며, 신중하지 못한 탓에 나중에 후회하는 경우가 있다. 의리가 있고 책임감이 투철해서 결과적으로 모든 사람에게 인정을 받게 된다.

- 시작한 일을 중간에서 포기하는 경향이 있어 경솔하다는 것이 흠이다. 그래서 신중한 판단이 요구되는 일에서는 제외되기 쉬운 타

입이다.

- 남성의 경우에는 매우 남성적이어서 여자에게 인기가 좋은 편이나, 여성인 경우에는 많지 않은 타입으로 운동을 하였거나 생활력이 강하고 배짱이 좋은 여장부 타입이다.
- 비즈니스로 인한 고객 응대시에는 소극적인 자세보다는 적극적이고 솔직한 모습을 보이는 것이 바람직하다.

6. 악수하는 습관을 보고 상대를 파악하는 법

❶ A타입 : 손가락 끝을 가볍게 쥐는 사람
❷ B타입 : 손을 잡은 채로 한참 동안 놓지 않는 사람
❸ C타입 : 두 손으로 악수를 하는 사람
❹ D타입 : 뼈가 아프도록 힘을 주어 잡는 사람
❺ E타입 : 손목을 깊게 잡는 사람

① A타입 : 손가락 끝을 가볍게 쥐는 사람

- 상대방에게 자신의 기분을 보이고 싶지 않다는 강한 의지를 가지고 있거나, 상대방을 그다지 대수롭게 생각하지 않고 있다는 증거이다. 즉, 형식적인 인사치레 정도로 상대에게 큰 의미를 두지 않고 있다는 표시이다.
- 여성인 경우 더러운 것을 싫어하는 결벽성이 있거나 상대방에 대한 경계심을 갖는 사람에게 많다.
- 신경질적이고 소극적인 사고를 가지고 있는 경우가 많으므로 이

러한 유형에 대한 비즈니스는 지저분한 모습을 보이지 말고 이쪽의 주
장을 지나치게 강조하는 것은 피하는 것이 좋다.

- 특히 세일즈 시에는 먼저 이쪽에서 부드러운 말과 상대에 대한 관
  심을 표현하며 편안하게 만든 뒤에 접근하는 것이 유리하다.

② **B타입 : 손을 잡은 채로 한참 동안 놓지 않는 사람**

- 상대가 남녀간의 이성일 경우에 이런 스타일이 많으며 무엇인가
  부탁할 일이 있거나 성적인 느낌의 욕구가 있다는 증거이다.
- 생활에 자신감이 없고 현재 자신의 위치에 만족하지 못하여 이러
  한 스타일의 악수를 한다.
- 여자의 경우 사귀는 남자가 갑자기 이런 식으로 3분 이상 손을 잡
  고 악수를 할 때는 그 남자가 자기에게 성적인 어필이나 껴안고 싶
  다는 욕구를 느낀다는 증거이므로 이러한 남성은 주의해야 한다.
- 남자의 경우에는 반대로 상대 여자가 이런 식의 악수를 청해 올
  때에는 헤어지려는 마음을 갖고 있을 가능성이 높다.

③ **C타입 : 두 손으로 악수를 하는 사람**

- 윗사람이 아니라도 친구나 아랫사람에게도 이러한 타입은 기본적
  인 예의가 몸에 밴 사람이거나 자기는 믿을 만한 사람이라는 인식
  을 상대에게 심어주려는 마음이 강하게 깔려 있으며 철저함을 중
  요하게 여기는 타입이다.
- 상사가 부하에 대해서 오른손으로 손을 잡고 왼손을 위에서 포개
  면 신뢰감을 높이는 효과를 가져온다.
- 이러한 유형은 타인에게 실수를 하지 않겠다는 마음의 각오가 되

어 있는 사람으로 다른 사람이 자기에게 실수하는 것을 허용하지 않는다. 그러므로 비지니스를 할 경우 약속을 철저히 지키도록 하고, 실수를 하지 않도록 항상 주의하여야 한다. 특히 비즈니스에서 납기일, 시간을 잘 지키도록 해야 한다.

④ D타입 : 뼈가 아프도록 힘을 주어 잡는 사람

- 자기가 별로 강하지는 않지만 의식적으로 강하다는 것을 상대방에게 인정받고 싶다는 생각이 있다. 쉽게 말해서 자신을 과대 포장해서 인식을 심으려는 스타일이다.

- 자기의 능력도 못 미치는 일을 시작해 놓고 마무리가 좋지 않아서 쩔쩔매고 허풍이 심한 편이다.

- 자연스럽게 무의식적으로 이러한 악수를 하는 사람은 마음이 소박하고 진실하며 사람 사귀는 것을 매우 좋아한다.

- 어려운 일에 부딪치더라도 투지를 잃지 않고 헤쳐 나가는 의지력이 강하고 순진한 타입이며, 어려운 것을 보면 선뜻 도와주겠다고 나서는 인정 많은 사람이다.

- 상대가 강하게 힘을 넣어서 악수를 해 올 경우에는 이쪽도 똑같이 힘을 넣어서 친밀감을 심어 줄 수가 있다.

⑤ E타입 : 손목을 깊게 잡는 사람

- 상대방에 대한 동정심이나 신뢰감을 가지고 있다는 의미를 나타내며 정이 많은 편이다.

- 특히 부인 외의 이성간의 애정 문제에는 맺고 끊는 것이 분명하지 않아 문제가 생기기도 한다. 상대방에 대한 깊은 배려로 인하여

사기를 당할 가능성도 많으며 조직에서 지도자가 될 자질을 가지고 있다.

- 돈 관계가 맺고 끊는 것이 부족하여 가정보다 주변 사람을 위한 의리를 앞세우는 경향이 많다. 금전 관리 문제로 배우자를 힘들게 만들 가능성도 높다.
- 비즈니스시에는 이기적인 마음이나 형식적인 태도를 앞세우지 말고 상대방에 대한 배려의 마음을 나타내면 상대를 내 편으로 쉽게 만들 수가 있다.

행동과 버릇으로
사람의 성격 판단하는 법

1. 웃는 모습에 따라 여성의 심리 판단하기

❶ A타입 : 입을 가리지 않고 큰소리로 웃는 여성

❷ B타입 : 손바닥으로 입을 가리고 웃는 여성

❸ C타입 : 손등으로 입을 가리고 웃는 여성

❹ D타입 : 얼굴을 숙이고 웃는 여성

❺ E타입 : 목을 옆으로 구부리고 웃는 여성

❻ F타입 : 좋을 때나 나쁠 때나 빙긋이 웃는 여성

❼ G타입 : 웃음부터 흘리는 여성

❶ A타입

❷ B타입

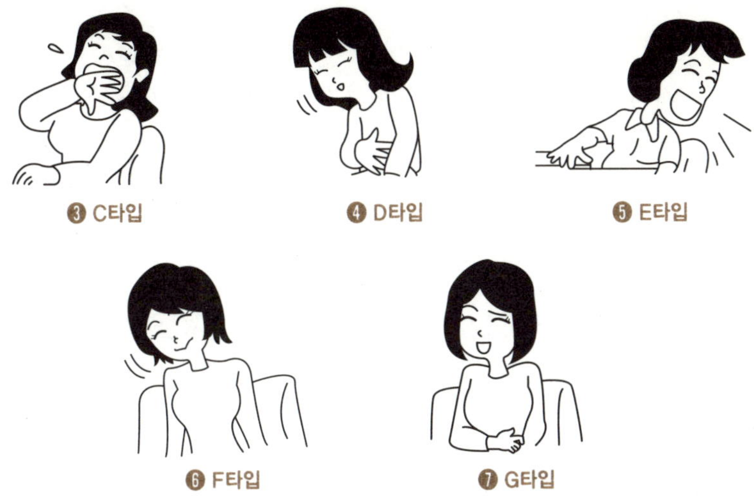

① A타입 : 입을 가리지 않고 큰소리로 웃는 여성

- 성격이 대범하고 담력이 크고, 호탕한 타입이며 과장이 심하고 실속이 없는 경우가 많다.

- 남자 못지않은 여장부로 대인 관계에서도 인기가 좋고 사회생활에서 명예와 지위를 얻을 수 있다.

- 사소한 일에 얽매이지 않는 성격이기 때문에 뜨거운 사랑에 실패해서 좋은 남자와 헤어지면 즉시 마음을 고쳐먹고 다른 남자와 사귈 수 있는 타입이다.

- 사랑을 할 때는 화끈하게, 헤어질 때는 뒤를 돌아보지 않는 맺고 끊는 것이 분명한 여성이다.

② B타입 : 손바닥으로 입을 가리고 웃는 여성

- 자신에 대하여 자신감을 가지고 있지 않는 여성이다.

- 자기가 이렇게 행동할 때 상대가 과연 어떤 반응을 보일까 하는

생각에 결국은 스스로 포기하고 마는 경우가 많다.

- 자기의 마음을 진실되게 표현하지 않는 편이며 어지간한 외로움은 혼자서 잘 인내하는 타입이다.
- 다른 사람의 눈을 지나치게 의식함으로 자연스런 행동에 제약을 받아서 손해를 보게 되는 경우가 많다.
- 매사에 보다 적극적이고 자신감 있는 사고방식을 가질 수 있도록 노력하는 것이 필요하다.

③ C타입 : 손등으로 입을 가리고 웃는 여성

- 자기의 마음을 솔직하게 내보이고 싶다는 뜻으로 상대방에게 관심이 있다는 표시이다.
- 앞으로 친해지고 싶다는 말없는 의사표시이므로 이때 상대 남자는 자기의 솔직한 마음을 드러내 보이면 금방 교제가 성립되게 된다.
- 애정 면에서는 어떤 남자를 만나든 이런 식으로 웃는 여성은 남자에 대한 관심도가 매우 높으며 쉽게 상대방에게 몸을 허락하는 타입이다.

④ D타입 : 얼굴을 숙이고 웃는 여성

- 애정 표현이 서투른 순진한 여성으로서 이성 교제의 경험이 별로 없어, 수줍음을 많이 타는 유형과 남자 경험이 너무 풍부해서 그것을 감추기 위해 내숭을 떠는 유형이 있다.
- 이런 타입은 이중적인 성격이 많으며 입으로 하는 말과 마음속의 생각이 일치하지 않는 타입이다.
- 이성 친구들과의 자리에서 이성 문제에 전혀 관심이 없는 척하면

서도 마음속으로는 남자들의 관심을 끌기 위해 내숭을 떨며 안절부절
하는 타입이다.

- 내숭을 떠는 목적으로 고개를 숙이고 웃는 여성과는 금전 거래를
  하지 않는 것이 좋다.

⑤ **E타입 : 목을 옆으로 구부리고 웃는 여성**

- 여성은 자기의 감정이 높아지거나 흥분을 하게 되면 몸을 좌우로
  흔드는 습관이 있다.

- 상대방의 말에 관심이 있고, 특히 앞에 앉아 있는 남자가 마음에
  드는 경우에 자기도 모르게 몸을 뒤척이게 되므로 하이에나 같은
  남성에게는 호기의 타입이다.

- 웃을 때에 몸을 움직인다면 상대방에게 강한 관심이 있다거나 화
  끈한 사랑을 하고 싶다는 육체적인 욕망을 느끼고 있다고 해석해
  도 무방하다.

- 평상시에도 항상 몸을 뒤척이며 웃는 여성은 개방적이고 활동적
  이고 경솔한 면이 있다.

- 한 장소에 오래 있는 것을 싫어하고 욕구 불만이 많은 상태이며
  동성 친구나 이성 친구에게도 인기가 좋다.

- 단체 모임이나 팀 활동에서는 리더 역할을 하는 타입이 많다.

⑥ **F타입 : 좋을 때나 나쁠 때나 빙긋이 웃는 여성**

- 성격은 꼼꼼하고 검소하고 쓸데없는 농담을 함부로 하지 않지만
  속마음을 한 번 드러내면 진지하게 자신을 내어 보인다. 그러나
  그 정도가 되려면 많은 시간이 소요된다.

- 처음에는 접근하기가 어렵지만 서로 친숙해지면 상대방 이야기도 진지하게 들어준다.

- 이런 사람을 쉽게 얕잡아 보거나 성격 좋은 사람으로 여겨 함부로 대하다가는 일격에 급습을 당할 수 있다. 그러나 인격적으로 대하면 절대 먼저 사람을 이용하려 들지 않으므로 오래 사귀어도 손해 보지 않는다.

- 이런 유형은 영양질에 많고 얼굴도 넓고 체형도 좋다.

⑦ G타입 : 웃음부터 흘리는 여성

- 처음에는 호감이 가지만 얼마 가지 않아 진실하지 않다는 것을 금방 알게 된다.

- 남의 말을 진지하게 듣지도 않고 말을 함부로 옮기므로 비밀 이야기는 하지 않는 것이 좋다.

- 특히 여성인 경우 진실성이 부족하여 헤픈 여자라는 비난을 받기 쉽다.

- 웃는 모습은 인상이 좋아 보이고 서로 마음이 사로잡혀 사람을 끄는 매력이 있으나, 사람의 웃음 뒤에는 두려운 정과 사랑이 생길 수 있으므로 유의해야 한다.

2. 대화, 행동 및 버릇으로 성격 판단하는 법

❶ A타입 : 이야기하면서 다리를 덜덜 떠는 사람
❷ B타입 : 상대방의 말에 맞장구를 잘 치는 사람
❸ C타입 : 머리카락을 만지며 이야기하는 사람
❹ D타입 : 입맛을 다시면서 이야기하는 사람
❺ E타입 : 손톱을 물어뜯는 사람
❻ F타입 : 아랫입술을 쭉 내밀고 대화하는 사람
❼ G타입 : 말끝이 분명하지 않는 사람
❽ H타입 : 미간에 힘을 주어 주름을 잡고 이야기하는 사람

① A타입 : 이야기하면서 다리를 덜덜 떠는 사람

- 상대방에게 인정을 받고 싶다는 욕구가 강하여 오히려 대인 관계에서 실수가 잦으므로 상대방은 부담스러워한다.
- 마음이 불안정하여 들떠 있고 가벼운 성격으로 초조한 마음을 가지고 있다는 표시이며, 긴장된 마음을 무마시켜 보려고 노력하고 있는 행동이다.
- 공식적인 자리가 아닌 친한 모임에서는 유머가 있고 분위기를 재미있게 이끌어 가는 타입이다.

② B타입 : 상대방의 말에 맞장구를 잘 치는 사람

- 상대방의 말이나 뜻에 협조를 잘하거나 비위를 잘 맞추며 인정이 많고 어려운 일에도 앞장서는 스타일이다.
- 깊은 생각 없이 다른 사람의 일에 찬성하다가 큰 손해를 보고 일이 끝난 다음에 후회를 하는 경우가 많다.

- 구두쇠로 상대방과 대화시 항상 자기는 돈이 없다거나 잘되는 일이 없다는 식으로 말하지만 실제는 돈을 많이 모아 두고 있는 경우가 많다.

③ C타입 : 머리카락을 만지며 이야기하는 사람

- 생각이 깊고 심사숙고하여 차분히 일을 처리하는 성격이므로 실수를 하지 않는 편이며, 어떤 일을 하더라도 본인의 노력으로 훌륭하게 끝을 맺는 스타일이다.

- 뭔가 한 가지 일에 몰두할 때 나타나게 되는 행동이며, 상대방의 말을 신중하게 분석하고 있다는 증거이다.

- 상대방을 쉽게 믿음으로 가끔 피해를 보는 경우가 많다.

④ D타입 : 입맛을 다시면서 이야기하는 사람

- 마주하고 있는 상대가 거북하여 초조해 하거나 상대방에게 깊은 인상을 주고 싶다는 마음에서 주로 나타나는 행동으로 마음이 움직이고 있다는 표시이다.

- 평상시에도 입맛을 다시면서 이야기하는 사람은 민감하고, 신경질적이며, 이성에 대한 강한 호기심이 발동한다는 증거이다.

- 자기의 판단 결과를 강하게 주장하므로 대인 관계에서는 별로 따르는 사람이 적으며 주변에 사람이 모이지 않는다.

- 남자가 여자 앞에서 입맛을 다시면서 이야기하면 육체적인 욕망을 느끼고 있는 행동이므로 상황 판단을 잘하여야 할 것이다.

⑤ E타입 : 손톱을 물어뜯는 사람

- 각종 회의나 행사에서 손톱을 물어뜯는 사람은 현재의 이야기 내

용에는 별 관심이 없고 현재 내용과 전혀 다른 일을 생각하고 있을 때에 나타나는 행동이다.

- 평상시에도 손톱을 물어뜯는 사람은 자랄 때 응석받이로 자랐거나, 자기중심적인 생각을 가지고 있는 경우가 많다.
- 대인 관계에서 동조를 잘하다가 갑자기 돌변하는 행동을 하는 스타일이다.
- 정이 부족하여 주변에서 관심을 가져 주면 마음의 문을 쉽게 열게 된다.

⑥ F타입 : 아랫입술을 쭉 내밀고 대화하는 사람

- 입술 전체 또는 아랫입술을 내밀어 우산 모양을 하고 대화하는 사람은 상대가 자기보다 지위가 낮거나 나이가 어린 사람에게 자기의 위상을 보이기 위한 행동이다.
- 평소 이야기시에도 이렇게 내미는 사람은 이기주의적이고 자만심이 강한 사람으로 자기의 이익을 위해선 무슨 일이든 자기 생각대로 이끌어 가고 다른 사람의 말은 염두에 없는 사람이다. 남을 배신하는 일도 서슴지 않는다.
- 상사에게는 깍듯이 자세를 가다듬고 윗사람에게는 예의를 갖추는 편이고 어려운 일도 거침없이 신중하게 처리하는 행동주의자이다.
- 각종 동호회나 동창회 등에서 간부의 업무를 맡는 리더의 역할을 많이 한다.
- 애정이 부족하고 적극적이 아니며 상대방의 애정만 요구한다. 여성은 배우자를 잘못 만나 고독해지기 쉬운 과부상이다.

⑦ **G타입 : 말끝이 분명하지 않는 사람**

- 현재 대화하고 있는 내용에 자신이 없거나 상대방에 주눅이 들어 있을 때 나타나는 행동이다.
- 평소 대화에서도 말끝이 분명하지 않고 얼버무리는 사람은 매사에 자신이 별로 없다는 표시이다.
- 현재의 생활에 불만이 많아 적극적이지 못하고 좋은 것이 좋다는 형이다. 진취적이고 개혁적인 면이 적다.

⑧ **H타입 : 미간에 힘을 주어 주름을 잡고 이야기하는 사람**

- 상대방에 대한 신뢰성이 없고 이야기의 내용에 큰 관심이 없을 때 나타내는 행동이다.
- 평상시에도 미간에 힘을 주는 사람은 자기의 판단력에 지나치게 자신감을 가지는 사람으로, 자기의 주장이 너무나 확고한 나머지 주변 사람의 이야기는 귀에 들어오지 않는다.
- 매사를 부정적으로 생각하는 편이어서 어떤 문제가 발생할 경우 자기 탓으로 인정하는 경우가 많다.
- 매우 성실하여 조직에서 핵심 업무를 담당하고 있는 경우가 많으며 자타가 인정하는 실력자가 많다.

3. 길을 걸을 때의 행동과 버릇으로 성격을 판단하는 법

❶ A타입 : 당당하고 자신 있게 걷는 사람
❷ B타입 : 땅을 차듯이 걷는 사람
❸ C타입 : 느긋하게 걷는 사람
❹ D타입 : 가끔 뒤를 보며 걷는 사람
❺ E타입 : 발을 질질 끌며 걷는 사람
❻ F타입 : 발소리를 또박또박 내며 걷는 사람
❼ G타입 : 어깨를 살랑거리며 걷는 사람

① **A타입 : 당당하고 자신 있게 걷는 사람**

- 힘이 있으면서도 절도가 있어 보이며 그 속에 건강미가 넘쳐 보이며 마음 역시 건전하다.
- 일처리가 분명하고 적극적인 성격을 가지고 있다.
- 지나치게 활동적이고 자신감에 차 있기 때문에 여성의 경우 부부의 인연이 바뀔 가능성이 높다.

② **B타입 : 땅을 차듯이 걷는 사람**

- 당당한 것을 거만한 것으로 착각하여 억지로 당당하게 행동하다가 오히려 좋지 않은 인상을 주는 경우가 있다.
- 땅을 차듯이 힘차게 걸음걸이를 내딛는 사람은 일처리도 잘하고 건강도 좋은 편이다.
- 한번 실수를 하게 되면 그 충격에서 쉽게 벗어나지 못하는 소극적인 면도 있다.

③ C타입 : 느긋하게 걷는 사람

- 의타심과 자만심이 지나치게 강하고 현시욕과 허세도 강하며 권위 의식이 강하여 무엇이나 아랫사람에게 시키기를 좋아한다.
- 어렸을 때 지나친 편애를 받고 자랐으며 비교적 몸집이 크거나 뚱뚱한 편이고, 기본적으로는 성격이 느긋한 타입이다.
- 무슨 일을 하더라도 신중하게 행동하기 때문에 실수는 하지 않는 편이지만 다른 사람과 어울릴 때에 독단적인 판단을 앞세우는 편이고 상대방을 피곤하게 만드는 타입이다.

④ D타입 : 가끔 뒤를 보며 걷는 사람

- 현재 하고 있는 일에 자신이 없으며 직업도 안정되어 있지 않고 마음이 불안정하고 현재의 생활에 불안을 느끼고 있는 타입이다.
- 큰일에는 신경을 못쓰면서 작은 일에는 아주 애착을 가진다.
- 다른 사람과의 협조성도 부족하고 자기만의 공간을 중요하게 여기는 스타일로 지도자나 상사가 되기는 틀린 인물이다.
- 이런 사람과의 동업은 가급적 피하는 것이 좋다.

⑤ E타입 : 발을 질질 끌며 걷는 사람

- 만사가 귀찮다는 듯 발을 질질 끌 듯이 힘없이 걷는 사람은 자식운이 없다.
- 체력이 약한 것은 물론이고 매우 비관적인 사상을 가지고 있으며 매사를 일찍 자포자기하는 편이고 악착스러움이 없다.
- 어려움을 뚫고 나가겠다는 의지력이 약하고 나서기를 꺼리고 남과 어울리는 경우도 드물다.

- 이기적인 것 같으면서도 인정이 있어 사귀어 두면 필요한 존재가 될 수도 있다.

⑥ F타입 : 발소리를 또박또박 내며 걷는 사람

- 누구를 대하든 솔직하고 정직하며 명랑하지만 자기 관리가 부족하고 실수가 많은 것이 단점이다.
- 인정이 많고 아무리 귀찮은 일도 기쁜 마음으로 처리하여 주위 사람을 재미있게 만드는 재능이 있다.

⑦ G타입 : 어깨를 살랑거리며 걷는 사람

- 근본적으로 가정교육이 부족해 상식이나 예의를 모르는 타입으로, 경솔한 행동으로 인해 함께 다니면 망신을 당하기 쉽다.
- 돈이면 모든 것이 해결된다는 사고의 소유자로서 돈이 있는 경우에는 어깨를 펴고 좌우로 흔들어 대며 걸어다니지만 돈이 떨어지면 어깨를 움츠리고 힘없이 걷는다.

의상, 색상, 음식에 대한 기호로 성격 판단하는 법

1. 즐겨 입는 의상으로 성격 파악하기

❶ **A타입** : 길이가 짧은 미니 원피스 스타일을 좋아하는 여성

❷ **B타입** : 정장을 좋아하는 여성

❸ **C타입** : 바지와 남성복 스타일을 좋아하는 여성

❹ **D타입** : 긴 반바지 스타일을 좋아하는 여성

❺ **E타입** : 긴치마를 좋아하는 여성

❶ A타입

❷ B타입

❸ C타입

① A타입 : 길이가 짧은 미니 원피스 스타일을 좋아하는 여성

- 자기의 귀염성에 자신감 있고 소녀적 요소가 많으며 남성들의 시선을 끌고 싶어하는 심리가 강하며 남성들에게 호감을 주고 쉽게 사귀기도 한다.

- 자신의 몸매나 각선미에 상당한 자신감이 있으며 유니섹스한 의상을 좋아하며 자신의 건강미를 나타내고 싶어한다.

- 남자 경험은 별로 없는 경우가 많고, 연애는 물론 결혼에 대해서도 아직은 진지하게 생각하려 하지 않고 소녀적인 관념에서 벗어나지 못한다.

② B타입 : 정장을 좋아하는 여성

- 빈틈없는 성격에 착실하다는 인상을 주며 신체 노출을 싫어한다.

- 자기의 섹스어필에 그다지 흥미를 느끼지 않는 타입이다.

- 쉽게 만나고 쉽게 헤어지는 대상으로 여기지 않으며 결혼은 중매를 통한 맞선으로 결정하는 경향이 많다.

- 남성과의 교제에서도 적극적으로 남성을 찾으려는 마음은 별로 없다.

- 놀이 상대로서는 가장 재미 없는 여성이다.

- 결혼을 하면 직장에 연연하지 않고 가정에 안주하여 가정생활을 중시하는 현모양처가 될 것이 틀림없다.

- 건강은 좋은 편이며, 자궁 장기 계통의 질환이 우려되지만 큰 병고는 치르지 않는다.

- 중산층 정도의 생활을 영위하며 비교적 평안한 가정을 이끌어 간다.

③ C타입 : 바지와 남성복 스타일을 좋아하는 여성

- 대인 관계가 좋고 방송, 언론 등에 재주가 많다.

- 거짓말을 할 줄 모르며 매사에 원만한 일처리를 하고 활동적이다.

- 집안일이나 인척 관계에 관심이 적은 편이며 결혼 후에도 가정생활에만 집착하려는 마음은 별로 없는 편이다.

- 모든 면에서 남성과 같은 행동, 남성과 같은 대우를 받으려 하며 결혼은 늦어지나 짧은 교제 기간에 성사되기도 한다.

- 섹스에 대해서도 남성과 대등한 입장에서 즐기려는 마음이 강한 여성이며, 스스로 일을 선택해서 경제적으로도 독립하는 경우가 많다.

④ D타입 : 긴 반바지 스타일을 좋아하는 여성

- 자신의 신체와 외모에 대단한 자부심을 가지고 있고, 유행에 매우 민감한 타입이다.

- 어떤 직종에 종사하든지 시원스럽고 깔끔하게 일을 처리하여 상사의 신임을 받으며 무슨 일이든 멋지게 처리하는 재능을 가지고 있다.

- 금방 뜨거워졌다가 바로 식어 버리는 다혈질적인 경향이 많으며 남성에 대한 관심도 많아서 마음에 드는 남성이 나타나면 일시적인 흥미를 가지지만 한 남자와 꾸준히 사귀는 타입은 아니다.

- 적응력이 좋고 개방적이며 사교의 기술이 뛰어나고 센스와 감수성이 좋아 데이트 상대로는 최고지만 자립하여 성공하려는 의지는 약한 편이다.

- 건강은 좋은 편이며 경제적으로 풍족한 반면에 결혼 생활은 원만치 못할 경우가 많다.

⑤ E타입 : 긴 치마를 좋아하는 여성

- 상당한 자신감을 가지고 있는 여성이며 얼굴, 몸매에도 자신감을 가지고 있는 편이다.

- 남성에 대한 관심은 별로 없으나 동성인 여성에게서 미적인 아름다움을 느끼거나 섹시함을 느끼기 쉬운 타입이다.

- 남성에게는 매우 매력적으로 보일 수도 있지만, 생활력이 약하므로 결혼 상대로는 신중하게 생각하는 것이 좋다.

2. 좋아하는 색깔을 보고 성격 파악하기

❶ A타입 : 빨간색을 선호하는 사람　❷ B타입 : 흰색을 선호하는 사람
❸ C타입 : 녹색을 선호하는 사람　❹ D타입 : 파란색을 선호하는 사람
❺ E타입 : 노란색을 선호하는 사람　❻ F타입 : 보라색을 선호하는 사람
❼ G타입 : 분홍색을 선호하는 사람

① **A타입 : 빨간색을 선호하는 사람**

• 밝고 명랑한 성격이며 외향적이고 낙천적이다.

• 자질구레한 일에는 별로 끙끙대지 않으며 과거나 미래보다는 지금 현재에 더욱 관심이 많다.

• 자기의 감정을 표현하는 방법이 너무 직선적이다.

• 기쁜 일이 있으면 확실하게 즐거운 표정을 짓고 기분 나쁜 일이 있으면 의기소침한 기분 나쁜 표정을 즉시 드러낸다.

• 생각보다 행동으로 표현하는 스타일이며 운동을 좋아하고 다른 사람의 눈에 띄기를 좋아하는 심리가 강하다.

② **B타입 : 흰색을 선호하는 사람**

• 순수하고 깨끗함을 상징하는 흰색은 자기의 감정을 덮어두고 자제하는 능력이 뛰어나서 좀처럼 본심을 겉으로 드러내지 않는 타입이 좋아하는 색상이다.

• 상당히 완고하여 타인에 대한 간섭도 많고 잔소리도 많지만 자기의 실수에 대해서는 상당히 관대한 편이다.

• 대인 관계에서도 다른 사람의 말에 잘 동조하고 협조를 잘하는 것 같지만, 자기의 고집을 내세워 상대방의 말을 인정하지 않는 타입이다.

③ **C타입 : 녹색을 선호하는 사람**

• 가식적이거나 사실과 다른 거짓말을 싫어하고 있는 그대로를 중히 여기는 현실형이다.

• 상당히 의리와 인정을 중히 생각하고 보수적인 사고방식의 경향이 강하기 때문에 친구나 주변 사람들로부터 비난의 대상이 되기도 한다.

- 사고방식이 건전하며 지식도 많지만 상대방을 다루는 능력이 서툴러서 때로는 적을 많이 만들기도 한다.

- 가정이나 사회생활을 이끌어가는 능력은 탁월하여 그것을 인정해 주는 사람들이 자기 주위에 모여들게 되어 외롭지가 않다.

④ D타입 : 파란색을 선호하는 사람

- 공상을 좋아하고 내성적이며 감상적이다.

- 모든 일에 방황하기가 쉬우며 망설임이 많고, 지나치게 생각을 많이 하는 편이며 돈과 같은 물질적 만족보다는 마음의 만족을 우선시한다.

- 이성 관계에서는 첫눈에 반해 버리는 경우가 많고 사람을 잘 믿는 습성이 있어 상대에게 배신당하기도 쉽다.

- 모든 일을 지나치게 안이하게 생각하므로 실패를 하게 되는 경우도 있다.

⑤ E타입 : 노란색을 선호하는 사람

- 행동력과 모험심이 있으며 새로운 일에 도전하기를 좋아하며, 언제나 현실에 만족하지 못하는 적극적인 사람이다.

- 자기가 하려고 마음먹은 일은 다소 무리가 따르더라도 반드시 실행에 옮기는 투지가 있다.

- 집단이나 모임에서 리더의 위치에서 움직이지 않으면 직성이 풀리지 않는 경향이 있다.

- 가끔 심적 욕구불만 때문에 고민을 하거나 다른 사람과의 의견 충돌의 기질이 많다.

⑥ F타입 : 보라색을 선호하는 사람

- 보라색은 환상의 색으로 예술이나 개성적인 일을 좋아하고 평범한 것을 싫어하는 타입이다.
- 직장 생활보다는 예술이나 문학 분야에서 재능을 발휘하는 경우가 많다.
- 주변 사람들로부터 눈길을 끌려는 욕구가 강하며 유행에 민감하고 튀는 행동으로 주목을 받고 싶어 한다.
- 싫증을 잘 내며 일을 쉽게 포기하는 성격으로 한 가지 일을 끝까지 지속적으로 하는 박력이 부족하다.

⑦ **G타입 : 분홍색을 선호하는 사람**

- 핑크색 역시 환상의 색으로 애정에 얽매이기 쉽다.
- 동정심이나 인정이 많아서 어려운 사람을 보면 즉시 도와주려는 박애주의자이다.
- 여성인 겨우 로맨티시스트이며 무드를 중요하게 여기며 시끄럽고 분주한 장소보다 조용하고 깨끗한 장소를 선호한다.
- 남성은 섹스에 대한 기대 심리가 매우 강한 타입이며, 이성간에 인기가 좋은 타입이다.

3. 주문하는 태도로 성격 파악하기

❶ **A타입** : 상대방은 신경 쓰지 않고 자기중심적으로 주문하는 사람
❷ **B타입** : 상대방의 의견을 기다렸다가 같은 것으로 주문하는 사람
❸ **C타입** : 한 번 결정했다가 주위의 상황을 보고 바꾸는 사람
❹ **D타입** : 주문을 할 때 망설이는 사람
❺ **E타입** : 점원에게 설명을 듣고 주문하는 사람

① **A타입 : 상대방은 신경 쓰지 않고 자기중심으로 하는 사람**

- 상대방이 무슨 메뉴를 선택하든 자기가 먹고 싶은 음식을 상대의 의사는 물어보지 않고 즉석에서 결정하는 사람은 낙천적이고 덜렁덜렁하는 성격의 소유자이다.

- 가격을 본 뒤에 메뉴를 선택하는 사람은 경제 감각이 있는 합리적인 사고방식을 가지고 있지만 돈을 잘 안쓰거나 아끼는 구두쇠이다.

- 음식 이름을 보고 메뉴를 고르는 사람은 자기의 건강을 소중하게 여기고 멋을 알고 인생을 즐기면서 살아가는 사람이다.

② **B타입 : 상대방의 의견을 기다렸다가 같은 것으로 주문하는 사람**

- 메뉴판을 상대에게 전달하여 먼저 선택하도록 양보한 뒤에 상대방이 선택한 음식과 같은 것을 주문하는 사람은 항상 조직이나 모임에서 협조성이 강하고, 조직에 자신을 맞추는 신중형이다.

- 모든 일에 신중을 기하므로 위험성을 내포하고 있는 일은 억제하는 편이다.

- 음식 권유나 의견 조율을 하지는 않는 행위 자체는 현재 대화 상대에 대해 큰 관심이 없다는 표시이기도 하다.

③ **C타입 : 한 번 결정했다가 주위의 상황을 보고 바꾸는 사람**

- 자기가 마음에 드는 것을 확정했다가 다른 사람이 선택한 것을 보고 바꾸는 자는 소극적인 성격의 소유자이며, 모든 일에 일일이 신경 쓰는 집중력이 뛰어난 사람이다.

- 공상력이 풍부한 사람으로 아이디어는 많지만 이것저것 망설이기 쉽고 결단을 내려야 하는 문제가 생길 때 기회를 놓치는 경우가 많다.

- 혈액형이 A형인 사람에게 많이 나타난다.

④ D타입 : **주문을 할 때 망설이는 사람**

- 메뉴를 보고 선택에 망설이는 사람은 결단력이 부족하고 짜증을 내기 쉬우며 불만이 많은 타입이다.
- 자기 주변의 사람에 대해 복장 등 여러 가지에 대해 시빗거리를 만들어 불평불만을 제기하는 습관이 있다.
- 자기 결정이 가장 훌륭하다는 사고방식을 가지고 있다.
- 매사에 조심성이 많고 망설이기 쉬운 성격이며, 자기 주변의 사람에게는 같은 입장이 되어 가급적 이해해 주려는 마음을 가지고 있다.

⑤ E타입 : **점원에게 설명을 듣고 주문하는 사람**

- 웨이터를 불러서 음식 설명을 부탁한 뒤에 메뉴를 결정하는 사람은 평범한 일에 만족하지 않고, 독특한 것을 좋아하며 성격이 까다로운 사람이 많다.
- 자존심이 강하여 다른 사람이 말하는 대로 따라 하지 않는 성향이 있으며, 전문가가 아닌 경우에는 반드시 확인 절차를 거치는 습관이 있다.

4. 색채에 대한 심리적 반응

① 빨간색

- 순색 빨강을 선호하는 유형의 두드러진 특징은 감정의 기복이 심해 자신들의 괴로움 때문에 타인이나 세상을 비난하는 것이다. 조

울증이나 정신병적인 경향이 있으므로 평소 자신을 통제하는 데 힘을
기울여야 한다.

- 순색이 아닌 빨강 계열의 색을 선호하는 유형은 온순하고 소심한
  사람들로 색깔 자체에서 자신들에게 부족한 '용감한 성격'을 발견
  하기 때문에 좋아한다. 빨강은 소원성취, 승화, 숨겨진 욕망 등이
  담겨 있다.
- 패배로 인한 좌절과 실현되지 못한 욕망 때문에 괴로워하고 분노
  하는 사람 중에 빨강을 싫어하는 사람이 있으며 정신적으로도 상
  당히 불안정한 유형이다.

② 분홍색

- 분홍을 선호하는 유형은 대부분 호사가들로 꽤 부유한 이웃들과
  함께 살며 좋은 교육을 받고 자란 사람들이다. 보호를 받고 자랐
  으며 실컷 즐기며 사는 사람들로 강렬한 색을 기피하는 경향을 보
  인다.
- 분홍은 젊음, 명문 태생, 애정을 담고 있으며 인생의 역경의 시기
  가 있어 학대 받은 사람들 중에 부드러움을 동경해 일부러 선호하
  는 색이다.
- 부자들, 교양 있는 자들, 허영심 많은 사람들을 좋게 여기지 않는
  사람들 중에 분홍을 싫어하는 유형들이 있다.

③ 주황색

- 명랑하고 따뜻하며 사교적인 색이다. 주황을 선호하는 사람은 부
  자나 가난한 사람이거나, 총명하거나 어리석거나 지위 고하를 막

론하고 누구나 사이좋게 지내는 독특한 능력을 지니고 있다.

- 주황을 선호하는 사람은 친절하고 항상 미소를 띠고 있다. 재치가 있고 심오하지는 않으나, 유창한 언어능력이 있다.
- 주황을 선호하는 사람들 가운데 독신으로 남아 있는 경우는 거의 없다. 정치가, 전도사, 칭찬을 잘하는 사람들, 진부한 격언이나 시구를 잘 응용하는 사람들을 무척 싫어하는 성향이 있다.

④ 파란색

- 파랑은 보수적 경향, 성취, 헌신, 신중함, 내적인 성향을 나타내는 색이다. 노력으로 성공한 사람과 돈을 버는 법을 아는 사람, 인생에 있어서 적당한 교분을 맺고 무엇이든 충동적으로 하는 일이 드문 사람이 선호하는 색이다. 성적인 충동이 강하지만 조심스럽게 잘 조절할 줄 안다.
- 정치적으로 반동적인 태도를 갖고 있는 사람이 선호하는 색으로 어두운 파랑을 선호한다면 극단적인 반동주의자이다. 합리적이기 때문에 종종 자신과 자신의 생활을 모범적이라고 여기지만 착각인 경우도 있다.
- 파랑은 사랑과 인내로 가득한 성모마리아의 색채이며 어머니, 보호자의 색이다. 이탈리아인과 스페인 사람들도 그들의 빨간색 기질에도 불구하고 때때로 파랑을 선호하는 것으로 나타난다. 그들 역시 온화한 생활을 내적으로 강하게 욕망하며 성취해 보려고 노력한다는 것을 알 수 있다.
- 파랑을 싫어한다는 것은 반란, 범죄, 패배감 등을 나타내며, 자신

보다 노력을 덜했다고 생각하는 사람의 성공에 대한 분노를 내포하고 있다. 그들이 행운을 낚았다고 생각하며, 보상은 적으면서 고되게 노력한 것에 대해 염증을 느낀다. 파랑을 싫어하는 유형 중에는 큰 불행을 자초하는 경우도 있다.

⑤ 자주 · 보라색

- 섬세한 색으로 보통 사람들이 일반적으로 우아하게 여긴다. 예술가들과 문화생활을 즐기는 사람들이 선호한다. 그들은 감성이 풍부하고 예리한 성격을 지니고 있는 반면 허영심이 강하다. 예술적인 재능이 있으며 철학 등 고상한 분야에 관심이 높다. 흥분을 잘 하지만 수용만 해 준다면 쉽게 함께 살아가는 스타일이다. 인생의 추하고 저속한 면을 싫어하는 성향이 강하며 자신과 타인을 위한 높은 이상을 추구한다.

- 자주 · 보라색을 선호하는 사람을 다른 시각으로 본다면 거짓말을 잘하고 과장된 행동을 한다고 볼 수도 있다. 그들은 교양이 없고 세련되지 못하고 건방진 성향이 있다.

- 겉치레, 허영심, 자만심을 경멸하는 사람은 자주 · 보라색을 싫어하며 곧잘 문화생활을 깔보는 성향이 있다. 그들은 문화를 순전히 부자연스러운 꾸밈일 뿐이라고 생각한다.

- 자주색을 싫어하는 유형들은 세속적인 것과 정신적인 특질을 구별하는 일이 어렵다. 그래서 양쪽을 적절히 융화시키는 일이 불가능하다.

⑥ 노란색

- 영적인 인상을 강하게 주는 색으로 훌륭한 지능과 지식을 가진 사람, 지능의 발달이 더딘 사람들이 선호한다.
- 퇴보하거나 유아기를 벗어나는 데 실패한 환자들이 거의 예외 없이 좋아하는 색이다. 동양철학과 통하며 긍정적인 측면에서 봤을 때 노랑은 상당한 지식수준에 있는 사람들이 선호한다.
- 대체로 혁신적이고 독창력이 있고 지혜로운 사람이 선호하며 이런 유형은 내성적이고 분석적이며 세상에 대해 깊고 심각하게 생각한다. 재능 또한 풍부하다.
- 서양에서 노랑은 비겁, 편견, 박해를 상징한다. 이런 이유로 노란색을 싫어하는 사람이 있는데 정신적 장애가 있거나 무의식적으로 지적인 것과 관련된 복잡한 모든 것을 경멸하는 유형에서 볼 수 있다. 정신적 불안함에 대한 일종의 방어 본능이다.

⑦ 연두색

- 선호하는 사람이 드문 색이다. 지각력이 있고 정신적인 생활을 영위하지만 은둔자처럼 보이는 것을 몹시 싫어한다.
정신과 품행에 대한 훌륭한 자질에 대해 감탄할 정도로 찬사를 받는 것을 바라지만 소심함과 수줍음 때문에 사교적인 면에서 어려움이 있다.
- 인종과 사회에 대한 편견을 갖고 있는 사람들은 싫어하는 색으로 이런 유형들은 종교, 피부색, 국적 때문에 사람을 경멸한다고 볼 수 있다.

⑧ 녹색

- 자연, 균형, 정상적인 상태를 상징한다. 녹색을 선호하는 사람은 교양이 있으며, 전통적이고 사회생활에도 잘 순응한다. 골프나 카드놀이, 영화 관람 같은 문화적인 활동을 하는 부류의 클럽에 속해 있다. 주황을 선호하는 유형이 도시에 살고 있는 반면 녹색을 좋아하는 사람은 교외에 살고 있다.

- 녹색을 선호하는 유형은 끊임없이 일하며 인생의 좋은 것들을 음미할 줄 안다. 느긋한 태도를 가진 믿음직한 세계인이며 빨강을 선호하는 사람처럼 충동적이거나 파랑을 선호하는 사람처럼 고립되어 있지 않다.

- 정신 상태가 불안정한 사람은 녹색을 싫어하는 성향이 있으며 사회 참여를 거부하고 색채를 좋아하는 자들에게 화를 내는 유형으로 녹색이 상징하는 균형이 결핍되어 있다. 이런 유형은 종종 복잡하고 외로운 생활을 영위한다. 색의 단조로운 성질과 그 색을 좋아하는 사람들의 인습적 태도를 경멸한다.

⑨ 청록색

- 세련되고 분별력 있는 사람이 선호하는 색으로 그들은 미각이 뛰어나고 옷을 잘 입고 자기중심적이며 예민하다.

- 색과 색의 변화에 대해 꼼꼼한 것은 야단스런 성격을 나타내는 것으로 어린이들, 외향적인 사람, 외향적인 것을 좋아하는 사람들은 파랑이나 녹색 같은 단순한 색들을 좋아한다.

- 청록을 싫어하는 유형은 거의 없다. 간혹 그런 사람이 있는데 그

들은 "나도 당신만큼 된다" 혹은 "도대체 당신이 뭐라도 된 것처럼 생각하는가"라는 태도로 타인의 자부심을 격렬히 비난하는 것이다.

청록을 좋아하거나 싫어하는 유형의 공통된 특징은 모두 자기중심적이라는 것이다.

⑩ 갈색

- 갈색은 흙의 색으로 질박한 성질의 사람들이 선호한다. 그들은 완강하고 신뢰할 수 있고 예민하며 매우 인색하다. 젊을 때는 늙어 보이고 늙어서는 젊게 보인다. 극단적인 보수주의로 의무감과 책임감을 갖고 있으며 편집증의 경향도 있다.

- 항상 이성적이기 때문에 갈색을 좋아하는 사람들은 다른 사람이 경박한 것을 분개하지만, 그런 경박함에 마음이 끌리는 수도 있다. 관중석에 앉아 있기만 하고 운동장에 나가서 직접 경기에 참여하는 일은 드물다.

- 갈색은 사람들이 싫어하기 매우 쉬운 색으로 좋아하는 사람보다 싫어하는 사람이 훨씬 많다. 칙칙하고 따분한 것을 못 견뎌하기 때문에 싫어하며 정신적으로 문제가 있는 사람들이 선호하는 경향이 있다. 갈색은 대도시의 자극적인 생활보다는 전원생활을 의미한다고 볼 수 있다.

- 갈색에 대해 부정적, 적대적 태도를 지닌 사람은 원만한 성격을 갖고 있다고 볼 수 있으며 흰색, 회색, 검정에 대한 같은 태도도 똑같이 적용할 수 있다.

⑪ 흰색

⑪ **흰색**

- 마음에 드는 색으로 흰색을 선택한 사람은 아직까지 한 사람도 없다. 침울하고 무감각하고 황량함을 상징하며 뤼셔 검사법에도 없는 색이다. 주로 신경 증세가 있는 사람들이 흰색, 회색, 검은색에 반응한다.

- 샤이(K.Warner Schaie)는 여러 가지 색을 흑백의 도표 위에 분류해 놓은 피라미드 검사법을 검토해 봤을 때 흰색의 사용 빈도가 정상인은 29.1%인데 반하여 정신분열증 환자는 76.6%였다고 기록하고 있다.

⑫ **회색**

- 항상 생각이 깊고 교양이 있는 선택을 상징한다. 절제된 방법으로 평온함을 유지하고 합리적이고 호감을 주며 쓸모 있게 되고자 하는 의지를 나타낸다. 회색은 싫어하는 사람보다 무관심한 사람이 더 많다.

- 회색을 싫어하는 사람은 평범한 생활에 싫증을 내거나 자신의 내부에 있는 평범한 감정에 의해 뒤흔들릴 수 있다. 회색의 작은 방이나 교도소를 벗어나서 더 많은 쾌락적인 생활을 누리고자 하는 갈망을 나타내기도 한다.

⑬ **검은색**

- 예외는 있지만 정신적으로 문제가 되는 사람이 매혹되는 색이다. 소수의 사람이 궤변으로 인해 검은색을 좋아하는 경우도 있지만 진정한 본성을 숨기려는 방편일 뿐이다. 신비스럽게 보이기를 소

망하지만 전혀 그렇지 않다.

- 검은색은 죽음과 절망의 색이다. 검은색을 싫어하는 사람은 많으며 이런 유형들은 병과 죽음이라는 주제를 회피하고 생일도 나이도 인정하려 들지 않는다. 불가피한 것을 몹시 싫어하는 성향을 보이며 그 상태를 영원히 고수하려 든다.

 color in your world, Macmillan, 1978

인상학별 고객의 특징과 전략

사람마다 외모가 다르고 체구가 다르듯이 모든 사람은 나름대로의 특징을 지니고 있다. 성격 또한 사람마다 천차만별이며 처해 있는 상황에 따라 영향을 미치는 요인들이 매우 많다.

유전자, 교육, 타고난 재질과 능력, 문화적 배경, 성장 과정 및 장소뿐만 아니라, 특정한 상황까지도 성격에 영향을 미친다. 다시 말해서 인간은 다양한 성격의 집합체라고 말할 수 있다.

본장에서 거론되는 각종 성격 특징들은 반드시 합당한 것은 아니다. 동양적인 사고에 의한 심리학자의 분류 방법과 경험에 의한 분류 방법이므로 피대상자에 따라 다소 다르게 나타날 수 있다. 따라서 논쟁의 대상이 되지 않았으면 하는 바람이다.

physiognomy marketing

신체 부위별 사람 판단법

1. 크레치마의 성격 분류법

인간의 다양한 성격 유형을 분류함에 있어 분류 방법이 이런 방법으로 하는 것이 좋다거나, 이 방법이 저 방법보다 나쁘다고 말할 수 있는 접근법은 없다. 다만 이러한 분류법들은 우리의 선천적인 강점과 잠재된 약점을 인식하고 분명히 파악하는 데 도움을 주며 우리가 어떤 면에서는 비슷하고 어떤 면에서는 다른지를 말해줌으로써 우리의 차이를 존중하면서도 적극 활용하도록 도움을 준다.

스위스의 심리학자 칼 융, 독일의 정신과 의사인 크레치마(1888~1964), 미국의 두 여류학자인 캐서린 브리그스와 이자벨 마이어스 등에 의해 여러 유형의 심리적 도구가 개발되어 있다. 참고적으로 본서에서는 독일의 정신과 의사인 크레치마가 분류한 인간의 다섯 가지 성격 분류법을 소개한다.

① 분열 성격(내폐성 성격)

표면적인 언동과 마음가짐이 타인이 볼 때 이해할 수 없는 인간으로 그 성격 안에 극히 민감한 부분과 극히 둔감한 부분이 함께 숨겨져 있다.

② 조율 성격(동조성 성격)

사교적이며 적극적, 쾌활한 반면 세밀한 배려나 자기반성에는 인색한 면이 있다.

③ 전한 성격(집착성 성격)

집념이 강하고 지나치게 몰두하는 성격으로 학구파인 사람에게 많다. 신중하고 완벽주의자이며 융통성이 없다.

④ 히스테리 성격(자기현시성 성격)

자부심이 강하고 감정대로 잘 움직이며 극히 자기중심적이다. 자신을 실제 이상으로 내보이기 좋아한다.

⑤ 신경질적인 성격(신경성 성격)

이기적이지만 자기를 비판적으로 보는 타입으로 책임감이 아주 강하고 사소한 일에 늘 걱정하는 사람이 많다. 하나의 일이 좀처럼 머릿속에서 떠나지를 않는다.

2. 과학적 성격 검사 방법

우리가 몸이 아프면 건강진단을 받아 보듯이 마음이 아플 때도 과학적으로 증명된 검사를 하게 된다. 심리 상태를 체크할 수 있는 기초 검사로는 〈적성과 지능(IQ)검사〉, 정체성을 확인하는 〈Ego-Gram 검사〉, 〈MMPI 인성 검사〉, 〈MBTI 성격 기질 검사〉, 〈그림 검사〉 등이 있으며, 이러한 검사를 통해서 현재의 심리 상태를 가늠할 수 있다. 일반적으로 많이 사용하는 심리검사의 특징을 소개해 보면 아래와 같다.

① 적성 및 지능(IQ)검사

적성이란 일반적으로 특정한 활동이나 작업을 수행하는 데 필요한 능력이 어느 정도 있으며 그러한 능력의 발현 가능성이 어떠한가를 알아보는 것으로, 구체적인 특정 활동이나 작업에 대한 미래의 성공 가능성을 예측하기도 한다. 대개 청소년기에 장래 직업이나 진로를 결정할 때 참고 자료로 쓰이며, 진로를 재조정할 때 사용하기도 한다.

② Ego-Gram 검사

우리는 인격적인 면에서 기본적으로 3개의 자아 상태가 그때그때 적절히 반응하게 되는데, 그 조합에 따라 여러 가지 형태를 취하고 있다. 즉, '어버이'의 자아 상태, '어른-성인'의 자아 상태, 그리고 '어린이'의 자아 상태가 그 세 가지이다. 이 세 가지 모습이 적절히 조화를 이루면 대인 관계는 자연스럽고 원만하지만 어느 한쪽으로 쏠려 균형이 잡히지 않으면 부자연스럽고 부적절하게 느껴지게 된다.

③ MMPI 인성 검사

비정상적인 행동을 객관적으로 측정하기 위해 개발된 검사로 잠재의식 속에 감춰진 마음이 얼마나 아픈가를 측정하게 된다. 불안정해서 직장이나 가정생활이 흔들리고 주위에서 불안하게 생각할 정도면 이 검사는 필히 해보는 것이 좋다.

④ MBTI 성격 기질 검사

사람의 성격 유형에 따른 이 검사의 특징은 어느 유형이 좋거나 나쁘다고 하는 우열을 가리는 것이 아니다. 사람마다 성격은 다르게 마련이며, 각 성격마다 갖는 특성이 있다. 그래서 자기 성격에 맞게 사회적으로 활동할 것을 권하고 어떠한 점을 유의하여야 할 것인지에 대한 충고도 하고 있다.

⑤ 그림 검사

위의 검사들이 모두 지적인 검사인데 비해 이 검사는 감성적인 검사로 집과 나무, 사람을 그려서 현재의 심리 상태를 역동적으로 읽어 보는 검사이다.

3. 고객 성격별 응대 요령

사람을 자주 만나게 되면 상대방의 성격이나 반응 형태도 자연스레 파악이 되지만, 영업 비즈니스로 처음 만나는 고객에 대하여 각양각색의 생각을 가진 사람의 마음을 모두 읽어낼 수가 없게 된다.

몇 마디의 말만 나눠 봐도 상대방의 성격이 급한 사람인지 남의 말에 귀기울일 줄 아는 사람인지 수다를 떠는 사람인지 파악을 할 수 있다면 비즈니스의 접근이 훨씬 수월해진다. 이 방법은 비단 비즈니스에서만 적용할 것이 아니라 사회 생활의 모든 인간관계에서도 응용할 만한 가치가 있을 것으로 본다.

① 불평불만이 많은 고객

- 불평불만이 많은 고객은 모든 것을 제대로 보려고 하지 않는다. 이런 고객은 불평불만을 수용해 주면서 공감을 표시하고 치켜세워 준다.

② 성격이 급한 고객

- 상품이 결정되면 될 수 있는 한 빨리 달라고 하는 적극적인 구매를 한다. 기다리게 하거나 무시하면 불쾌해져서 금방 나가 버린다. 신속 정확하게 해서 좋은 인상을 주어야 한다.

  예 "네, 손님 죄송합니다만 잠깐만 기다려주십시오. 곧바로 포장해 드리겠습니다."

- "손님, 3분만 시간을 내 주십시오. 정확히 3분입니다"라는 식으로 접근하여 3분 안에 용건을 모두 끝낸다. 그리고 반응이 없더라도 나중에 다시 방문할 수 있도록 좋은 인상을 심어 주어야 한다.

③ 빨리 빨리형의 고객

- 가부를 분명히 하고 "네, 잘 알겠습니다"와 같이 매사를 시원시원하게 응대 처리한다.

- 늦어질 경우에는 늦어지는 사유를 분명히 말해 주고 양해를 구한다.

④ 성격이 느긋한 고객

- 구매 결정까지 시간이 걸리고 분명한 의사 결정을 하지 않으므로 판매 사원도 침착하게 응대해야 한다.

- 강매라는 기분이 들지 않을 정도로 2~3가지 상품을 골라 권하지 않으면 더 오랜 시간이 걸린다.

  예 "손님, 요즘 이 넥타이가 반응이 좋은 상품입니다. 한번 보시겠습니까?"

⑤ 완고한 성격의 고객

- 고집이 센 고객과 정면 대결을 하면 손해다. 성실성과 열의를 보여서 고객 스스로 마음을 열도록 한다.

⑥ 말이 많은 고객

- 일단 흠을 잡든지 뭐든 불평을 하지 않으면 안 되는 사람이다.

- 말하는 것을 잘 듣고 비난에 빠져들지 않도록 한다.

- 때를 맞추어 때때로 포인트를 확인하고 맞장구를 쳐주며 주도권
  을 잡는다.

⑦ 말이 적은 고객

- 말수가 적으므로 고객이 원하거나 생각하는 것을 잘 몰라 응대하
  기 힘든 유형이다. YES, NO로써 대답할 수 있는 적절한 질문을
  해서 상대가 얘기하기 쉽게 유도한다.

⑧ 의심 많은 고객

- 반박하거나 논쟁하지 말고 사소한 부분이라도 약속을 지키고 성
  실함을 보여주는 것이 가장 중요하다. 특히 분명한 증거나 근거를
  나타내는 각종 자료를 활용하여 설득해 나가는 것이 효과가 크다.

- 일단 의심을 하고 납득이 가기 전까지는 결코 행동으로 옮기지 않
  는 고객이다. 설명을 대충하는 것을 피하고 자신감 있는 태도로
  간결, 명확하게 설명하며, 때로는 책임자로 하여금 응대하도록 하
  는 것이 좋다.

- 너무 자세한 설명이나 친절함도 간혹 의심의 대상이 되므로 주의
  하도록 한다.

⑨ 흥분하는 고객

- 사소한 것에도 곧잘 흥분하고 감정의 기복이 심한 고객이다. 얘기
  하는 도중에 자기가 말하는 것에도 흥분하는 고객이 있다. 특히

조심해서 평온하게 얘기를 진행하고 말투나 태도에 주의해서 상
대의 감정을 자극하지 말아야 한다.

⑩ 깊이 생각하는 고객

- 신중하게 검토한 후에 결정하는 유형으로 생각에 몰두해 때로는
  말이 없어지는 수도 있다. 이런 타입의 고객에게는 명쾌하게 성의
  를 표해야 한다.

⑪ 명랑한 고객

- 대인 관계에 우호적인 감정의 소유자. 따라서 상대방에게 주도권
  을 빼앗기지 않도록 주의하면서 우물쭈물하지 말고 유머를 활용
  해 자신 있게 대한다.

⑫ 어린이 동반 고객

- 어린이에 대한 관심을 고객 자신에 대한 관심으로 여긴다.
- 어린이의 특징을 재빨리 파악하여 적절한 칭찬을 할 경우 고객의
  만족도는 높아진다.
- 울거나 칭얼거릴 때는 과자를 주거나 관심 있게 눈높이를 맞추면
  좋다.
- 어린이를 위한 인형이나 장난감을 준비하는 것도 좋다.

⑬ 수다를 떠는 고객

- 남의 말에 귀를 기울이지 않고 자신의 이야기만 들어주길 바라
  는 타입으로 상품에 상관없이 얘기가 빗나가고 필요 없는 말까지
  한다.
- 이러한 고객은 말동무가 되어 주기를 원하기 때문에 같은 것에 관

심을 보여주면 대단히 만족한다. 일단 말을 끊지 말고 끝까지 참고 들어주다가 말이 끊길 때쯤 적당한 타이밍을 맞추어 슬쩍 주제를 옮기는 것이 필요하다.

⑭ 변덕스런 고객

- 악의가 있는 것은 아니지만 계속해서 기분이 바뀌어 제대로 결정을 못하는 고객이다. 고객의 기호를 파악해서 한 종류의 상품을 자신 있게 권한다.

⑮ 이것저것 트집 잡는 고객

- 시원시원한 응대를 하여 상대의 이야기를 잘 경청하도록 한다. "옳은 말씀이십니다", "선생님은 예리하시군요"라고 한 뒤 "저도 그렇게 생각하고 있습니다만……" 과 같은 방법으로 상대를 설득한다. 이와 같이 맞장구치고 추켜세우고 설득해 나가는 방법이 효과적이다.

- 이런 고객에게는 잠자코 상대방의 의견을 경청하고 미안하다는 뜻을 나타내는 것이 좋다.

⑯ 학구적인 고객

- 무엇이든지 상세히 알고 싶어 하고 확인하고 싶은 욕망이 강한 사람이다. 이런 유형의 고객의 질문에는 충분히 납득이 가도록 설명하고 모를 때는 잘 모르겠다고 분명하게 답변해야 한다.

⑰ 존경받고 싶어 하는 고객

- "손님, 혹시 판매 사원들을 대상으로 세일즈 교육을 하시는 분이 아니신가요?", "방금 하신 말씀에 정말 깊은 감동을 느꼈습니다.

판매 업무에 종사하는 저에겐 큰 힘과 용기가 되겠습니다." 이런 식으로 대응하여 상대가 높임을 받고 있다는 느낌을 주도록 한다.

⑱ 장난끼 있는 고객

- 일부러 판매 사원을 곤란하게 하는 질문을 잘하는 유형이다. 이런 유형의 고객에게는 자신이 알고 있는 것을 성심성의껏 설명하고 모르는 것은 모르겠다고 분명히 말씀드리고 사과한다.
- 이쪽의 솔직한 태도에 자극 받아서 뜻밖에 쉽게 결정하는 고객도 상당히 많다.

⑲ 망설이는 고객

- 차근차근 설명을 한 뒤 작은 것부터 하나씩 결정해 나간다.
- 이것저것 잘 결정을 못하는 응대하기 힘든 유형의 고객이다. 침착하게 선택할 때까지 기다리는 것도 중요하지만, 고객의 기호를 빨리 알아차려 상품을 권한다.

  예 "손님, 방금 고른 그 상품은 최근에 가장 호평 받고 있는 상품입니다. 현명한 선택을 하신 것 같습니다."

⑳ 자기 자랑이 심한 고객

- 이러한 고객은 단순하며 악의가 없는 타입이다. 못마땅하게 여기지 말고 마음껏 자랑할 수 있도록 맞장구를 치고 이야기를 잘 들어주면 예상 외로 설득이 쉽다.

㉑ 거만하게 뽐내는 고객

- 되도록 정중하게 대하며 고객이 과시욕을 내세울 수 있도록 분위기를 충족시켜 주되 적극적인 응대를 하지 않고 그대로 둔다.

- 다소 단순한 면이 있으므로 한 번 호감을 사면 여러 면에서 이득이 되는 경우가 많다.

㉒ 값을 깎는 고객

- 결과에 상관없이 일단 값을 깎는 고객이다. 참을성 있게 응대해야 하며 가격 표시제나 정찰제를 실시하는 이유 등을 충분히 설명해야 한다.
- 상품의 가치를 납득이 갈 때까지 설명하고 타 점포와 비교해서 손색이 없음을 인식시켜야 한다.

  예 "손님, 이 상품은 저희 매장이 자랑스럽게 보여드릴 수 있는 1등급 품질의 상품입니다. 물론 철저히 위생적으로 처리된 상품이기도 합니다."

㉓ 아는 체하는 고객

- 이 유형의 고객은 실제로 풍부한 지식을 갖고 있는 고객도 있으나, 단지 아는 척하는 고객도 있다. 그렇다고 무시하면 절대 안 된다. 비위를 잘 맞추면 비교적 빨리 의사 결정을 한다.
- 판매 사원이 가르쳐주는 식은 절대 금지해야 한다. 성의를 갖고 좋은 점을 설명하는 태도를 취해야 한다.

  예 "손님께서는 저희들보다 상품을 보는 눈이 훨씬 높으시군요. 오히려 저희들이 상품을 보는 안목을 손님으로부터 배워야 하겠습니다."

㉔ 쾌활하고 명랑한 고객

- 싹싹하고 쾌활하다고 마음을 놓으면 안 된다.
- 이런 고객은 후에 인간적인 교류까지 가능하게 되는 무난한 고객이다.

- '예스', '노'를 분명히 하는 것이 좋다.

- 상대방의 쾌활함에 말려들어 예의를 벗어나는 일이 없도록 유의한다.

㉕ 잘 믿는 고객

- 판매 사원을 믿고 설명을 잘 들어주는 유형이다. 설명하는 대로 순응하지만 긴장을 풀거나 적당한 설명을 해서는 안 된다.

- 반드시 예의를 꼭 지켜야 한다.

㉖ 불친절한 고객

- 아무리 불친절하고 무뚝뚝한 고객이라도 자기에게 이득이 되는 상품은 사고 싶어한다. 불친절은 친절로 되받아 주고 상대방의 좋은 면을 보려 노력하고 이해하며 서비스 방문을 자주 하도록 한다.

- 항상 미소를 띄며 친절을 보여 주도록 한다.

㉗ 온순하고 얌전한 고객

- 조금 불만스러운 것이 있어도 내색을 하지 않으므로 속마음을 헤아리기 어렵다.

- 한 번 마음에 들면 거래가 오래 계속되지만 마음이 돌아서면 끝장이다.

- 말이 없는 대신 오해하기가 쉬우므로 정중하고 온화하게 대해 주고 일처리를 차근차근 빈틈없이 하는 것이 좋다.

마이어스-브리그스(MBTI : Myers-Briggs Type Indicator)의 성격 유형 지표와 특징

에너지를 어떤 방향으로 쓰는가?

외향성(Extraversion)

- 외부에 주의를 집중해서 외부로부터 활력을 얻는다.
- 폭넓은 대인 관계를 선호하며 활동적이다.

내향성(Introversion)

- 내부에 주의를 집중한다.
- 깊이 있는 대인 관계를 선호하며 조용하고 신중하다.

무엇을 인식하는가?

감각(Sensing)

- 오감에 의존해서 정보를 받아들이는 한편 경험의 세계를 중시한다.
- 숲보다는 나무를 본다.

직관(Intuition)

- 육감에 의존해서 정보를 받아들이는 한편 미래지향적이다.
- 나무보다 숲을 본다.

어떻게 결정을 내리는가?

생각(Thinking)

- 사실에 초점을 두고 논리적이고 분석적으로 판단한다.

느낌(Feeling)

- 사람과의 조화로운 관계에 초점을 두고 의사 결정을 한다.

어떤 생활 양식을 채택하는가?

판단(Judging)

- 뚜렷한 목표와 계획을 가지고 체계적으로 생활한다.
- 빨리 결정을 내리고 조직적인 것을 선호한다.

인식(Perceiving)

- 목표와 방향이 상황에 따라 변경 가능하고 융통성 있다.
- 결정을 내리는 데 여유가 있고 개방적이다.

성격 유형의 특징별 대화법

01  전통주의자와의 대화법

- 우회하지 말고 곧바로 핵심을 파고들어라.
- 진지하고 중요한 문제를 논의하는 동안에는 농담을 하지 마라.
- 이미 알고 있는 사람이라면, 문제와 관련된 그들의 가치관을 고려하라.
- 복잡하지 않은 단순한 어법을 사용하라.
- 준비를 철저히 하고 체계적인 접근을 시도하라.
- 정보를 단계별로 차근차근 전달하라.
- 당신이 언급하는 사실의 진실성에 특별히 관심을 기울여라.
- 실질적인 의미와 결과를 강조하라.
- 당신의 제안이 가장 확실하다는 근거를 제시하라.
- 당신의 입장이 옳다고 생각하는 이유를 설명하라.
- 통계자료, 사실적이고 실제적인 경험을 바탕으로 당신의 제안을 뒷받침하도록 하라.
- 과거의 경험을 바탕으로 성공 사례를 제시하라.

02  경험주의자와의 대화법

- 상대의 질문에 상냥하고 개방적이고 호의적으로 대응하라.
- 현실적이고 실제적이며 즉각적인 것에 초점을 맞추어라. 분명한 증거를 제시하면서 당신의 의견을 뒷받침하라.
- 그들에게 선택의 여지를 충분히 주도록 하라.
- 편하게 행동하고 말하라. 지나치게 진지하게 접근하지 말라. 사무적인 일이라도 가능하면 재미있는 일화를 섞어 가며 접근하라.
- 가능하면 재미있고 즐거운 시간이 되도록 꾸려 가라. 경험주의자에게 다양함은 양념과도 같은 것이다. 따라서 실감나고, 활동적이며, 흥미진진하게 대화를 끌어가도록 하라. 가능하다면 고마움을 표시할 기회를 가까운 시일 내에 만들려고 하라.
- 그들의 감각을 최대한 이용하도록 하라. 현장을 답사하는 등 실제로 확인할 수 있는 기회를 제공하라.
- 개인적인 관계를 유지하도록 하고, 대화가 끊어지지 않도록 하라. 특히 강의를 하는 듯한 기분을 주어서는 안 된다.

 03   관념주의자와의 대화법

- 그들의 지적 호기심을 자극하라.
- 세세한 것보다는 거시적 안목에 초점을 맞추어라. 또한 현재의 행동이 미래에 미칠 의미에 대해서 말하라.
- 그들의 상상력에 동참하고 비유와 은유를 활용하라.
- 다른 개념이나 이론을 인용해서 당신의 제안을 뒷받침하라.
- 당신의 입장에 자신감을 보여 주어라.
- 세세하고 자세한 것까지 들먹이며 그들을 짜증나고 지루하게 만들지 말라.
- 당신 주장이 가져올 논리적 결과를 강조하라. 감정적인 접근을 피하라.
- 그들의 객관적이고 공정하려는 심성을 이용하라. 창의적인 능력을 최대한 끌어내도록 하라.
- 전통이나 관습에 얽매이지 않도록 하라.
- 일관성을 유지하고 무엇보다도 당신의 경쟁력을 증명해 보여라.

04   이상주의자와의 대화법

- 감상적인 성격을 이용하라. 당신의 제안이 다른 사람에게 어떤 혜택을 줄 수 있는지 강조하라. 특히 장기적 관점에서 심리적이고 정신적인 안정에 어떤 도움을 줄 수 있는지 강조한다.
- 당신의 입장과 제안 혹은 생각에 대한 믿음이나 자신감을 확실히 전달하라.
- 조화롭고 협조적인 관계를 도모하고 전투적이거나 경쟁적인 자세를 보이지 마라.
- 가능하면 개인적인 이야기와 사례를 활용하라. 비유법을 자유롭게 사용하라.
- 그들과 친분 관계를 쌓도록 하라. 당신에 대해 개인적으로 느끼는 감정이 당신의 주장을 들어주는 관심도를 결정하며, 당신에게 협조와 도움을 주려는 적극성을 결정한다.
- 독특하고 독창적인 그들의 요구를 이용하라. 새롭고 평범하지 않은 것에 대한 그들의 성향을 높이 평가하라.
- 그들의 창의성과 상상력을 자극하라. 그들은 개인의 문제만이 아니라 인간 사이의 문제에 뛰어난 해결사이다.
- 당신의 개인적 감정을 털어놓아라. 비밀로 간직한 이야기를 털어놓을수록, 그들과의 관계는 친밀해진다.
- 진지한 자세를 유지하라. 이상주의자는 성실성을 중요하게 여기기 때문에 진실하지 않고 수상쩍게 생각되는 사람에게는 강력하게 반발한다.

 폴 D. 티저 & 바바라 배런 티저 원저, 강주현 옮김

직업별 특징 및 활용

1. 직업의 분류

경제활동을 위해 개인이 하고 있는 일을 그 수행되는 일의 형태에 따라 체계적으로 유형화한 것이 직업분류로 국내 직업 구조 및 실태에 맞도록 표준화한 것이 한국표준직업분류이다. 직업분류는 다음과 같이 계층적 구조로 되어 있으며 5단계로 구분된다.

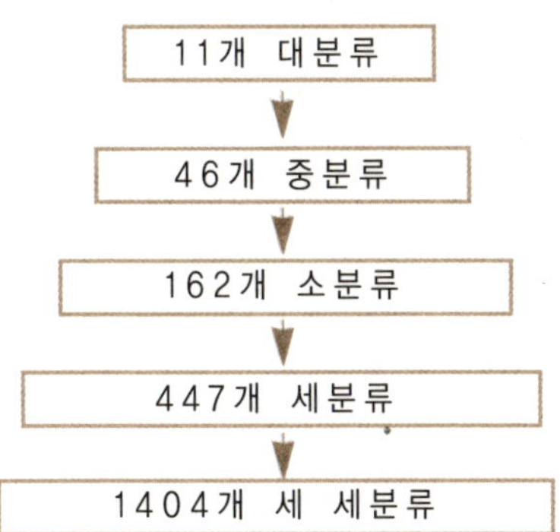

노동부에서는 ILO 국제표준직업분류를 기초로 2000년 1월 5차 개
정을 실시해 다음과 같이 한국표준직업분류를 구분하고 있다.

코드	항목	직능 수준
0	의회의원, 고위 임직원 및 관리자	무관
1	전문가	제4직능수준
2	기술공 및 준전문가	제3직능수준
3	사무 종사자	제2직능수준
4	서비스 종사자	제2직능수준
5	판매 종사자	제2직능수준
6	농업 및 어업 숙련 종사자	제2직능수준
7	기능원 및 관련 기능 종사자	제2직능수준
8	장치, 기계 조작 및 조립 종사자	제2직능수준
9	단순 노무 종사자	제1직능수준
A	군인	무관

고객의 직업에 따라 사고방식도 다르고 생활 유형도 다르고 소득도
다르므로 원하는 상품이나 필요한 상품도 다르기 마련이다. 따라서 마
케팅 전략도 달라질 수 밖에 없다. 아무리 상품이 좋아도 고객의 특징
을 모르고 접근했다가는 실패할 확률이 높다. 요컨대 고객에 대한 꾸
준한 연구만이 계약을 성사시킬 수 있는 비결이다.

우선 직업별 범위와 범주가 광범위하고 다양하므로 본서에서는 크
게 전문 기술인 · 직장인 · 자영업 및 사업자 3가지로 구분하고, 각 인
상의 특징 및 마케팅 전략을 알아보기로 한다. 직장인이든 경영자이든

제각기 자신의 직업에 있어서 어떤 인정을 받으며, 자기의 힘을 발휘할 수 있느냐? 혹은 어떻게 성공할 수 있느냐 하는 것 등에 대해 파악할 수 있는 능력을 키워 본다.

이를테면 봉급자라면 상사의 인도를 받아서 자기에게 알맞는 일을 맡는 것이 성공과 연결될 것이며, 상점 경영이라면 고객의 사랑을 받는 것이 발전의 조건인 것이다. 기술자나 자유 직업일지라도 혼자서는 성공할 수 없다.

또 알맞는 직업이란 그 사람의 성격에 맞는 직업을 말하는 것이다. 외향성인 사람이라면 봉급자, 내향성의 사람이라면 내근, 사무 등이 좋을 것이다. 알맞는 직업에는 어떤 것이 있는가를 보려면 그 사람의 성격을 파악하는 것이 포인트이다. 일반적으로 네모진 사람은 기술자, 둥근형은 장사 혹은 영업 관계, 역삼각형은 사무, 경리 등의 내근에 적합하지만 수많은 직업에 대한 특징이 광범위하므로 일반적인 인상만을 소개하니 참조하기 바란다.

2. 전문 기술인

전문 기술직에 종사하는 사람의 인상은 전문 직종의 특성에 따라서 다르겠지만 일반적으로 전형적인 전문가로서의 공통적인 인상의 특징이 있다.

(1) 전문가적인 인상의 유형

① 학자형의 인상 특징

• 이마의 양단이 벗겨져 있다. 양단이 머리털 부분까지 잠식해서

넓어진 이마의 사람도 같다. 지능형의 이마로 사려 깊고 독창성이 있으나 다소 이치를 따지는 버릇이 있다. 이런 이마로 얼굴이 역삼각형이라면 세속을 초월하고 이른바 상아탑에 틀어박히는 형이다.

• 팔(八)자 눈썹으로 눈꼬리가 굵다. 학구적이며 항상 연구를 잊지 않는 형이다. 기세가 왕성한 학자는 눈썹털이 위아래로 포개어지듯이 나 있다.

• 뚜렷한 법령. 끝이 벌어진 법령보다 약간 입을 에워싸듯이 뻗어 있는 편이 학자형이다. 좁은 영역을 깊이 파고들어서 연구하는 형이다.

② 예술가형의 인상 특징

• 얼굴 유형의 역삼각형. 가장 감수성이 풍부한 얼굴 모양이다. 다만 예술가 중에서도 조형예술(조각, 건축, 장식품, 공예 등) 계통으로 진출할 사람은 턱이 뚜렷하고 피부가 성깃할수록 네모진형이 끼어들게 된다.

• 약간 엷고 넓으며 높은 이마. 선천적으로 특출한 착상의 번쩍임을 지닌 형이다. 피부가 두꺼울수록 속성(俗性)이 끼어든다.

• 가늘고 긴 눈썹. 정서가 풍부하며 섬세한 감정의 소유자이다. 눈썹이 진할수록 정교하고 치밀한 표현력을 갖고 있다.

• 눈썹 두덩이 높게 융기하고 있다. 직관력이 예민하고 신비적인 면을 지니고 있다.

• 귀가 벌어지고 있다. 귀가 찰싹 머리에 붙어 있는 것이 아니라

대문이 열려 있듯이 벌어진 사람은 넓게 사물을 볼 수 있는 사람
이다. 여러 가지 일을 보고 자신의 것으로 흡수하는 능력이 있다.

③ 스타가 될 인상 특징

- **얼굴의 십자 부분의 색깔이 아름답다.** 십자 부분의 전체 또는
  일부분일지라도 아름다운 색깔이 나타나 있는 사람은 스카우트될
  가능성이 있다. 아름다운 색깔이란 핑크색에 누런빛이 감돌고 있는
  것 같은 색이다. 손가락을 펴서 손등을 보았을 때 햇빛에 그을지 않
  은 손가락의 옆 가장자리에 광택을 내게 한 것 같은 색을 말한다.

- **눈썹 머리, 눈썹 꼬리, 입 언저리의 점.** 속된 말로 예능 점이라
  부르는 것인데 예능계에서의 성공과 연결된다. 다만 그 장소에 따
  라서 운세적으로 보면 커다란 차이가 있다. 남성인 경우는 흠도
  무방하다고 한다.

- **이마의 모서리에 아름다운 색깔.** 그림처럼 줄기가 비스듬히 아
  래로 뻗쳐 있을 때는 남의 눈에 띄게 될 때이다. 더욱이 초대면인
  사람일수록 스카우트당하기 쉽다.

- **눈이 반짝이고 있다.** 눈이 반짝 반짝 빛나고 있을 때는 자기 스
  스로 운을 부르게 된다.

(2) 전문가에 대한 마케팅 전략

전문적 지식, 기술을 필요로 하는 직업들로 전문적·과학적 지식,
기술을 활용하여 경제, 사회 및 산업상의 제반 문제를 해결하기 위한
연구 업무에 종사하거나 전문직 기능을 실제 수행하는 직업들로 전문

기술 및 관련직 종사자가 여기에 해당된다.

• 자연 과학	• 통계학자	• 작곡인
• 건축	• 경제학자	• 체육인
• 승무원	• 교원	
• 과학자	• 저작가, 언론인, 연예인	
• 의사	• 조각가, 화가, 창작, 예술가	

위와 같이 전문 직종에 종사하는 사람들은 해당 직업에 대한 전문성과 특수 기능에 대하여 깊은 지식을 가지고 있고 끼리끼리 의식과 개인주의적 사고와 이해타산이 강하며 고급 레저를 즐기고 고가품을 선호하는 경향이 짙다.

특히 보험사의 영업이나 전문 기술직의 특징을 예를 들어 본다면 이러한 전문 기술직은 높은 소득에 비해 미래에 대한 생활 안정 대책이 미비한 편이다. 따라서 생활 보장 대책을 위한 보험이나 안락한 노후를 위한 연금보험, 시설 확장 및 자녀 교육에 필요한 상품을 권유하는 것이 바람직하다. 특히 자신의 건강과 여가를 위하여 레저를 많이 즐기는 이들에게는 골프, 스키 등 레저에 관련된 보장성 보험을 권유하는 것도 유리하다.

이들에게 접근할 때는 시간을 맞추기 힘들므로 사무실의 직원이나 부인들을 통해 접근하고 간접적인 방법으로는 우편을 통하여 금융 · 보험 등의 새로운 정보를 수시로 제공하고 전문 직종에 맞는 관련 서적을 선물하는 등 각별한 배려를 해야 한다.

보험료를 결정할 때도 수입에 맞추되 적은 금액을 책정하면 오히려 실례가 된다. 많은 금액으로 권하는 것이 이들의 자긍심을 높여주는 방법이며, 특히 성공적인 계약을 위해서는 예의 바른 태도와 정확한 계산, 판매 상품에 대한 해박한 지식을 갖고 접근하는 것이 매우 중요하다.

3. 직장인

직장인의 인상도 전문 기술직과 마찬가지로 직종의 특성에 따라서 다르겠지만 일반적으로 전형적인 직장인의 인상 특징은 다음과 같다.

(1) 직장인의 인상 유형

① 봉급생활자로 성공하는 인상의 특징

봉급생활자가 출세하느냐 못하느냐를 보는 첫째 포인트는 이마이다. 자신을 키워줄 상사를 만나느냐 못 만나느냐를 나타내며, 거기에 흠이나 점이 있거나 광택이 나쁘거나 하면 우선 출세는 기대하기 어렵다.

둘째 포인트는 눈썹이다. 그 사람의 능력을 나타낸다. 눈썹이 잘 생겨야 한다는 것이 가장 중요하다.

세째 포인트는 귀다. 그 사람의 정력을 나타낸다. 적당하게 귓살이 붙고 단단해야 한다. 동시에 코가 야무져야 한다.

• 높고 예쁜 이마. 이마는 상사나 부하 등 직장에서의 인간관계를 보는 곳이다. 거기에 흠이나 점이 있으면 실력만큼 인정을 받지 못하고 소외당하는 불운이 있다.

- **이마의 중앙부가 융기해 있다.** 상사의 인도를 받을 가능성이 강한 사람으로 순풍에 돛단배처럼 수월하게 승진한다.
- **완만한 커브를 그린 눈썹으로 털결이 곱다.** 사람됨이 온화하고 대인 관계가 원만하고 열심히 연구하기 때문에 인도를 받게 된다. 두뇌 회전도 좋은 형이다.
- **귓담이 귓바퀴 안에 있다.** 상식적인 인간성을 지닌 사람으로서 편벽(偏僻)이 없는 까닭에 순조롭게 승진할 것이다.
- **편향된 기질.** 이마에는 보통 세 가닥의 주름이 잡히며, 위로부터 상사, 자기, 부하의 순으로 운을 나타낸다. 세 가닥이 모두 보기 좋게 잡혀 있는 주름이라면 모든 운이 좋은 것이다.

  윗줄이 한 가닥뿐일지라도 선이 뚜렷하면 인도를 받게 되고, 어느 정도까지는 출세를 한다.

② 직장의 간부나 임원이 될 인상 특징

남다른 출세를 하는 사람은 어디엔가 보통 사람과는 차이가 있기 마련이다. 인상학에서는 그와 같은 얼굴을 이상(異相)이라 부른다.

한마디로 말하면 선이 뚜렷한 생김새라 한다.

- 얼굴 생김새가 크고 두께가 있으며 네모진 형이 많다.
- 오관(五官)이 크고 뚜렷하다.

구분	형태	특　징
얼굴		실문방향에 적합하다
		영업방향에 적합하다
이마		양쪽이 벗겨져 올라가도 좋고, 흠이나 점이 없어야 한다
눈썹		약간 커브를 그리며 눈보다 약간 길다. 알맞게 굵으며 눈썹 꼬리까지 같은 굵기거나 약간 가늘 것
눈		유순하고 약간 길쭉할 것
코		표준일 것. 그리고 준두(準頭), 콧방울이 야무질 것
인중		약간 아랫쪽으로 내려갈수록 넓어지고 너무 깊지 않을 것
입		맺힘이 좋고 입술이 지나치게 두껍지 않다
법령		줄이 깊지 않으며, 알맞게 넓어지고 있다
아래턱		살집이 남짓하고 완만한 커버를 그리고 있다
귀		살집이 풍부하고 귓담이 귓바퀴와 동일 선상 정도까지 발달하고 있다

③ 전직하기 쉬운 인상 특징

- 측면 凹형으로서 두께가 없는 사람. 실행력이 없는 주제에 탁상 공론으로 판단하여 「이 일」 또는 「이 직장」은 장래성이 없다고 하여 곧잘 다른 곳으로 옮겨버리고 싶어 하는 사람이다. 의지가 약한 것도 전직하는 원인의 하나이다.
- 가늘고 야무지지 않는 코. 자주성이 없고 남의 말을 듣고서 간단히 움직이거나 사소한 일로 싫증을 낸다.
- 짧고 엷은 눈썹. 지구력이 없고 생각도 얕은 사람이다.
- 둥글고 큰 눈. 새 것을 좋아하는 형이어서 체념이 빠르다. 때문에 자꾸만 직장을 옮기는 형이다.

(2) 직장인에 대한 마케팅 전략

직업의 분류 방법에 따른 접근법보다 마케팅 측면에서는 자영업과 구분하기 위하여 단체에 소속되어 급여를 받고 있는 자를 묶어서 직장인으로 대분류하였으며 직장인의 세부 유형은 다음과 같다.

① 행정 및 관리직

관리직, 행정 관계 종사 등 주로 중앙 및 지방 행정 부서에서 정책 결정과 수립 그리고 법률이나 공공 규칙의 제정과 개정에 관여하거나 정책의 해석과 집행을 조직 관리하는 사람과 사기업체, 공기업체 또는 기타 조직체의 이사나 관리자로서 계획, 조직, 조정 및 감독하는 자로 구성된다.

• 행정 및 관리직 종사자 • 입법 및 정부 관리직 공무원	• 관리재(임원, 시장 등)

② 교통 · 체신직

교통기관이나 우편, 체신에 관련된 분야에서 종사하는 직업들이다.

• 수송 장비 운전자 • 화물 장비 조작공	• 전화 통신원 • 부두 화물 취급자

③ 노무직

단순 노동자를 포함, 특별한 지식, 기술, 교육 등이 필요 없어도 능히 신체적 노동을 제공하여 업무를 수행 추진할 수 있는 관련자이다.

• 가축 처리, 음식료품 가공 처리공 • 방적, 제적, 편직, 염색공	• 벽돌공, 목공, 수송 장비 운전자 • 부두 노동자

④ 사무직 및 관리직

관리직에 종사하는 사람의 감독 또는 지시 하에 인사 문서, 현금 출납, 도서 정리, 계산 등의 사무를 담당하는 것을 주요 업무로 한다.

• 사무원 감독자 • 정부 행정 공무원 • 속기사, 출납 관련 종사자 • 계산기 조작원	• 통신, 운수 사업 감독자 • 교통 안내원 • 우편물 취급 사무원 • 전화 · 전산기 조작원

⑤ 판매직

백화점, 도매상, 소매상, 상점 등에서 물건을 사고파는 점원들과 판매 종사자를 들 수 있다.

• 도소매 관리자, 경영자 • 판매원, 점원	• 판매 감독자, 외무원, 판매 대리인 • 보험, 부동산, 증권, 판매원, 경매인

⑥ 서비스직

요식 숙박업 관리자 또는 자영업자, 가사 및 관련 서비스 감독자, 조리사, 웨이터, 바텐더 및 관련 종사자, 건물 관리와 청소와 세탁소, 이발사, 미용사, 보안 업무 종사자, 기타 서비스 종사자를 나타낸다.

• 서비스직 종사자 • 세탁공, 이발사, 미용사 • 보안 업무 종사자	• 요식 숙박업 관리자 • 조리사, 웨이터, 바텐더 • 가정부, 건물 관리원, 청소원

⑦ 기능 생산직

각 기업체, 산업체, 중소 기업 등의 기관 또는 회사에서 물품, 물건들을 만들어 내는 곳에서 종사하는 직업이다.

• 담배, 의복 제조공 • 장신구, 귀금속 세공공, 유리 성형, 　도자기 제조공 • 고무, 플라스틱, 판지, 종이, 　유리 제품 제조공	• 생산 감독, 채석원, 금속 • 목재 가공 처리공 • 재봉, 가구 내장공 • 제화, 가죽 제조공

수입원을 월급 하나에만 의존하고 있는 직장인의 인상마케팅을 특

히 보험 비즈니스에 접목시켜 보면 이들 직장인은 자라나는 자녀들의 교육과 결혼, 만일의 경우를 당했을 때 가족의 생활 대책에 대한 불안감을 가지고 있으며 정년퇴직 후의 노후 생활 문제에 가장 큰 비중을 두고 있을 것이다.

충분치 못한 월급에만 의존하는 직장인들에게 고액의 보험료를 계약받기란 힘들며 설령 고액의 계약을 체결했다 해도 오래 가지 못하고 중도에 해약하는 경우가 많다. 따라서 보험료를 결정할 때는 개인에 대한 충분한 정보를 파악하고 수입에 맞는 상품을 권해야 한다.

신세대 젊은 직장인들은 미래를 위하여 저축도 하지만 레저 문화에도 많은 관심을 쏟는다. 반면 기성세대 직장인들은 불확실한 노후 생활이나 건강 문제, 사고에 관한 대비 등에 관심이 많다. 특히 보험사의 영업에서는 직장인들이 만일의 사고나 재해에 대비할 만한 목돈 마련이 쉽지 않은 점을 감안하여 직업별 특성을 살려서 가족 전체를 위한 보장성 보험, 건강 생활 보험, 개인연금 보험 등을 권유하는 것이 마케팅의 포인트가 될 수 있겠다.

4. 자영업자 및 사업자

일반적으로 자유직업인으로서의 공통적인 인상의 특징은 아래와 같다.

(1) 자영업자 및 사업가 인상

① 자유직업으로 성공하는 인상 특징

상점을 경영하고 있거나 자유직업을 가지고 있는 사람이 성공하느냐를 보는 첫째 포인트는 광대뼈이다. 내부적으로는 인내력이나 기력(氣力), 외부적으로는 세간의 평을 나타내는 것이므로 광대뼈의 상이 보기 좋아야 한다.

두번째 포인트는 코, 폭넓게 육중한 코가 좋으며, 가느다랗고 높은 코를 가진 사람은 장사에는 부적합하다.

셋째 포인트는 눈, 가느다란 눈은 앞을 내다보는 힘이 있으며, 약간 튀어나온 눈인 사람은 기회 포착에 능란하다.

- 이마가 낮고, 피부가 두껍다. 이마가 낮은 사람은 윗사람의 인도를 기대하기 어려우므로 필연적으로 자유직업을 택하게 된다. 실행력과 견실성이 있어서 독립하더라도 착실하게 성장해 가는 사람이다.
- 발애(髮涯)에 난 세모꼴의 머리털. 반항상(反抗相)의 한 가지로, 어떤 난관에 부딪쳐도 뭐 이쯤이야 하고 굴하지 않는 정신력의 소유자이다.
- 가로로 퍼진 작은 코. 자립형으로 끈기가 있는 성격의 사람이다.
- 약간 둥근턱, 아랫턱의 옹달샘. 외골수로 파고드는 고집이 있어서 마음먹은 일은 끝내 성취하고야 만다.
- 풍만한 광대. 사회성이 있고 대인 관계가 좋은 사람이다.

구분	형태	특　　　징
얼굴		별도의 특징이 없다.
이마		별도의 특징이 없다.
눈썹		눈썹 꼬리쪽이 굵고 자연스럽게 아래로 처진 것처럼 보인다.
눈		약간 가느다랗다
코		폭이 넓고 특히 준두(準頭)가 둥글고 크며, 콧방울이 부풀어 있다.
인중		표준일 것
입		얼굴이 둥근형이면 약간 엷은 편이고, 역삼각형이라면 약간 두꺼운 것이 좋다.
법령		연하게 보일 정도가 좋고 너무 깊은 것은 안 좋다.
아래턱		둥근턱, 특히 2중턱이 좋다
귀		크고 긴 것이 좋다
광대뼈		살집이 풍부하나 앙상하게 뼈가 튀어나오지 않고 예쁘다.

② 물장사로 성공할 인상 특징

- **얼굴형이 다같이 둥근형.** 손님 다루는 솜씨가 능란하고 술주정
  꾼도 멋지게 비위를 맞추어 줄 수 있다. 특히 여성으로 이중턱이
  거나 그와 비슷한 경우에는 물장사(다방, 술집, 식당, 요정)에 다
  시 없는 호조건이다.

- **관자놀이가 부풀어 있다.** 관자놀이의 둘레는 맛에 대한 민감성
  을 나타내는 곳이다. 이곳이 부풀어 있는 사람은 간을 잘 맞추어
  맛이 좋고 음식 솜씨가 좋다고 일컬어진다.

- **납작코.** 부침(浮沈)이 심한 세계에 있어서 억척같이 살아가는 강
  점을 지니고 있다.

(2) 자영업자 및 사업가에 대한 마케팅 전략

직업 분류법 상에는 자영업자 및 사업자 항목이 없지만 설명을 쉽게
하기 위하여 직업의 형태상으로 나누어 설명하기로 한다.

자영업자 및 사업자는 1, 2, 3차 산업에 모두 존재하고 있는데 1차
산업에서 직업 분류법상에 나타나 있는 항목은 농장 관리자 및 감독
자, 농업 및 축산 종사자, 임업 종사자, 어부, 수렵인 및 관련 종사자들
의 직업이다.

• 농장 관리자, 감독자	• 농업 경영자, 축산 종사자
• 임업, 어부, 수렵 종사자	

자영업이나 사업자 직업의 특성상 나타나는 각종 특징들을 소속 회

사의 마케팅 전략과 잘 매치시켜서 영업에 어떻게 접근해 가는 것이 좋은 방법인지를 함께 토론해 보는 것도 바람직한 방법이 될 것이다. 자영업자나 사업자를 인상마케팅적으로 판단하여 보험 영업의 사례에 접목시켜 보면 아무리 소규모의 사업장에서도 온갖 위험이 잠재해 있기 마련이므로 불의의 화재나 각종 재난에 대한 걱정과 종업원의 직업병이나 산재 사고, 종업원의 복리 후생 등에 대한 고민을 안고 있을 것이다. 내가 만약 보험 회사의 영업 사원이라면 이들에게 필요한 상품은 역시 사업장과 관련한 상품으로 화재시 충분한 보상을 받을 수 있는 화재보험, 기계 설비를 안전하게 하는 기계 설비 보험, 종업원의 상해보험 등 보장성이 큰 상품을 권장하는 것이 고객의 관심을 유도하게 될 것이다.

이들은 항상 바쁘게 움직이며 생활하므로 상품 안내장은 되도록 간단명료하고, 일목요연하게 작성하고 인적·물적 피해에 대한 보상의 규정 및 한도를 정확하게 파악해서 상담해 줄 수 있어야 한다. 특히 부채나 자금난에 허덕이고 있는 소규모 사업주들에게는 대출 상품에 대한 정보를 상세히 제공해 주는 것도 좋을 것이다.

식당의 경우는 사회 경기에 큰 영향을 받지 않으며, 자본금을 적게 투자하여 자금의 회전이나 환수가 비교적 빠르게 돌아가는 사업이다. 이들은 화재 사고에 대해 민감하므로 화재 보험 상품을 가지고 접근하는 것이 좋을 듯하다. 모든 자영업자가 그렇겠지만 지금 하고 있는 규모보다 조금씩 커져 가는 것을 자영업의 목표로 삼고 있으므로 자금 회수가 빠른 장기 저축성 상품을 권유하는 것도 좋을 것 같다.

　서점, 꽃집, 수예점의 경우에는 여성과 아주 밀접한 관계를 유지하고 있다는 점을 잘 활용해야 한다. 사무실에 필요한 책이나 꽃을 정기적으로 구매하거나 꽃에 대한 특별한 관심이 있다면 취미 생활로 꽃을 사랑하는 모임에 가입하고, 꽃꽂이를 직접 배우면서 접근하는 방법도 좋다.

　꽃집을 알게 되면 이들의 주거래선인 호텔, 레스토랑, 예식장 등 꽃을 많이 취급하는 사람들을 고객으로 만들 수 있다. 특히 꽃집, 수예점의 경우에는 여성들이 많이 드나드는 곳이라서, 이곳을 통하여 새로운 사람을 유치할 수 있는 장점도 있다.

　상점주들은 퇴직금이 없기 때문에 노후 보장 상품을 권하는 것이 유리하다.

연령별 특징 및 활용

1. 연령대별로 본 라이프 사이클

자연에 춘하추동이 있듯이 인생에도 사계가 있다. 청년기는 수목이 싹이 트고, 꽃을 피우는 봄의 계절이다. 그래서 '청춘'이라고 한다.

30대에서 40대의 장년기는 수목이 가지와 잎을 무성하게 하는 여름에 해당된다. 그래서 이 시기를 주하(朱夏)라고 한다. 40대 후반에서 50대는 원숙하고 풍요로운 열매를 거두어들이지만 동시에 추풍이 감개를 자아내는 연운이다. 그래서 백추(白秋)라고 한다. 60세 이후는 수목이 잎을 떨구고 고목이 되면서 조용히 동면으로 들어가는 겨울과 흡사하다. 그래서 이 시기를 현동(玄冬)이라 한다. 현(玄)은 현인(玄人), 유현(幽玄) 등으로 사용되는 것처럼 우물이 어두워져 깊이를·알 수 없고 아주 깊다는 의미를 가지는 말이다. 현동기(玄冬期)는 말하자면 인생의 달인이라는 경지에 도달했다는 뜻이다.

이렇게 생각하면 인생에는 연령별로 각 세대별 무엇인가를 추구하는 공통분모가 있을 것으로 여겨진다. 예를 들면 60대 노인이 20대가 추구하는 운동을 한다는 것은 체력에 무리가 따르는 것과 같은 이치이다. 나이에 관계없는 상품들이 대부분이지만, 연령에 따라 세대에 따라 살아가는 방식도 다르고 환경도 다르기 때문에 원하는 상품의 시각도 차이가 나게 마련이다.

이들의 특성을 파악해 집중적으로 공략하는 것이 경쟁 사회에서 성공적인 마케팅에 도달하는 첩경이 될 수 있을 것이다.

연령대별로 이해를 돕기 위하여 구체적으로 나열해 보면 아래와 같다.

- **제1기 –** 개성 형성기(0~14세) : 즉 심신의 성장 과정이다.
- **제2기 –** 기초 확립기(15~29세) : 이 시기는 사회인, 직업인으로서의 기초 구축의 시기이며 결혼해서 가정생활의 토대를 마련하는시기이다. 직업심리학의 세계적 권위자인 D.E.슈퍼 교수는 '직업'과의 관련성으로 보아 제2기를 두 가지 시기로 나누어 전기(15~24세)를 직업 모색기로 하고 있다. 즉 어떠한 직업을 가질 것이냐를 모색하여 확정시키고, 후기(25~29세)는 거기에 필요한 기초를 확립하는 시기로 보았다.
- **제3기 –** 충실 · 확대기(30~45세) : 앞에서 언급한 주하(朱夏)에 해

당하며 이른바 남녀 모두 가장 왕성한 활동을 하는 시기로 공사 양면에 걸쳐 실질적으로 활약 무대를 넓히고 채워가는 시기이다.

- **제4기 –** 원숙기(46~64세) : 앞에서 말한 백추(白秋)에 해당하며, 체력과 기력이 떨어지는 것을 경험과 지식의 종합 판단력으로 커버하여 원숙미를 발휘해 가는 시기이다.

- **제5기 –** 하강기(65세 이후) : 슈퍼 교수는 이 시기를 2기로 나누어 65~70세는 정규 업무에서 파트 업무로, 주역인 리더에서 상담역, 후견인 등의 업무로 대체시키는 등 완전한 은퇴를 준비하는 '감속기'로 보았다. 70세 이후에는 완전히 은퇴하여 별도의 인생을 즐기는 '은퇴기'로 나누어 생각한다.

제2의 인생을 계발하여 즐기는 데는 70세를 지나서는 너무 늦다. 이상적으로 말하자면 늦어도 60세쯤부터는 준비하여 시작해야만 된다.

2. 연령대별 특징과 활용

(1) 20대

20대는 기초 확립기이며, 이 시기에 기초적으로 갖추어야 할 3대 과제로서는,

- 일의 세계에서 적용되는 능력 특히 스페셜리티를 갖추어야 하며,

- 사회인으로서나 인간으로서 성장해야 할 시기이며,

- 가정을 이루어야 하는 시기이다.

학교를 졸업하고 사회생활을 막 시작할 때 놀이나 유흥, 여가에 대해 가장 열의를 보이는 세대이면서 결혼을 해야 한다는 생각도 가지고

있는 시기이다. 그러므로 정확한 목표 의식을 가지고 합리적인 사고방식으로 생활하지만, 대부분 이해타산이 강하고 유형에 민감하며 영웅이 되기를 좋아한다.

20대는 풍요로운 30대를 위해 계획하고 자금을 준비하는 때이며, 부모의 도움과 개인적 자립 자금 마련이 용이하고 지출이 적은 편이므로 소액의 유통은 비교적 쉬운 편이다. 대개는 업종별 영업의 전략 포인트는 다르겠지만 남녀 교제 측면에서는 연령적으로 연애 시기라는 점과 배우자를 얻는 결혼 시기이며, 부부 신혼살림, 부모와 자식을 갖는 시기이므로 20대의 특징을 잘 검토할 필요가 있다. 특히 보험사인 경우에는 결혼 마련 자금들을 준비하도록 권유한다든지 미혼인 자에 대해서는 부모님의 노후를 준비할 수 있는 상품 권유 등을 마케팅의 포인트로 들 수가 있겠다.

(2) 30대

공자는 "나는 30세가 되었을 때 정신적으로도 경제적으로도 예(禮)에 입각해서 독립할 수가 있었다."고 말했다. 그래서 세상에서는 30세를 이립(而立)의 나이라고 한다. 이는 오늘날을 사는 우리들에게도 꼭 들어맞을 것이다. 20대에 기초를 단단히 만들지 못한 사람은 30대 이후의 비약·발전이 이루어지지 않는다. 그래서 30대가 되어서 다시 한 번 재건을 하지 않으면 안 된다. 그러나 '한 사람 몫'의 기준은 업종과 회사에 따라서 다르다.

30대의 특징은 자녀에 대한 관심이 강해지고 교육열에 대해 특별한 관심을 보이며 직장에서도 핵심적으로 활동하며 인정을 받을 시기이다. 보통 이때쯤이면 가정을 꾸리고 자녀가 하나 둘 정도는 생기므로 생활에 대한 책임 의식을 강하게 느끼게 되고, 내 집 마련을 위해서도 안간힘을 쓸 때이다.

사회생활에서는 황금기를 누리고 의리와 인정에 좌우되는 면이 강하고, 수입과 지출이 비슷해지며, 가계 생활의 실권이 대개 부인에게 있는 경우가 많다.

평균적으로 30대 중반은 첫째 자녀가 유치원이나 초등학교에 입학할 때이며, 미취학 자녀라 해도 미술·컴퓨터·속셈 학원 등 여러 가지 공부를 시킬 때이므로 특히 은행, 보험사인 경우에는 자녀 교육비 마련과 주택 마련 준비 상품, 부모에 대한 효도 상품 등을 마케팅 포인트로 들 수가 있다. 기타 영업일 경우에도 30대 연령에 발생할 수 있는 각종 특징을 영업에 연결할 수가 있겠다.

(3) 40대

40세를 불혹(不惑)이라고 한다. 그러나 현대의 40세는 초혹(初惑)의 나이라고도 하고 다혹(多惑)의 나이라고도 한다. 40세 전후가 되면 우선 자각되는 것이 육체의 쇠약이다. 흔히 '40 허리에 50 어깨' 라고 한다. 육체적 쇠약(건강)에 대한 자각을 첫 번째 불안으로 친다면 이를 계기로 자기가 걸어온 길을 돌아보고 앞으로 걸어갈 길을 생각하는 것이 40이라는 나이이다. 40세라면 실제 사회에 나와 약 20년, 앞으로 일하는 것도 약 20년, 마라톤으로 말하자면 바로 반환점, 직업 인생의 마루턱이라고 할 수 있다.

육체적 쇠약(건강)을 중년의 첫 번째 불안으로 친다면 두 번째는 업무에 대한 불안일 것이다. 체력, 능력의 쇠약에 따라 적응력이 좁혀져 나간다. 한편으로는 비즈니스 사회의 상황은 더욱 어려워져 가고, 자기가 지닌 기술, 기능의 진부화는 급속히 진전된다.

저성장 사회에서는 싫은 일, 성과가 오르지 않는 일을 맡게 되는 배치 전환이 부득이하며, 잘못하면 업무를 얻지 못하게 될 가능성조차 있다. 그러므로 직업 사회 안에서 어떤 능력을 익히고 자기를 어떤 위치에 둘 것인가, 어떤 길로 나갈 것인가는 40세부터의 가장 중요한 선택 가운데 하나라고 할 수 있다.

세 번째는 생활의 불안이다. 자녀를 가진 사람도 30대는 아직 초등학교 정도로 별로 돈이 들지 않지만 40대에 들어서면 자녀가 고교, 대학으로 진학해 나간다. 주택을 구입하면 그 대출금도 있고 인간관계에서나 공사(公私) 모두 지출이 많은 시기고, 노후의 일도 생각해야 한다.

네 번째는 노후의 불안이다. 첫째는 경제 면에서 생활의 불안이다. 여기에는 정치적·사회적·제도적인 문제도 얽혀 있다. 경제 면으로는 자립의 의지를 세우고 자위의 수단을 강구해 두는 것이 무엇보다도 바람직하다. 그러나 반대로 이제까지 축적한 것이 많은 사람은 자신을 설계하기에 따라서 20대보다 비약의 기회는 훨씬 많다. 축적에는 시간이 걸리지만 축적한 것을 방출하는 것은 기회만 주어진다면 별로 시간이 걸리지 않기 때문이다.

가령, 40세까지는 기껏 과장 정도이던 인물이 40대부터 50대에 걸친 불과 10년 안에 순식간에 부장, 이사, 상무, 전무 등으로 출세의 계단을 달려 올라가는 사람들이 많다. 30대에는 이렇게 되기가 사실상 어렵다. 기력, 체력은 있어도 능력이 따르지 않거나 능력은 있어도 인간적 매력이 따르지 않는 경우가 많기 때문에 자기 차례를 기다리며 충분히 힘을 비축할 필요가 있다.

40대는 30대에 비해 부양가족의 수가 한두 명 더 늘 수도 있고, 가정생활보다 일에 대한 애착을 더 가지고 있을 수 있어 수입보다 지출이 많아지는 시기이다.

40대의 특징은 자녀의 교육비 지출이 현저히 높아지며 과로사에도 제일 많이 노출되는 때이다. 그래서 성인병 등 건강 문제에 특별한 관심을 보인다. 30대에 내 집을 마련하지 못한 사람은 여전히 내 집 마련을 위해 안간힘을 쓰며, 집이 있는 사람은 더 큰 것으로 늘리기 위해 노력한다. 특히 은행, 보험사인 경우에는 만일의 사고나 질병에 대한 가족의 생활 보장과 정년 이후의 노후 생활 자금 마련 등을 화제로 접근하는 것이 좋으며, 기타 영업일 경우에는 40대의 특징을 잘 살려 마케팅의 포인트로 활용하여야 할 것이다.

(4) 50대

50대는 40대에서 그렸던 포물선의 연장선 위를 자연스럽게 걷고 있는 것이다. 즉, 청춘기에 큰 뜻을 품고, 크게 활약한 사람일수록 크게 결실을 보게 된다. 그러므로 '백추(白秋)'라고 말하는 것이다.

샐러리맨 사회에서는 30대에서 40대 전반에 제일선에서 맹렬히 일을 하더라도 결실을 보기까지에는 다소의 시간이 걸린다. 수확은 50대에 들어서가 많다. 더구나 최근에는 '인재의 회춘'이라든가 '조직의 활성화'란 이유로 대기업에서도 40대의 이사가 나오고 상무, 전무에 발탁되는 경우도 늘어나고 있다. 대단히 좋은 현상이다. 어찌 보면 당연한 일이다. 45세 전후에서 60세까지의 15년간은 판단력, 식견, 용기, 기력 등 종합 능력이 가장 충실한 시기이다.

50대는 일하는 인생을 마무리할 때이므로 본업에 정열을 다하여 최후의 꽃을 피게 하는 시기이다. 그러나 이에 반하여 최근에는 연공서열의 붕괴, 직능 진부화의 가속화, 중고령자의 고용 불안, 고령자의 사회적 지위 하락 등으로 샐러리맨에게는 마무리를 해야 하는 어두운 시기이기도 하다.

사회생활에서의 50대는 사회생활의 노년기에 접어들 때로 정년퇴직과 노후 생활, 자녀의 결혼 준비, 재산 상속 준비 등의 문제에 직면한다. 이들은 매사에 보수적인 성향이 있고 일에 대하여 소극적이기 쉬우며 동족 의식 및 향토애에 강한 관심을 보인다. 이러한 50대는 노후 질병에 대한 대책 및 생활 보장과 재산 상속과 제2의 인생 준비를 위한 이야기가 관심 거리이므로 이에 맞는 업종별 마케팅 전략이 필요하다고 하겠다.

신지식인이 연령별 해야 할 일

10대

10대에는 우선 자신의 재능을 발견하는 것이 매우 중요하다. 잠재된 재능을 키우기 위해 폭넓게 지식을 탐색·수집하고 많은 것을 경험하며 여러 친구를 사귀는 노력이 필요하다.

20대

20대 초반에는 10대에 발견한 재능에 맞는 목표를 세워야 하며, 이때 다가오는 지식 기반 사회를 주도할 미래 유망 직종이 무엇인지 검토해야 한다. 20대 후반에는 미래를 대비해 자신이 선택한 분야의 전문가를 찾아 그들의 습관, 마인드, 능력 등을 파악하는 노력을 기울여야 한다.

30대

30대에는 자신의 분야에서 최고가 되겠다는 마음가짐을 가지고 그 분야의 핵심 기술과 지식을 파악·습득하는 노력을 기울여야 한다. 신뢰에 기반을 둔 인간관계를 형성하며 업무 중 터득한 방법지를 형식지로 정리해 나가는 노력을 병행한다.

40대

40대라면 자신의 얼굴을 책임질 수 있는 전문가가 되어야 한다. 혹시 실패를 맛보더라도 언제든지 재기할 수 있는 시기이니 포기하지 말고 재도전하는 자세가 중요하다. 그동안의 경험과 학습을 통해 습득한 방법들을 남들과 공유하면서 이를 다시 데이터베이스화하여 저장하는 작업을 게을리하지 않는다.

50대

50대에는 전체를 꿰뚫는 통찰력을 가지고 모든 상황을 통합·조정할 수 있는 넓은 시야를 가져야 한다. 자신의 수제자를 길러 모든 지식을 후배에게 전수하고 그동안 터득한 방법들을 책으로 쓸 준비를 할 시기이다.

혈액형별 특징 및 활용

1. 혈액형의 구분

일반적으로 혈액형을 A형, B형, AB형, O형, Rh형으로 나누어 설명하고 있으나 인상학에서는 주로 4가지 혈액형과 성격형을 조합시켜 아래와 같이 더욱 세밀하게 15가지로 분류하고 그 특징을 설명하기도 한다.

성격형 \ 혈액형	A형	O형	B형	AB형
온후형	온후형A	온후형O	온후형B	온후형AB
		내향형O		
사색형		사색형O	사색형B	
투사형	투사형A	투사형O	투사형B	
재지형	재지형A	재지형O	재지형B	재지형AB
	내향형A			

동일한 혈액형이라 하더라도 성격형에 따라 다르다. 다시 말하면 같은 성격이라 하더라도 혈액형에 따라 다르다고 해석할 수 있는 것이다. 즉 동일한 온후형이라 하더라도 A형, B형, O형, AB형 사이에는 각기 미묘한 차이가 있다.

앞에서 얼굴 모습과 몸매로 성격형을 알 수 있다고 언급했는데, 그와 같이 혈액형에 따라서도 얼굴 모습, 몸매, 머리카락의 뻣뻣한 정도, 색깔의 농담, 굵기 등의 형상이 다르고 체질 또한 다르다. 이러한 특징은 신체적인 면에서만 나타나는 것이 아니라 성격, 가치관, 인생관, 결혼관에서도 다르다. 이미 혈액형은 범죄수사에도 이용된다. 생체 과학이 발달함에 따라 오늘날에는 범인의 혈액형을 알아내는 데 있어 혈흔뿐만 아니라 머리카락, 타액, 정액, 손톱 등 몸의 어느 부분이 조금만 있으면 가능하다.

결론적으로 혈액형이라 일컫고 있는 심신의 특징은 혈액 중에만 있는 것이 아니라, 인체의 모든 부분에 존재하고 있는 것이다. 따라서 혈액형의 차이란 곧 체질의 차이라는 사실을 쉽게 이해할 수 있는 것이다. 이와 같이 혈액형이란 혈액형의 특징을 말하는 것이 아니라 체질 그 자체를 분류한 것이기 때문에 체질이 다르면 자연히 성격이나 사고방식도 다르다.

2. A형

(1) A형 분별법

혈액형 A형 유형은 온후형A, 투사형A, 재지형A, 내향형A와 같이 4가지로 나누어진다.

① 역삼각형의 얼굴은 A형

A형인 사람 중에는 역삼각형의 얼굴이 많다. 온후형A에는 얼굴이 둥근 사람이 많지만, 턱이 뾰족한 역삼각형의 얼굴을 보면 거의 A형이 틀림없다.

② 코의 모양으로 판단하는 법

온후형A는 코가 크고 둥글며, 투사형A는 동글납작한 느낌의 코, 재지형A, 내향형A는 콧대가 서 있다. 콧대가 서 있는 것은 다른 혈액형에서도 볼 수 있지만, A형의 코는 그 중에서 특이한 모양을 하고 있어 자세히 보면 알 수가 있다.

③ 아래턱이 뾰족하면 반드시 A형

아래턱이 좁다는 것은 A형 전체의 특징이다. 눈이나 코는 성형수술을 하므로 다소 다를 수가 있을지 모르지만, 아래턱이 좁은 사람은 거의 A형이다.

④ 눈 · 입술 · 체형으로 판단하는 법

눈이 크고 쌍꺼풀이면 온후형A이고 재지형A가 많다. 투사형A 중에는 작은 눈이 많다. 내향형A에는 눈꼬리가 아래로 내려온 사람이 많다. A형은 입술이 얇은 것이 특징이며, 입심이 있어 이야기를 잘하며 대체적으로 큰 입은 재지형A, 약간 왜소하고 동그스름한 몸매는 온후형A, 목이 굵고 짧으며 뼈대가 굵고 어깨가 벌어진 몸매는 투사형A, 몸집이 작고 야윈형은 재지형A와 내향형A, 재지형A는 예외 없이 가는 몸매다. 내향형A 중에는 동그스름한 체형의 사람도 있다.

⑤ 목소리가 독특한 음성은 재지형A

목소리가 카랑카랑하고 높은 음성, 밝고 싱싱한 느낌이 드는 독특한 음성은 재지형의 특징이다.

(2) A형 성격 특징

① 인내성

- 주어진 의무와 지속적인 작업에는 잘 견디는 기질이나 변화가 많은 작업과 관심의 지속성은 약한 편이다.
- 성격으로는 꾸준하게 참을성은 강하지만 비교적 싫증을 잘 낸다.
- 장점으로는 인내심이 강하고 끈기가 있다. 책임감이 강하며 믿음직스럽다.
- 단점으로는 시킨 일만 하며 기분이 자주 바뀐다.
- 특히 남자인 경우 자칫 음지에서 열심히 일하는 사람으로 인정받기 쉽다.

② 대인 관계

- 잘 배려하는 성격이지만 마음의 문이 늦게 열려 사람을 믿지 못한다. 상호 관찰해야 하는 시간이 필요하다.
- 성격적으로 마음을 열 수 있는 친구를 구하므로 친구 수도 많지 않다.
- 장점으로는 동정심, 온화함, 주의력이 있다.
- 남자인 경우 마음을 열고 깊숙이 친해질 수 없고 술을 좋아하는 친구가 많다.

③ 자기표현력

- 자신을 통제하며 노골적인 표현을 싫어한다. 주변과 마찰이 없도록 주의한다.
- 적극적으로 사람을 기쁘게 하는 서비스적 사고가 많다.

• 인사성이 밝고 예절 바르며 겸손하다.

• 재미가 없고 마음속을 알 수 없는 것이 단점이다.

• 남자인 경우 타당성이 있으면 강한 주장의 표현도 한다.

④ 생활 상태

• 안전하고 안정된 생활환경을 바라며, 환경 개선과 생활의 충실, 취미 생활 등의 비용은 아끼지 않는다.

• 실내장식을 잘 바꾸고 소비성이 강하고 돈은 헤프게 쓴다.

• 신변을 잘 정리하여 돈에 인색하지 않다.

• 계획성이 없으며 낭비가 심하고 생활이 호화롭다.

• 특히 남자인 경우 일의 긴장으로부터 벗어나 사생활을 바라며 취미도 갖고 싶어 한다.

⑤ 직업 형태

• 시작은 늦으나, 치밀하고 결함이 없으며 마무리가 철저하고 한때에 한 가지씩 집중적으로 파고든다.

• 많은 일을 동시에 같이 하면 당황하기 쉽다.

• 믿음직하며 일들을 맡길 수 있는 확실한 사람이다.

• 요령이 없고 재치가 부족하여 복잡해지면 초조해 한다.

• 남자의 경우 새로운 작업에 있어서는 다른 사람보다 늦지만 대기만성형이 많다.

⑥ 생각하는 형태

• 완전주의로 치밀하며 체계를 세워 이론을 캐지만 틀에 박힌다. 판단이 신중하고 옳고 그름의 경계가 분명하다. 의외로 지레짐작으

로 넘겨짚기도 잘한다.

- 표면은 타협적이나 속마음은 절대 타협하지 않고 완고하다. 옳고 그름에 대한 판단의 주관성이 강하다.
- 생각이 건실하며 이치가 통한다. 태도가 분명하다.
- 이론에 대한 억지 주장이 많아 귀찮다. 융통성이 적어 사람을 꼼짝 못하게 몰아세운다.
- 중년 이후에 엄격함과 비타협성이 강화되어 주위 사람들에게 불편함을 느끼게 하는 남성이 많다.

3. B형

(1) B형 분별법

특징적인 것이 없다는 것이 특징이며, 각 성격 모두가 A형이나 O형보다 얼굴 모습이 온화하고 성격도 온순하다. B형의 특징은 온화하고 온순한 성격에 있으며 어른인데도 어쩐지 요령이 없는 것처럼 느껴지는 것도 특징이다. 쌍꺼풀눈이 없는 것도 B형의 특징이다. B형의 유형도 온후형B, 사색형B, 투사형B, 재지형B와 같이 4가지로 구분할 수 있다.

① 사색형B

- 사색형은 목과 손발이 길며 키도 큰 사람이 많다. 정신적으로 세상에 때묻지 않고 초월한 느낌을 준다.
- 사색형B인 사람의 음성은 여운이라든가 리듬 같은 것이 전혀 없는 혼탁한 음성이다.
- 사색형B의 독특한 특징은 음악적 감각이 부족하다는 점이다. 주

변에 심한 음치가 있으면 사색형B 혹은 내향형O 중 어느 한쪽이다.
또한 운동신경이 몹시 둔하면 내향형O, 보통이면 사색형B라 생각하
면 틀림없다.

② 재지형B

- 재지형B는 눈썹이 연하다.
- 살갗이 희고 머리카락이 가늘고 부드러우며 색깔도 연하다.
- 약간 내향적이고 온화한 성격으로 집중력과 사고력이 뛰어나다.
  그래서 재지형B에는 문필가, 화가, 사진작가, 음악가가 많다.
- 재지형B는 운동신경이 발달되어 있고 집중력과 인내력이 있어 스
  포츠계에서 크게 성공한 사람이 많다.

(2) B형 성격 특징

① 인내형

- 흥미 있는 일과 변화 있고 바쁜 일에는 인내성이 뛰어난 기질이
  지만 고정된 환경에서는 참을성이 약하다.
- A형의 성격과는 반대로 싫증과 끈기가 동시에 나타난다.
- 장점으로는 매사에 열중하고 끈기가 강하며 정신 집중을 하여 일
  하는 노력가이다.
- 집요한 것이 단점이며, 너무 집중하기 쉽고, 성질이 변하기 쉽다.
  바람기가 많다.
- 특히 남자인 경우 흥미 있는 대상이 있고 없음에 따라서 부지런한
  남자와 무게가 없는 남자로 나뉘어진다.

② 대인 관계

- 형식적인 교제는 싫어하지만, 곧 마음의 문을 열고 누구와도 차별 없이 친해진다.
- 성격으로는 인사도 생략하는 기분파와 무뚝뚝한 파로 나뉘어진다.
- 여성인 경우 귀엽고 싹싹하나 마음이 들뜨기 쉽다.
- 경박하고 품위가 없는 것이 단점이다.
- 형식과 질서를 무시하며, 부하들은 따르나 상사로부터 사랑을 받지 못하는 편이다.

③ 자기표현력

- 기분이나 생각한 일에 자제력이 없다. 반면에 수줍음을 잘 타고 엉뚱한 표현도 한다.
- 악의는 없으나 말의 실수가 많다.
- 정직하고 솔직한 사람으로 수줍어하는 귀여운 소녀티가 난다.
- 단점으로는 사람에게 상처를 입힌다. 조심성이 부족하여 좀 비뚤어져 있다.
- 특히 남자인 경우 활발한 형과 조용한 학구형의 두 형이 여성보다 뚜렷하다.

④ 생활 상태

- 형식에 구애받지 않으며 매우 자유로운 생활을 바란다. 생활환경에는 크게 구애받지 않는다.
- 일반적으로 주택에 대한 의욕은 희박한 편이고 다른 문화생활에도 태연하게 활동한다.

• 진보적이며 자신을 소중히 여기는 사람이 많다.

• 단점으로는 마음대로 거칠게 행동하므로 생활의 안정이 부족하다.

• 조직 내에서는 다소 오해를 받기 쉽고 자유업에서 재능을 발휘할 수가 있다.

⑤ **직업 형태**

• 어떤 일을 하면서 동시에 다른 일도 할 수 있다. 정성을 들이는 일부터 깊이 있게 점진적으로 추진하는 타입이다.

• 창의 연구적이고 요령이 좋아서 활동적인 직업에는 좋은 타입이다.

• 조심성이 없이 마음대로 행동하는 점이 단점이다.

• 전체적으로 잘 조화된 인물인데도 전문성이 결여된 사람으로 끝나는 경우도 있다.

⑥ **생각하는 형태**

• 유연한 이해력을 가지고 있어 아이디어나 다채로운 발상을 하며 옳고 그름의 경계는 불분명하다. 실용적 사고이지만 한 가지에 구애받고 완고한 성품을 지닌다.

• 틀에 얽매이지 않는 사고가 사건 해결에 유효하다. 다소 자기 착상에 도취되기 쉬운 점도 있다.

• 말이 통하는 사람과는 대화를 잘하며 생각이 깊고 재미있는 사람이다. 구분이 확실하지 않고 의견도 애매하다. 일을 경솔하게 떠맡기도 한다. 꿈이 없고 마음 층이 얇다.

• 머리의 회전은 좋으나 줏대가 없다든가 현실성이 약한 남자로 보이는 수도 있다.

4. AB형

(1) AB형 분별법

AB형의 유형은 온후형AB, 재지형AB, 2가지로 분류할 수 있다.

① AB형은 입이 작은 사람이 많다.

- 몸집이 큰 사람이 거의 없다. 아담하고 작은 얼굴과 머리카락이 부드러운 것이 특징이다.

- 입이 작은 사람이 많고 오므린 입은 AB형의 두드러진 특징이다. 특히 남자가 입을 오므리고 있는 사람이 있으면 일단 AB형이라고 생각하면 된다.

- 눈은 쌍꺼풀이고 별로 크지 않으며 이목구비가 아담하게 얼굴 한 가운데에 모여 있다.

② 온후형AB, 재지형AB의 분별법

- 온후형AB는 눈꼬리가 아래로 처져 있거나 코 및 얼굴이 둥글고 동그스름한 체형이다.

- 재지형AB의 특징은 몸집이 작고 가늘며 비만체는 없다. 역삼각형의 얼굴이 많다. 재지형A와 비슷하지만 눈이나 입이 재지형A만큼 크지 않다.

(2) AB형 성격 특징

① 인내성

- 본래는 끈기가 약하고 피곤해 하기 쉬우나 꾸준히 노력하며, 의욕이 강한 기질이다.

- 수면 부족에 약하며 참을성도 약한 편이다.
- 노력가이고, 견실하며 여성다운 연약함이 있다.
- 싫증을 잘 내며 프로 근성이 없어 중도에서 포기를 잘한다.
- 남자인 경우 한 가지 일에 빠져들지 않는 성격으로 다방면에 관심이 많다.

② 대인 관계

- 사람을 대하는 태도가 좋고 일에 실수가 없는 얌전이며 친해져도 일정한 거리를 두고 사귀며 한 사람에게 빠져들지 않는다.
- 가족과 친척 및 주변 사람과 상호 구별하지 않는다. 공평함이 철저하다.
- 온순하고 친절한 사람으로 편들지 않으며 달라붙지 않는다.
- 겉으로는 좋아 보이나 본마음은 차가운 것이 단점이다.
- 남자인 경우 평등함과 차별 의식이 없는 점이 조직에서는 좋으나, 쉽게 친근감이 생기지 않는 아쉬움이 있다.

③ 자기표현력

- 상냥하고 소프트한 이미지만 들고, 좋고 나쁨에 대한 비판을 하지 않는 장점이 있다.
- 친한 사이끼리는 자유롭게 감정 표현도 잘하는 편이다.
- 접촉하기 쉽고 온화하며 의외로 개방적인 점이 장점이다.
- 개성적이 아니고 양면성이 있다.
- AB형 소프트형 외에 때로 위압적이고 관록이 있으며, 지성파의 이미지도 겸비하고 있다.

④ 생활 상태

- 경제적 안정이 최우선으로, 자신의 직무를 통해 생활의 안정을 바란다. 생활환경을 취미로 꾸미고 싶어 한다.
- 사생활의 안정도 기할 수 있어 기능적인 맨션을 즐기는 편이다.
- 견실한 사고방식을 가지고 있으며 높은 것을 바라지 않는 사람으로 문화적인 생활을 한다.
- 정열이 부족하여 생활이 소극적인 것이 단점이다.

⑤ 직업 형태

- 다방면의 일을 실수 없이 요령 있게 처리한다.
- 깊이 파고들지 않지만, 요리 등은 솜씨가 좋다.
- 손재주가 좋다. 여성인 경우 유능하다.
- 요령이 좋으나, 연구심은 부족한 편이다.
- 남성인 경우 다각 경영을 특색으로 하는 사업가가 돋보인다.

⑥ 생각하는 형태

- 합리적이며 비판과 분석이 교묘하고 다양한 각도로 생각한다. 또한 동화적인 공상 취미도 가지고 있다.
- 교묘한 비판으로 독특한 빈정거림 등이 습관화되어 있다.
- 머리가 좋으며 명확히 결론을 내릴 수 있는 사람이다.
- 일을 명확히 구분하므로써 인정미가 부족하고 생각이 변덕을 부리지 않는다.
- 남성인 경우 유능한 비즈니스맨이 많으나, 다소 평론가적 자세로 비판한다.

5. O형

(1) O형 분별법

① O형은 아랫입술이 두껍다.

- 내향형O는 입이 작지만 뭉툭한 느낌을 주는 두꺼운 입술이 많다.

- 투사형O에는 눈과 입이 작은 사람이 많다. 입술은 약간 두꺼운데 특히 아랫입술이 두꺼운 사람이 많다. 사색형O도 입의 크고 작음에 관계없이 입술이 약간 두꺼운데, 이것으로 사색형B와 구별된다.

② 안면이 평평하면서도 볼이 튀어나와 있다.

- O형의 최대의 특징은 튀어나온 얼굴이다. 그 얼굴 정점에 온후형은 둥글고 큰 코, 재지형은 높고 코끝이 약간 아래로 처진 듯하게 코가 높다.

- 투사형O는 안면이 평평하면서도 볼이 튀어나와 있다.

(2) O형 성격 특징

① 인내성

- 목적 여하에 따라 끈기가 강하며, 견디는 힘도 강하지만 불가능하게 느껴지면 일찍 포기한다.

- 필요로 하는 일은 꾹 참지만 평생 동안 꾹 참는 것은 아니다.

- 근성이 강한 사람으로 노력가이며 점잖은 행동을 한다.

- 단점으로는 고집이 세고 억척스럽다.

- 남성인 경우 자유업에서 끈기를 보이지만, 일반적으로 끈기가 없는 것처럼 보인다.

② **대인 관계**

- 친해지면 절친한 친구 사이지만, 미지의 사람에게 크게 경계심을 가진다.
- 경험과 힘에 자신이 있으면 경계심도 부드러워지고 포용력을 발휘한다.
- 장점으로는 따뜻한 인간미와 친절성, 붙임성이 있고 잘 속지 않는다.
- 철떡 달라붙어서 차별 대우를 하며 냉정한 점이 단점이다.
- 인간관계를 중시하고 신경질적으로 배려를 하는 남성이 많다.

③ **자기표현력**

- 개성을 나타내며 본래 자기주장이 강하다. 로맨틱한 표현을 즐긴다.
- 젊은 때나 약한 입장에서는 억제하는 일이 많다.
- 표현이 풍부하고 솔직하며 의견이 분명하다.
- 자기 표시, 자기선전, 주변머리가 넓지만 맺고 끊음이 분명하다.
- 남성인 경우 사회에서는 역관계를 고려하여 억제형도 많으며, 사생활에서도 같다.

④ **생활 상태**

- 취미보다 실용이 우선이며, 내면성도 있다. 자신의 보금자리로써의 집을 바란다. 계획성도 견실하다.
- 주위와의 경쟁심으로 호화로움을 구하는 경우도 있다.
- 장점으로는 정숙하며 수수하고 견실하다. 매우 안정성이 있다.

• 단점으로는 윤기가 없고 꿈이 없다. 그리고 빈틈이 없는 구두쇠
 이다.

• 남성인 경우 대외적으로 대담하게 화려한 생활을 하는 사람도 있다.

⑤ 직업 형태

• 목적과 입장에 따라 집중성이 다양하며 중점적으로 결과주의적이
 며 섬세하지 못하다.

• 재치 있는 사람으로 솔선해서 행동하며 요령이 좋다.

• 단점으로는 표리가 있으며, 엉성하고 거칠지만 요령이 좋다.

• 남성인 경우 출세 코스에 올라 있을 때와 불우한 때의 인품이 크
 게 차이가 있다.

⑥ 생각하는 형태

• 이해득실에 따른 판단이 정확하고 논리는 명쾌하나 직선적이며
 엉성하다. 직관력이 있으나 일부 단순한 면도 있다.

• 입장이 약하다는 생각이 들 땐, 위와 같은 경향을 보이지 못하는
 소극성도 있다.

• 실제적이고 확실하며 솔직 담백한 점이 장점이다.

• 억척스럽고 엉성하다. 치밀성이 부족하고 단세포적이다.

• 남성인 경우 일반적으로 따지는 사람이 여성보다 많으나 단순함
 이 인덕이다.

※ 아래 게재된 글은 인터넷에서 소개된 내용을 여과 없이 퍼 온 것입니다. 과학적인 근거나 가치가 전혀 없으니 머리를 식히기 위해 재미로 봅시다.

01 사막에 혼자 갖다 놓아도 잘사는 사람은?

1위 B형 – 불굴의 강한 생명력을 자랑하는 B형은 끝까지 끈질기게 살아남는다.
2위 A형 – 갑자기 살려는 마음이 생기는 A형, A형은 살아날 방법 등을 생각한다.
3위 AB형 – 살거나 죽거나 맘대로 되라는 식이다.
4위 O형 – 혼자 있는 걸 싫어하는 O형, 수다스러운 O형은 말할 사람이 없어지면 자살한다.

02 가장 잘 먹는 혈액형은?

1위 O형 – O형은 공부하는 것도 정신없고 먹는 데도 정신없다.
2위 B형 – B형은 주로 고기 종류를 좋아한다.
3위 AB형 – 보통으로 먹는다.
4위 A형 – A형은 음식을 그리 가려먹지는 않으나 그리 탐식하지도 않는 체질이다.

03 스타가 될 끼가 많은 사람은?

1위 O형 – O형은 끼가 많고 외모도 출중하여 말솜씨도 좋으므로 스타에 적격.
2위 B형 – B형은 생긴 것 자체가 튀기 때문에 개성을 인정받는다.
3위 AB형 – AB형은 스타가 될 능력이 별로 없다.
4위 A형 – A형은 튀기 싫어서 스타가 되는 걸 거부한다.

04 재벌될 가능성이 가장 높은 사람?

1위 O형 – O형은 금전적인 면에서는 당연히 재벌이 된다.
2위 B형 – B형은 조금씩 돈을 모아서 부자가 된다.
3위 AB형 – AB형은 돈 자체를 별로 좋아하지 않는다.
4위 A형 – A형은 돈보다는 명예를 중요시 한다.

05 융통성 있는 혈액형은?

1위 A형 – A형은 모든 것을 척척 해결해 나가는 능력이 잠재되어 있다.
2위 O형 – 금전적인 면에서만 융통성을 보인다.
3위 AB형 – 자기가 하고 싶은 일에만 융통성이 있다.
4위 B형 – 자신은 냉정하다고 생각하지만 사실은 엄청 단순하다.

06 독서를 좋아하는 사람?

1위 B형 – B형은 특유의 집중력으로 책을 좋아하게 된다.

2위 A형 – A형은 고결한 성품 탓에 책을 가까이한다.

3위 AB형 – AB형은 최대 약점인 산만함으로 인해 책 한 장 읽을 엄두를 못 낸다.

4위 O형 – 놀기 좋아하는 O형, 책을 우습게 안다.

07 집중력이 탁월한 혈액형은?

1위 B형 – B형은 천성적으로 고도의 집중력을 가지고 있다.

2위 O형 – O형은 집중력은 없지만 자신이 톱이 되어야 한다는 생각으로 없는 집중력을 만
들어 낸다.

3위 A형 – A형은 성실함에서 집중력을 얻는다.

4위 AB형 – 자신은 집중력이 있다고 생각하지만 산만 그 자체이다.

08 귀엽게 생긴 혈액형은?

1위 O형 – O형 대부분은 거의 마루 인형 같이 생긴 사람이 많다.

2위 A형 – A형은 귀엽다는 말보다는 예쁘다는 편이 어울린다.

3위 B형 – B형은 멍청하고 띨하게 생긴 사람들이 많다.

4위 AB형 – AB형은 전혀 귀엽거나 예쁘지 않고 도시 청년의 스마트함을 갖고 있다.

09 가장 능글맞은 혈액형은?

1위 B형 – B형은 하는 말이 다 능글맞다.

2위 AB형 – 약간 능글맞다.

3위 A형 – 능글과는 거리가 멀다.

4위 O형 – 능글맞아지려고 노력하는 스타일

10 가장 오버하는 혈액형은?

1위 O형 – O형은 나서기를 좋아한다. O형 중에 아무리 말이 없는 사람이라도 나서기 좋아
하는 성미가 곧 드러난다. 그 다음 엄청 말이 많아진다.

2위 B형 – B형은 너무 오버하면 주변 사람들에게 욕먹을 것 같아 냉정한 척 애쓰려고 하지
만 집으로 돌아와서는 갖은 오버를 다 떤다.

3위 A형 – A형은 오버하지 않는 것을 자랑으로 여겨서 오버하지 않는다.

4위 AB형 – 어떤 경우에도 침착하다.

비즈니스 화법 및 거절 처리 화법

physiognomy marketing

상대방을 존경하는 마음이 있어도 그것을 적절히 표현하지 못하면 상대방은 이쪽 마음을 이해하지 못한다. 마치 아무리 이성에게 연모의 정이 불같이 일어난다고 해도 그것을 상대방에게 고백하지 않으면 사랑의 진전이 없는 것과 같은 것이다.

이쪽의 생각을 상대방에게 전하고 인간관계를 순조롭게 이끌어가야 세일즈에 성공할 수가 있다.

세일즈 업무 그 자체가 불특정 다수의 고객을 상대로 하는 것이기 때문에 더 익숙해 둘 필요가 있다고 하겠다.

호감받는 비즈니스 화법

1. 비즈니스 화법

경어는 상대에 대한 가장 적합한 표현 방법이다. 경어는 상대방의 지위나 위치, 관계 등에 따라 다르게 골라 써야 하며, 크게 윗사람들에게 하는 경어와 비등한 관계에 있는 겸양어, 상대에 대한 공손한 표현 등으로 구분할 수 있다.

① 경어

손윗사람, 자기보다 사회적 지위가 높은 사람의 동작이나 상대 소유물에 관해서 말할 때의 말투이며, 적절한 어미 변화나 조동사, 조사를 구사해서 표현한다.

② 겸양어

상대방을 높인 후에 자기 자신을 낮추는 말이며, 뵙고 싶다든가, 여쭙고 싶다 등의 말이 있다.

③ 공손한 언어

상대방에게 경의를 표현하기 위해 "이쪽에 있어요"가 아니라 "여기 있습니다" 등의 표현이 필요하다.

④ 가족이나 친척에 대해서는 경어를 사용하지 않는다.

"제 자당이……"라든가 "저희 춘부장님께서……"라는 말은 어색한 표현이 된다. 자기의 가족이나 친척에 대해서 지나친 경어의 사용은 피해야 하며 유사한 표현을 사내나 영업 현장에서 사용하는 것도 금물이다.

"김 양, 어디 가셨지요?"

"김 양께서 오늘은 비번이시라 쉬고 계십니다"라는 식의 표현을 한다면 코미디의 한 토막이다.

그러한 경우는

"미스 김은 오늘 비번이라 안 나왔습니다만 용건이 있으시면 제가 도와드리겠습니다" 등의 표현이 적절한 것이다.

이외에도 고객들의 제 삼자에 대하여 회사의 상사를 '지점장님', '과장님' 등으로 표현해서도 안 되며, '지점장', '과장' 등의 방법으로 경칭을 생략하는 것이 상식이다.

2. 세일즈 화법의 원칙

세일즈 활동이란 사고 싶은 사람과 팔고 싶은 사람이 있어야 성립되는 것이기 때문에 파는 쪽의 욕구와 사는 쪽의 욕구의 균형을 취하는 게임이라고 할 수 있다. 세일즈 화법의 원칙은 일상생활에서의 화법과 같은 것이며, 그 숙달은 사회생활에도 크게 플러스가 된다.

① 금기 사항은 언급을 기피할 것

마른 사람은 마른 사람 나름대로, 비대한 사람은 비대한 사람 나름대로 역시 자기의 신체 특징에 열등감을 느끼고 있는 경우가 많다. 고객은 매장에서 자기의 신체 특징을 농담삼아서 말하는 경우가 있지만 영업 사원이 거기에 대해 맞장구를 친다면 아마도 고객의 안색은 갑자기 변할 것이다. 실제 그런 일도 흔히 발생한다. 이것은 상대방의 약점을 사정없이 건드린 것이기 때문에 당연히 돌아오는 반사적인 결과이다.

누구에게나 '터부' 라는 것이 있다. 최소한 그것만은 건드리지 않는 것이 에티켓이기도 하다.

② 외래어의 사용법

국어 순화 운동에 의해 외래어를 사용하지 말고 국어를 사랑하자는 운동과 계몽이 있는데, 백 번 옳은 말이다. 그러나 서비스법 중에서 누구나가 사용하며 이해하는 외래어, 즉 팝송이니 데이트니 미팅이니 심플 디자인 등의 단어는 적절히 구사하는 것이 젊은 고객과의 담화에 생기를 넣고 순조롭게 이야기를 진행하게 하는 한 방법이 될 것이다.

③ 아무리 친숙해도 예의를 지키자

일상 회화 속에서는 그 시대에 따라 유행어를 교묘히 삽입하여 다이나믹한 대화를 즐기는 수가 많다. 그러나 접객상 대화 시에 기본 노선을 지켜야 함으로 "뭔가 보여 주겠다"느니 "아리송해" 등의 말을 함부로 사용하는 것은 금기가 되어 있다. 그러나 취급 상품이나 고객, 그때의 분위기 등을 보고 적절히 사용한다면 생기 있는 대화가 이루어질 수도 있다. 단 품위가 손상되지 않도록 주의해야 할 것이다.

고객으로 깍듯이 대접하면서 무례하지 않게 또 서먹서먹하고 무거운 분위기가 되지 않게 화술에 유의해야 하며, 그러기 위해서는 고객이 이성인가, 동성인가, 손윗사람인가, 아랫사람인가에 따라 감각이 달라야 한다는 것도 염두에 두어야 한다. 친한 사이일수록 예의를 지켜야 한다는 말을 잊지 말고 올바른 예의를 깍듯이 지켜 나가는 자세가 모범 영업 사원이 가져야 할 자세이다.

④ 마이너스 표현을 먼저 하자

말에는 플러스 요소와 마이너스 요소가 있지만, 플러스 요소의 표현을 뒤에 하는 것이 전체적으로 플러스의 암시 효과를 갖게 만든다. 가령,

ⓐ 저 사람은 성격은 별로 신통치가 않은데 성실하단 말이야!

ⓑ 저 사람은 성실하긴 하나 성격이 신통치 않아!

위의 두 문장은 뜻은 같으나, ⓐ의 표현에 비해 ⓑ의 표현은 해당자의 평가를 낮게 만들어 버리고 있는 것이다. 예를 들면

"이것은 무늬는 평범하네요"란 고객의 말에

"네, 무늬는 평범합니다만, 옷감은 최상급품입니다"와 같이 하는 것이다. 이럴 경우

"네, 옳습니다. 옷감은 최상품인데, 무늬가 평범하지요"라고 하면 상품 가치는 급강하해 버린다.

⑤ 마이너스 암시는 피하라

전항에서 마이너스 표현을 먼저 하라고 말했는데, 이것은 결코 적극적으로 마이너스 면을 거론하라는 것이 아니며, 그러한 표현이 불가피한 때에는 마이너스를 먼저 들으라는 것이다.

일상적인 판매 활동에서 아무 생각 없이 마이너스 암시를 해 버리는 경우가 있으므로 주의를 요한다.

고객이 "이것! 좀 보여 주겠어요"라고 말할 때

"네, 이것 말씀이지요"라고 받아 넘기는 경우가 있는데, 이런 경우에는

"네, 이쪽 것을 말씀하시는 것이지요"라고 받아야 옳다.

"더블 양복은 관록이 있는 체격이 아니면, 어울리지 않을 겁니다만……"

"이 회색 쪽보다 저쪽의 밤색이 마음에 드는데"

"손님, 그렇지만 밤색 계통은 입기가 까다로운 겁니다"

이상의 예는 컨설팅 세일즈의 어려움을 나타내고 있다.

⑥ 긍정 화법을 사용하자

고객이 질문을 할 때 부정의 형태로 대답하지 말고 긍정의 형태로 대답하는 것이 뛰어난 화법이다.

"화장실은 어디 있습니까?"란 질문을 받았을 때

"일층에는 없습니다"라고 대답하지 말고

"이층에 있습니다",

"밖에 있습니다"라고 대답하며

"○○ 맥주는 없어요?"라는 질문에

"마침 품절이 됐습니다"라고 대답하지 말고,

"비슷한 품질의 ○○ 맥주가 있습니다"라는 방식이 좋은 화법이다.

⑦ 은어의 사용

고급 음식점이나 고급품을 취급하는 곳, 사회적인 명사가 많이 모이는 클럽의 종사자 중에는 무드 분위기를 망칠 염려가 있을 때 은어를 사용한다.

예를 들어 지명 손님이 다른 방에서 찾는 경우,

"미스 ○, 전화 받으세요"라고 한다든가 화장실에 다녀오겠다고 하는 경우 부족한 안주나 물수건 등을 가지러 간다는 식이다. 식료품 상점에서 몇 사람의 동료와 같이 근무하다가 잠깐 화장실에 갈 때 살짝 작은 소리로 말하거나 손님이 없는 시간을 이용하는 것도 필요한 마음씨다.

⑧ 사투리

표준어가 서비스 화법의 기본이 되어 있지만, 지방색이 뚜렷한 지방의 도시에서 억지로 표준어를 사용하면 어딘가 서먹서먹한 느낌을 주게 된다. 특히 지방의 손님이 대부분인 점포에서는 구수한 사투리가 오히려 고객과의 친밀감을 증가시켜서 효과적인 경우가 있다.

예를 들어, 대구 지방이라고 한다면 경상도 사투리와 표준어가 섞인 말로 접객을 하는 경우가 많고, 이런 것이 오히려 격에 어울리는 것 같다. 너무 기본적인 스타일만 고수하고 표준어만 사용하면 「그 가게는 도도하다」는 비난을 받게 될지도 모른다.

문제는 고객을 존중하는 기본을 지킨다는 것이 중요하다.

3. 세일즈 기본 용어 및 자세

자기의 기분을 상대방에게 올바르게 전달하기 위해서는 올바른 화법과 적절한 용어 사용이 중요하다.

화법이란 서로의 의사를 주고받는 일이므로 일방통행식이 되어서는 안 되며, 어려운 전문 용어나 방언을 피하고 분명한 발음이 수반되어야 한다. 입안은 항상 청결하게 하고 침이 튀지 않도록 이야기해야 하며, 듣는 자세도 말할 때와 같이 진지한 자세로 청취해야 훌륭한 대화가 이루어질 수 있는 것이다.

① 직원 및 고객에 대한 호칭

유형	직원에 대한 호칭	고객에 대한 호칭
남→남	OO 님, OO 씨, O형	손님, 선생님
남→여	OO 씨, 미스 O	손님, 사모님
여→여	OO 씨, 미스 O, O 언니	손님, 선생님
여→남	OO 님, O 선생님	손님, 선생님

② 영업 활동에서 가장 많이 사용되는 용어

• 미안합니다.	• 죄송합니다.
• 감사합니다.	• 잠깐만 기다려주십시오.
• 어서 오십시오.	• 어떠십니까?

③ 기본 인사 용어

- 어서 오십시오.

- 안녕하십니까.

- 축하드립니다.

- 매우 좋은 날씨입니다.

- 좋은 취미를 갖고 계십니다.

- 이끌어 주셔서 대단히 감사합니다.

- 지도해 주셔서 대단히 감사합니다.

- 날씨도 좋지 않은데 대단히 감사합니다.

④ 서비스 7대 용어

- 어서 오십시오.
- 죄송합니다만.
- 오랫동안 기다리셨습니다.
- 안녕히 가십시오.
- 네, 잘 알겠습니다.
- 잠깐만 기다려주십시오.
- 감사합니다.

⑤ 고객의 물음에 대한 기본 용어

- 예.
- 예, 그렇습니다.
- 네, 잘 알겠습니다.
- 예, 그렇습니다만.

⑥ 잘 사용하는 말로 실수하기 쉬운 말

좋지 않은 예	좋은 예
(　　) 선생님입니까	(　　) 선생님이십니까
누구입니까	어느 분이십니까
어떻습니까	어떠하십니까
알고 있습니까	알고 계십니까
해 주지 않겠습니까	해 주시지 않겠습니까
어느 쪽으로 할까요	어느 쪽으로 하실까요
부탁합니다	부탁드립니다
찾아가지요	찾아뵙겠습니다
말하고 오겠습니다	말씀드리고 오겠습니다

⑦ 언어의 종류

원형	존칭어	경어	겸손어
있다	있습니다	계십니다	있습니다
한다	합니다	하십니다	합니다
간다	갑니다	가십니다	갑니다
본다	봅니다	보십니다	뵙니다
말한다	말합니다	말씀하십니다	말합니다
먹다	먹습니다	잡수십니다	먹습니다

4. 세일즈 화법

① 자세

상대방을 진지하게 정자세로 바라보며 이야기해야 한다. 등을 굽히거나 눈동자를 이리저리 굴리면서 이야기해서는 안 된다. 이야기란 육성으로만 하는 것이 아니라 말하는 사람의 자세, 손발의 위치, 표정, 눈동자의 방향 등과 조화를 이루어야 그 성과를 거둘 수 있게 되는 것이다. 당당하고 안정감이 있는 좋은 자세가 신뢰감을 줄 뿐만 아니라, 가슴이 압박당하지 않으므로 성음이 풍부하고, 혈액 순환도 잘 되어 건강도 좋아지게 된다.

② 어조

어조에는 연인들끼리 속삭이는 밀어가 있고 흥분해서 이야기하는 큰소리가 있듯이 상황에 따라 여러 형태가 있다. 그러나 세일즈에서는 첫째, 남에게 부담이 되는 어조가 되어서는 안 된다. 너무 작게 소근거리면 듣는 사람의 주의력을 집중시켜야 하므로 피곤하게 만들 수 있고 아예 들으려 하지 않을 수도 있다. 약간 긴장감이 배어 있는 어조가 상담에 좋은 효과를 주게 한다. 그러므로 약간의 주의를 환기시킬 정도의 잘 들리는 명랑하고 명확한 어조로 상담에 응해야 한다.

③ 말할 때와 들을 때의 매너

- 말할 때의 매너
  - 상대방의 입장에 서서 이야기한다.(어떤 이익이 있는가)
  - 상대를 이해하고 상대방에게 관심을 가지고 이야기한다.(이름, 취향 등)

- 상대방 이야기를 잘 듣는다.(상대방을 추켜세운다)

- 이야기하면서 미소를 잃지 않는다.(누구나 명랑한 사람을 좋아
  한다)

- 칭찬의 말은 타이밍을 맞춰 던진다.(아부로는 안 된다)

- 상대방의 약점을 언급하지 않는다.(상대방이 숨기는 병, 실패)

- 험담이나 떠도는 소문에 대해서 이야기하지 않는다.

- 화제를 풍부하게 한다.

- 때로는 꾸중을 듣는다.

- 항상 감사의 말을 잊지 않는다.

• **들을 때의 매너**

- 상대방의 입장을 이해하면서 듣는다.

- 상대방의 주장을 대체로 인정하고 나서 이쪽 의견을 말한다.

- 상대방 이야기를 중간에 그치게 하지 않는다.

- 이야기 도중에 주관적인 판단을 내리지 않는다.

- 상대방 이야기의 속도에 이쪽의 사고력을 맞춘다.

- 알기 어려운 점은 질문하여 확인한다.

- 귀뿐만 아니라 눈으로 들어야 한다.

④ 이야기할 때 고쳐야 할 버릇

- "에", "저"를 지나치게 많이 사용한다.

- 상대의 이야기를 중간에서 가로챈다.

- 상대의 이야기에 반응이 전혀 없다.

- 불분명한 발음으로 재빨리 중얼중얼거린다.

- 전문 용어를 함부로 사용한다.

- 요점이 없이 한 말을 뇌고 또 뇌인다.

- 상대가 이야기할 여유를 주지 않는다.

- 한눈을 팔면서 듣는다.

- 2인 이상의 상대에 대해 특정인에게만 이야기를 건넨다.

- 지나친 큰소리 또는 속삭이듯 작은 소리로 이야기한다.

⑤ **고객에 대한 언어 사용 시 주의해야 할 점**

- 알아듣기 쉬운 표준말을 사용한다.

- 어미를 명확하게 발음한다.

- 명확하고, 간결하게 요점을 강조한다.

- 고객이 무슨 말을 하든지 간에 말다툼은 피해야 한다.

- 항상 경어를 사용한다.

02 고객 거절 처리 화법

"판매는 거절당할 때부터 시작된다"는 말이 있다. 고객들은 세일즈맨과 처음 만난 자리에서는 대개 'No'라고 대답하기 때문이다. 따라서 고객으로부터 거절당했을 때 어떻게 대처할 것인가가 세일즈에서는 가장 중요한 기술이라고 할 수 있다.

그렇다면 고객의 거절에 대해 세일즈맨은 어떤 태도를 취하는 것이 좋을까? "또 거절당했구나, 역시 안되겠어" 하고 순순히 물러날 것인가? 아니면 고객의 거절에 상관없이 끈질기게 물고 늘어질 것인가? 그것도 아니면 고객의 거절 사유를 잘 파악하여 또다시 거절할 수 없도록 다양한 대안을 제시할 것인가? 두말할 것도 없이 고객의 거절에 위축되어 순순히 물러나는 것이 가장 잘못된 태도겠지만, 그렇다고 끈질기게 구매를 권유하는 것도 능사는 아니다.

　고객이 거절하기 위해 반론을 제기할 경우 여기에는 세일즈맨이 대응할 수 있는 것과 없는 것이 있다. 그러기 위해서는 다음과 같은 거절의 종류에 대해 알고 있어야 한다.

1. 거절의 종류

① 불가능에 의한 거절

　고객이나 그 주변 사람이 오래 전에 그 회사 상품을 사용해 본 경험이 있는데 불행하게 쉽사리 고장이 났었거나 사용하는 동안 줄곧 애를 먹였다면 그 생각을 바꿔 주기가 쉽지 않을 것이다. 이 경우에는 문제 해결이 불가하게 되어 고객은 재구매를 하지 않게 되므로 완전하고 적절한 대답을 해야 한다. 그리고 이런 고객의 거절은 대부분 구매로 이어질 가능성이 큰 긍정적인 반론의 하나이다.

② 오해에 의한 거절

　자신의 실제 경험이 아니라 소문으로만 나도는 얘기에 영향을 받아 "그 회사 상품은 잘 망가져서……", "도대체 애프터서비스가 엉망이라서……"라고 말하는 경우이다. 심할 경우 "오늘은 왠지 마음이 내키지 않는다", "그냥 마음에 들지 않는다"와 같이 특별한 이유도 없이 반대하는 경우도 있는데 세일즈맨의 입장에선 가장 다루기 위험한 반론이다. 간단한 확인 질문을 통해 문제를 구체화하는 것이 좋다.

③ 우유부단에 의한 거절

　사고는 싶지만 돈이 부족해서, 혹은 생각보다 물건 값이 터무니없이 비싸서 살 수 없을 경우에 정작 이유는 다른 데 있으면서도 "너무 비싸다", "흥미가 없다", "별로 마음에 들지 않는다"라고 말하며 거절하는 경우도 있다. 마치 이솝 우화에 나오는 '신포도 이야기'처럼 길 가던 여우가 자기 키로는 어림도 없는 높이에 매달려 있는 포도를 보고는 침만 꿀꺽 삼키다가 결국 "어차피 신포도일 텐데 뭐!" 하고는 그냥 가버리는 것과 같다.

이런 고객은 사고 싶은 욕구를 억제하고 얘기하기 때문에 거절의 표현이 그리 단호하지 않다. 또한 "남편과 상의해서 결정할 게요", "좀더 생각해 보고요"라고 결정을 지연하는 고객들도 뭔가 구매를 가로막는 요소가 있기 때문에 그런 말을 하는 것이다. 이런 경우에 고객이 결정하기를 마냥 기다려서는 절대로 판매가 성사될 수 없다. 이런 형태의 거절은 고객의 잠재 욕구를 확실히 일깨우지 못한 탓으로 고객의 관심이 일어나지 않았기 때문이다. 이때는 숨은 반론 이유를 더 깊게 파악한 후에 대응하는 것이 최상책이다.

④ 불필요에 의한 거절

세일즈맨이 대응할 수 없는 경우의 예를 찾아보자. 운전면허가 없거나 지난달에 새 차를 구입한 고객에게 또 자동차를 팔 수는 없는 일이다. 이런 고객의 거절은 액면 그대로 받아들일 수밖에 없다.

또한 이런 경우도 있을 수 있다. 즉 다음달에 일본 현지 근무를 위해 출국할 사람에게 영어 교재를 사라고 하면 어떨까? 영어는 언제든지 유용하기 때문에 전혀 필요 없다고는 할 수 없지만, 지금의 그 사람 처지에서는 일본어에 비해 영어가 우선순위에서 밀리는 것이 사실이다.

⑤ 혐오에 의한 거절

고객의 질문에 대하여 세일즈맨이 효과적으로 대응하지 못한 경우 고객은 세일즈맨에 대한 불신감 때문에 구매를 망설이게 된다.

고객은 상품의 디자인에 관해 얘기하고 싶은데 세일즈맨은 열심히 성능에 대해서 얘기한다면 그야말로 동문서답이 아닐 수 없다. 또한 고객의 의문 사항에 대해 충분한 정보를 제공하지 못하거나 극히 상식적인 수준에서 대응한다면 오히려 팸플릿을 제공하는 것보다 못한 결과를 초래할 수 있다. 그러나 이에 더하여 고객의 거절을 세일즈맨 자신에 대한 인신공격으로 오해하여 감정이 격해지는 몰지각한 세일즈맨도 있는데 이는 거론할 가치도 없을 것이다.

특정 반론에 대한 대답은 한 가지가 아니라 여러 가지가 있을 수 있으므로 다양한 대답을 준비해야 한다. 거절의 형태도 다양하고 원인도 다양하지만 간단히 처리할 수 있는 기본 화법으로 때와 상황에 따라 적절히 활용해 볼 것을 제안한다.

2. 기본 화법

① 직접법

상대방의 거절 처리를 그대로 반복하고 나서 이쪽 이야기를 하는 것으로서 일명 리턴법, 산울림법, 부메랑법, 앵무새법이라고도 한다.

"예, 말씀하신 그대로입니다. 그렇기 때문에……" 하고 고객의 반대를 그대로 인용해서 반론함으로써 오히려 구매 동기로 바꿔 버리는 세일즈 기법이다. 예를 들면 보험 가입을 권유했는데

"돈이 없어서 무리입니다"라고 고객이 거절했을 경우,

"돈이 없기 때문에 지금 바로 보험에 가입하셔야 됩니다. 당연히 그런 일은 없어야겠지만, 만에 하나 병이라도 나신다면 정말 큰일 아닙니까? 가족들을 위해서라도 보험은 하나 꼭 가입해 두셔야 합니다"라는 식으로 '돈이 없기 때문에'를 반론의 사유가 아니라 보험 가입이 필요한 이유로 바꿔서 제시한다.

② YES, BUT법

고객의 입장이나 주장을 인정하여 상대방의 기분을 좋게 한 다음 "말씀 그대로입니다. 그러나……" 하고 반론적으로 주장을 펼치는 화법이다.

이 방법은 거절 처리에 있어 가장 정통적인 형태로서 세일즈맨은 이 방법을 평소에 친구들을 만난 경우에도 실험해 보아 숙달되도록 노력하여야 할 것이다. 이 방법이 발전되어서 최근에는 샌드위치법이라고 해서 거절 처리의 중간 부분에 상대방의 찬사를 늘어놓는 것을 말한다. 예를 들면

"지금은 바쁩니다"라고 말한 경우

"아, 얼마나 좋으십니까? 바쁘셔야 모든 일에 보람이 있고 능률이 있다고들 하더군요" 식으로 중간에 상대방의 환심을 사게 하는 찬사를 삽입하는 방법을 말한다.

③ 장점 확대법

어느 상품이든지 장점이 있고 단점이 있게 마련이다. 고객이 단점을 지적한 경우 그것을 솔직히 시인하면서 반면에 장점에 대해서 치중하

여 설명해 주는 방법이다.

"그 상품은 너무 커서 곤란하겠는데요"라는 고객의 반대 의견에 대해서 우선 인정을 한다.

"예, 다른 회사 상품에 비하면 크기가 큰 편이죠. 하지만 기능을 보세요. 타사 상품과 비교할 필요도 없이 월등하지 않습니까?"라는 식으로 고객의 반론을 인정하면서 대신 자사 상품의 강점을 강조하는 방법이다. 그리고 이때 증거자료 등을 사전에 충분히 준비하여 제시하거나 고객이 잘 알고 있는 사람이나 경쟁 대상의 사례를 들어 설명함으로써 고객의 경쟁의식을 불러일으킨다.

④ 질문법

가망객의 거절에 대하여 역질문을 함으로써 반대 의견을 주춤하게 하는 방법을 의미한다.

예를 들면

"너무 조작하기가 어려워요"라고 반론을 제기한 고객에게

"어떤 점이 어려우세요?"라는 식으로 고객의 거절의 이유를 차근차근 물어 고객이 원하는 것을 파악하고 설득한다. 또는

"크기가 너무 커요"라는 의견에 대해서는

"그러면 어느 정도의 크기라면 적당하세요?"라는 질문으로 되돌려 버리는 것이다. 그리고 질문법 중에 "~라고 말씀하셨는데"라고 하는 응답 화법을 기억해 두면 대단히 편리하다. 고객의 얘기에 대해

"네 ~라고 말씀하셨는데 ~한 이유 때문이시죠?"

"~라고 말씀하셨는데 그럼 언제쯤 시간이 나시겠습니까?"

"~라고 말씀하셨는데 그럼 ~하면 괜찮겠군요"라는 식으로 응대한다. 이와 같은 질문을 통하여 거절의 포인트를 확인할 수 있으므로 유익한 방법이다.

⑤ 부정법

고객이 잘못된 정보를 가지고 있거나 오해를 하고 있는 경우에는 단호하게 부정하는 것이 좋다. 예를 들어

"사실은 너무 고장이 많다고 그러던데…… 그래서 내키지 않아요"라고 말하는 고객에게 정색을 하고

"그것은 그렇지 않습니다……"라고 강하게 부정하는 것이 때로는 확실한 신뢰를 줄 수 있다. 그러나 자칫하면 상대방의 기분을 상하게 할 수 있으므로 적당한 유머를 사용하는 등 주의가 필요하다.

⑥ 묵살법

고객이 거절하는 내용 중 별로 중요하지 않은 부분에 대해서는 못 들은 척 가볍게 넘겨버리고 좀더 중요한 화제로 돌리는 방법이다.

"아, 예, 그런데……"와 같이 일단 묵살법이 효과를 보이면 가망객은 자기의 고집을 포기하는 수가 많으므로 노련한 세일즈맨은 이러한 방법을 익숙하게 다루고 있다.

⑦ 교수 의뢰법

명료한 이유도 없이 상품에 대해 비방하는 가망객에게 대해서는 "아, 그런 게 있었군요. 저에게도 좀 가르쳐주십시오……" 하며 역습함으로써 거절의 진정한 의도를 포착하는 것을 의미하며 고객의 말에 경의나 부러움을 표시하며 자존심을 세워 주면서 반론의 기회를

잡는다.

⑧ 자료 활용법

상대방이 "비싸다" 등과 같은 거절을 하게 되면

"아! 그 점이라면 이 자료를 보십시오……" 하면서 사진이나 통계표 등 각종 객관적인 증거자료를 제시함으로써 이러한 고정 관념에서 탈피하도록 만들어 고객의 주의를 끌고 신뢰를 받도록 하는 방법으로 비교적 바람직한 방법 중의 하나이다.

고객 응대 및 거절 핵심 요약

01 고객 응대의 기본적인 마음가짐

① 예   라는 솔직한 마음
② 미안합니다   라는 반성의 마음
③ 덕분으로   라는 은혜를 아는 마음
④ 예, 그렇게 하겠습니다   라는 봉사의 마음
⑤ 감사합니다   라는 감사의 마음
⑥ 오래 기다리셨습니다   라는 상대방의 시간을 존중하는 마음
⑦ 죄송합니다만   라는 겸양의 마음

02 고객 거절 극복 포인트

① 고객이 주로 제기하는 거절에 대한 답변을 미리 준비하고 질문으로 극복하라.

② 고객의 반론에 공감을 표시하고, 진지하게 경청해야 한다.

③ 고객의 기분에 휩쓸리지 말고 냉정해야 한다.

④ 자신감 있고 확고한 신념으로 응답한다.

⑤ 논쟁을 하지 말고, 신속하고 명쾌하게 대답한다.

⑥ 고객의 감정을 상하지 않게 진솔한 마음으로 임하라.

⑦ 고객이 원하는 모든 것이 해결되지 않더라도 대안을 갖고 성의 있게 대하라.

⑧ 거절은 이익 강조의 설명법을 충분히 활용하라.

 고객 거절 대응 포인트

• 바람직한 대응

① 도우려는 자세로 성실하게 임한다.

② 친근감을 갖고 열성을 보인다.

③ 자신감을 가지고 효과적인 설득을 한다.

④ 프로다운 서비스 정신을 가진다.

⑤ 흥분은 절대 금물이다.

⑥ 시종일관 친절하게 대한다.

⑦ 긍정적인 자세를 유지한다.

⑧ 도전적인 대답을 삼간다.

⑨ 고객의 불만을 수용한다.

⑩ 끝맺음을 잘한다.

• 바람직하지 못한 대응

① 고객과 논쟁을 벌인다.

② 고객의 의견을 반박한다.

③ 곧바로 되받아쳐서 대답한다.

④ 성급하게 결론을 내린다.

⑤ 책임을 전가한다.

　예 그것은 기자가 실수해서 그렇게 쓴 겁니다.

⑥ 합리화나 정당화한다.

　예 어느 회사나 그렇게 할 수밖에 없습니다.

⑦ 책임을 회피한다.

　예 그것은 저 때문에 생긴 일이 아닙니다.

⑧ 감정적인 표현을 사용한다.

부록

physiognomy marketing

부록 1 _ HOWARD와 SHETH의 의사 결정 모델

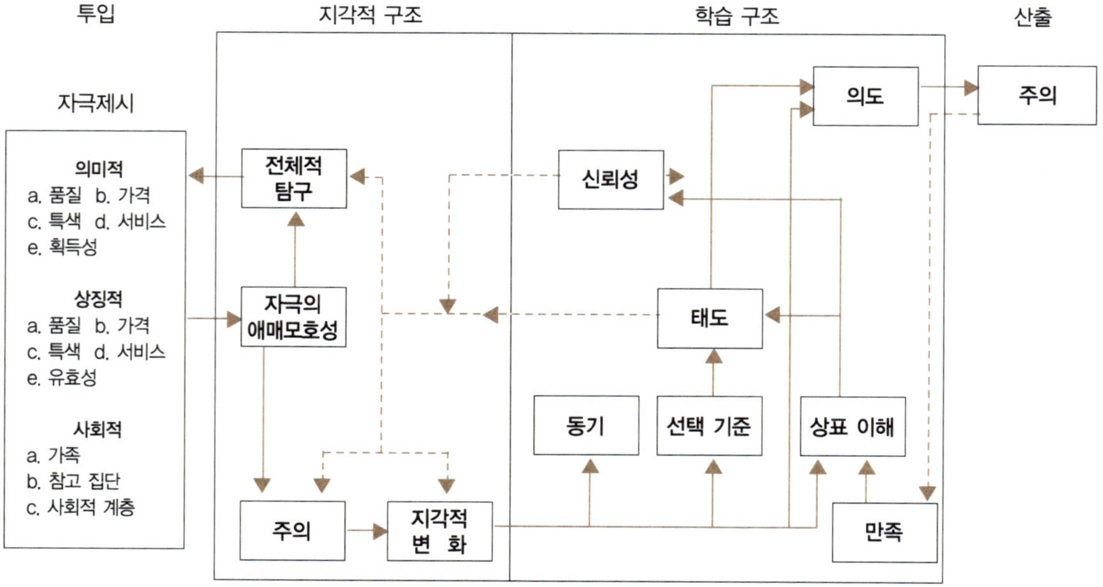

※ 자료 : 소비자 행동 연구(1984). 박재호 편저.

부록 2 _ ENGEL, BLACKWELL 및 KOLLAR의 의사 결정 모델

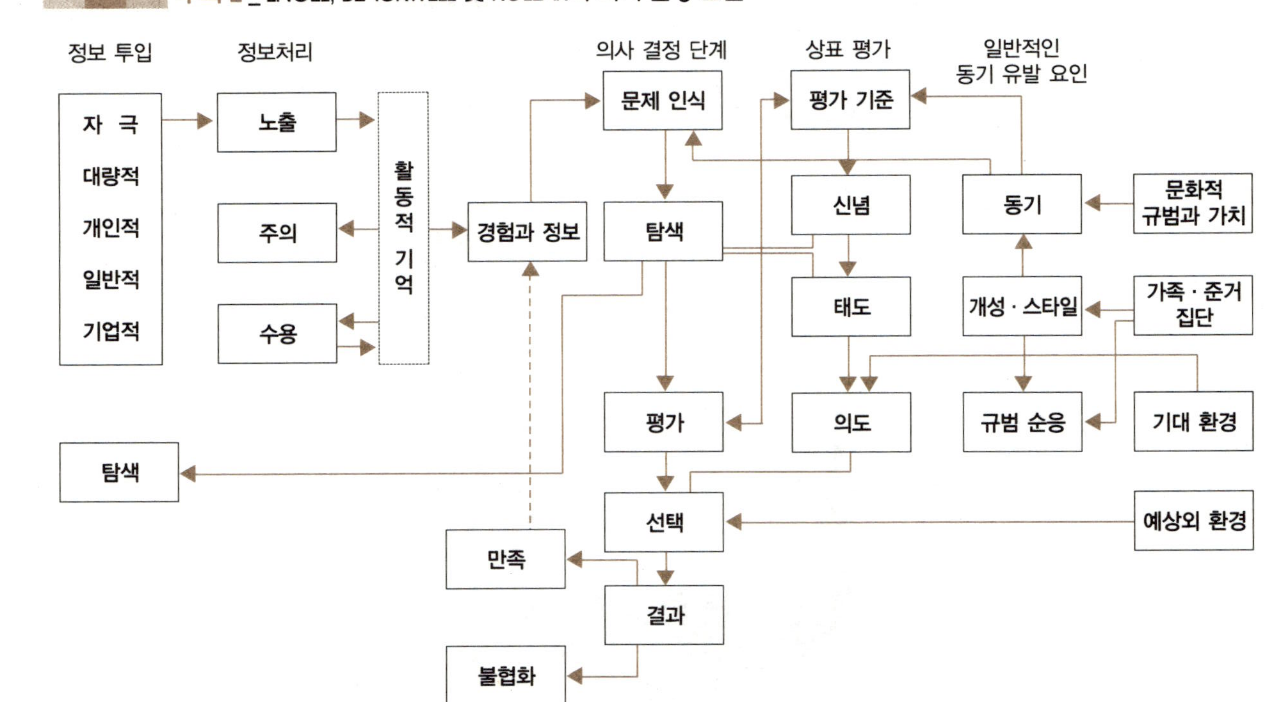

※ 자료 : Engel, J. F. & Blackwell, R.D. Consumer Behavior, 4rd(eds.), Hinsdaie, Illinois, The Dryden Press, 1982

부록 3 _ 삼정(三停)의 구분

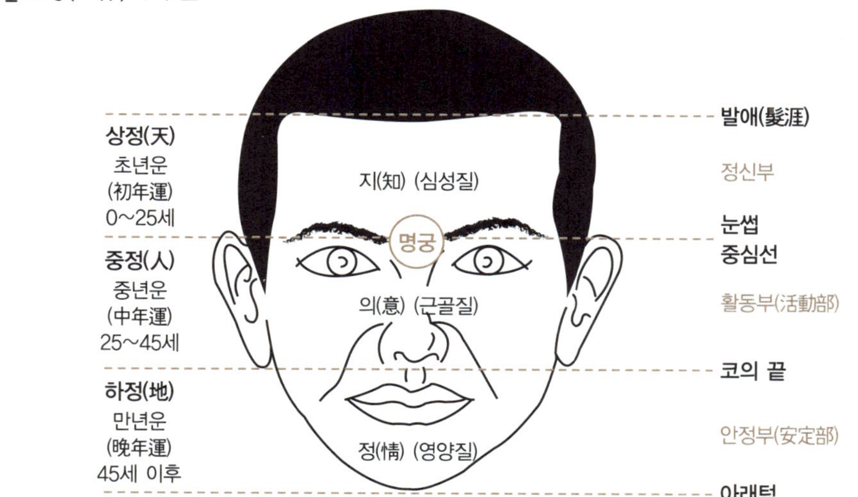

상정(上停)은 명궁(命宮)의 중심부위까지 위로 치켜 오른 눈썹
이나 내려쳐진 눈썹이나 다 같이 명궁(命宮)의 중심으로 본다.

부록 4 _ 얼굴 영역별 3가지 포인트

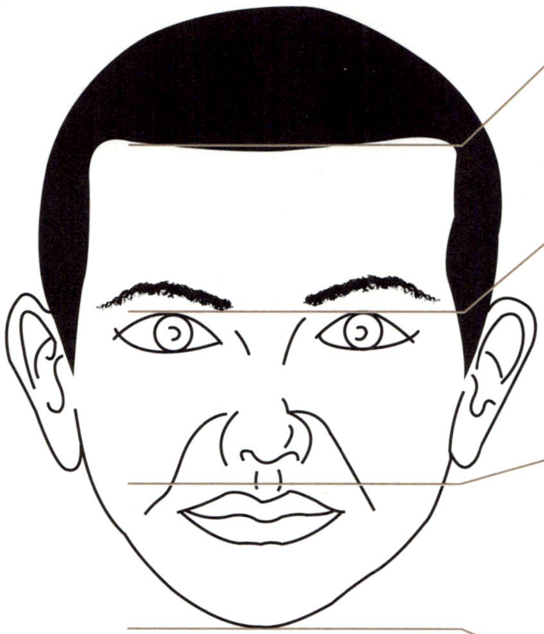

지적 영역

이해력, 사고력, 공상력.

젊은 시절의 상태를 나타내므로, 이 부분이 아름다운 사람은 성장 환경이 좋고 청결하다는 느낌을 준다.

감정적 영역

감수성과 감정의 컨트롤.

감각기관이 집중되어 있다. 감정이 나타나는 부분이므로, 당연히 그 사람의 개성이 잘 나타난다. 환경과 연령에 따라 변하기 쉬우므로, 이 부분을 살피면 심리 상태를 손에 쥘 듯이 알 수 있다.

본능적 영역

스태미나, 성적, 육체적인 에너지.

생존하기 위해 가장 중요한 '먹는' 행위로부터 발생하는 여러 가지 영향이 나타나는 부분이다. 씹는 행위로 인내력과 반발력이라는 사람의 기질과 성격을 살필 수 있다.

인상마케팅

지은이 • 이종관
펴낸곳 • (주)삼양미디어　　　　펴낸이 • 신재석

출판등록 • 2002년 1월 9일　제 10-2285
주　　소 • 121-840 서울시 마포구 서교동 394-67
전　　화 • 02)335-3030　　　　팩　　스 • 02)335-2070
홈페이지 • www.samyangm.com
이 메 일 • book@samyangm.com

1판 1쇄 발행　2004년 11월 27일
ISBN • 89-90038-97-9

책 값은 뒤표지에 있습니다.
잘못 만들어진 책은 구입하신 서점에서 바꾸어 드립니다.